北京启真馆

bibliophile

书 之 爱

搜书之道

藏 书 之 爱 之 三

[美] A.爱德华·纽顿 著

陈建铭 译

ZHEJIANG UNIVERSITY PRESS

浙江大学出版社

图书在版编目（CIP）数据

搜书之道 ／（美）纽顿著；陈建铭译 .—杭州：
浙江大学出版社，2011.5
书名原文：This Book-Collecting Game
ISBN 978-7-308-08680-6

Ⅰ. ①搜… Ⅱ. ①纽…②陈… Ⅲ. ①私人藏书－美
国 Ⅳ.①258.83

中国版本图书馆 CIP 数据核字（2011）第 081860 号

搜书之道: 藏书之爱之三
（美）纽顿 著 陈建铭 译

策　　划	周　运
责任编辑	王志毅
装帧设计	罗　洪
出版发行	浙江大学出版社
	（杭州天目山路 148 号　邮政编码 310007）
	（网址：http://www.zjupress.com）
制　　作	北京百川东汇文化传播有限公司
印　　刷	北京中科印刷有限公司
开　　本	710mm×1000mm　1/16
印　　张	16.25
字　　数	203 千
版 印 次	2011 年 8 月第 1 版　2016 年 6 月第 2 次印刷
书　　号	ISBN 978-7-308-08680-6
定　　价	35.00 元

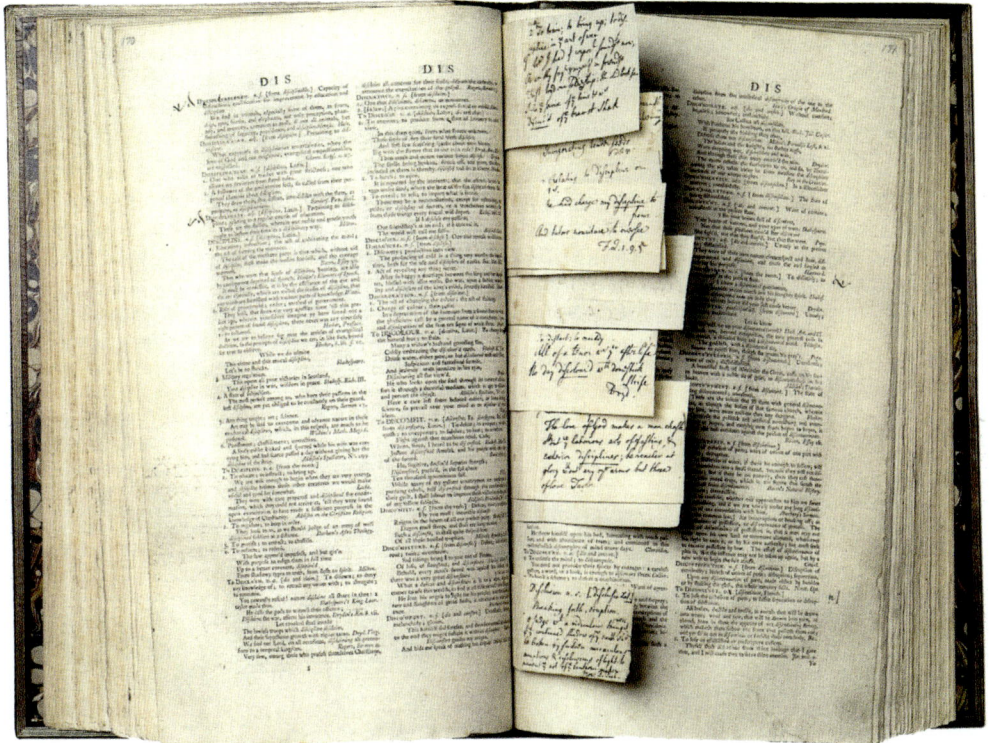

约翰生博士《英语词典》初版，分装三册，有几百条页边校正、增补和每个词对面的
一千六百多个纸条，皆出自约翰生博士及其抄写员之手

托马斯·罗兰德森"森泰克斯博士与书贩",摘自威廉·科贝(William Combe)的《森泰克斯博士之旅》(*The Tour of Dr. Syntax*, 1812)

§目录§

◆第四卷◆

搜书之道
This Book-Collecting Game
1930

◆ 纽顿自用藏书票之四 ◆

■ 自得其乐的 A. 爱德华·纽顿。根据戈登·罗斯的水彩原作复制。

§目录§

献给 {奥德丽 芭贝特 约瑟芬 卡洛琳} · 纽顿

谨以此书献给四名甜美可人的小侄女：——其实她们全是我的孙女，[1] 然而，有鉴于以侄女称呼她们比较符合我的年纪和习惯，我和她们之间总以伯侄相称。

A.E.N.

铭谢《大西洋月刊》、《仕女家居月报》[2]与《星期六晚间邮报》诸位编辑女士先生，感谢他们慷慨授权，让我得以在此重印这些曾假贵刊一角披露的文章；感激"罗芳俱乐部"[3]的会长及同仁诸君，提供图版供我于"英文小说的格式"[4]一文中使用；并向各位不吝提供宝贵意见的众多友人致谢，若没有他们的鼎力相助，本书必将大为失色。

A. E. N.

【译注】

1　参见附录五译注 3。

2　《仕女家居月报》(*Lady's Home Journal*)：原为库尔蒂斯（参见第二卷IV译注 2）创办的 *Tribune and Farmer* 杂志当中的女性专栏，由于颇受欢迎，于一八八三年独立成刊，是当时女性刊物的翘楚。

3　"罗芳俱乐部"(The Rowfant Club)：设籍于美国俄亥俄州克里夫兰的文艺社团。一八九二年创立，其宗旨为"精研群籍"(critical study of books)；每年均假社团会所举办一系列活动，并印行谨供会员流通的限量出版品。"罗芳"乃以弗雷德里克·洛可—兰普森（参见第一卷III译注 101）的故居命名。

4　"英文小说的格式"(The Format of English Novels)：原书第十四章，译本未收。

◎ "罗芳俱乐部"内部出版品

■ "如入无人之境"，志 A. 爱德华·纽顿君之先斩后奏德性
戈登·罗斯水彩原作

I　开门几件事

搜集书籍，乃是一项了不起的竞赛。任何人只要具备一般资质，皆可下场一搏（的确，有人甚至据此一口咬定藏书根本用不着动脑筋；此种论调大可不加理会）。这项活动并不会花费太多金钱（除非你贪得无厌妄想巴蛇吞象），不管在国内、国外都能从事；可单枪匹马独乐乐，呼朋引伴众乐乐亦无不可；甚至你还能以通信的方式进行。而且每个人都可以各自制定一套自己专用的规则（于进行过程之中还能随自己高兴，爱怎么改就怎么改）。它不像其他竞赛，动不动就"犯规出局"。

频频有人问起我的规则为何：这个问题倒不难回答。我限制自己只能关照少数几部抄绘、印刷与装帧俱精的本子，而且将大部分的精神、力气集中投注于英文文学杰作的首版书上。最后还有一道最严格的规定：即使我早在五十年前就给自己订下极为宏伟的目标，但是二十年来，我绝不因此三步并做两步、气急败坏地匆忙赶路。许多收藏家现在的成果皆已遥遥领先在前头，但是我一步一脚印稳稳扎下的根基却无人能及。当初我花十五分钱买来的许多书（现在的价值均已远高于此），直到今天都还留在身边，而且我记得很清楚，那年头花一块钱买一部书简直可说是出手阔绰。当我只拥有几百部书，每次提及那些书的时候总还是大言不惭地说成"我的藏书"，如今我庋藏的书籍总量大约八千到一万册之谱，我现在明白了：它们依然还不够资格称为一批藏书，充其量不过就是一堆书罢了。

我实在无法理解为何有人没书还能活得下去，我个人绝不会把一册西尔斯百货公司（Sears Roebuck）的商品目录或一本电话簿称作"书"（尽管它们多么妙用无穷）。我很明白大多数世人全都活得浑浑噩噩：他们何苦跟自己过不去呢？——君不见大家全是理直气壮，浩浩荡荡高唱："只要我喜欢，有什么不可以？"一路闷着头往前走。生命之道比起"藏书之道"要难走多了。生命之道要走得好，就该奉守多读少讲这条金科玉律：尽其可能地多读；不得已必须开口的时候，也要尽量言之有物。对于那些逢人就高谈一加仑汽油能让车子跑多少里路的呆瓜、老是阔论当年在球场挥竿如何神勇的高尔夫球友，你能避开多远就避多远。古有明训：绝大多数的友谊若非狐群狗党结伴，就是笨瓜白丁成群[1]。但是这句话并不适用于我们这种人：咱们这些在藏书道上闯荡的人都晓得，藏书的副产品无非就是"朋友"。

伟大的英国藏书家托马斯·J. 怀斯在其自用藏书票上印着一句格言，颇能彰显此君个性：

> 不管置身任何角落，书籍总为我召来友朋，
>
> 相濡以沫或离群索居——皆得友谊相维系。

以书为媒，我所结交的朋友何其不可胜数、何其广被四海！

倘使多彩多姿乃生命的调剂（事实上也的确如此）的话，藏书家生涯之多彩多姿更是罄竹难书。"哦，合着您喜欢书哪，"某位来客没安好心眼地瞟了我的书房一眼；讲话的神态活像冲着人说：被我给逮着了吧。"我从小就是一路看书长大的哟，我爱死了书本。真想让您瞧瞧我那本《耶诞颂歌》；那一本应该是首版：插图是克鲁克香克画的，"（外行人老爱把克鲁克香克当成头一个为狄更斯绘制插图的插画家）[2]，"而且是用摩洛哥羊皮精装的，封面上还镶着一个手绘在象牙上的狄更斯头像。"赶紧毙了那家伙！别手下留情，一枪毙掉他！"逢损收手、见利快追"实在是个挺不错的建议，就算这句话是从某位股市营业员嘴里冒出来。很少有什么事能比"和懂书的人聊书"更棒、更乐趣无穷的了。或许去了天堂就能够得到喜乐——我听大伙儿都这么说——但由于从来没听到去过那儿的人亲口证实，我索性在自个儿的书房里头寻找喜乐得了。我最近收到的信就教我喜乐个老半天！（我雇了一名手脚伶俐、脑筋灵活的年轻小姐专门帮我处理信件）且听我娓娓道来。

前一阵子，我收到一封信，一开头便是一幅亲笔画，就是印在这篇文章最前头那一幅。那幅精美的素描尽管尺幅不大，但每道细节无不充满幽默感，让我耽搁了好几分钟才定神往下阅读信文。我费了好一番工夫才读懂内容（笔迹简直龙飞凤舞得可以）：

敬爱的纽顿先生如晤：

几个月前，E.R.吉[3]先生捎了一封信给我，其中提及您希望我能授权让您在即将问世的大作《举世最伟大的书》中使用在下绘制的瑟蒂斯肖像。我相信吉先生已经转告您：我欣然同意，而且，我很乐意特地为您准备另一帧图稿，以利单色印刷之用。另外——万分恭敬且冒昧地请教您：您向某人的邻居借用东西，却连一声"谢谢"都不说，您觉得很乐是吧？

谨祝您

其乐融融，乐此不疲

戈登·罗斯[4] 上

◎吉的著作《早期美国运动书籍》

我看完之后不禁莞尔，感到又好气又好笑。整件事情的原委是这样子的：当我动手撰写那篇关于运动书籍的文章[5]的时候，曾经三番两次向纽约的 E. R. 吉先生（该好玩领域中鼎鼎大名的专家）讨教。某一天，当我和他讨论到一半，他告诉我他正打算印制一帧罗伯特·史密斯·瑟蒂斯（曾创造出不朽的杰克·乔罗克斯[6]、皮格[7]、索佩·斯庞吉[8]和其他一大堆角色）的精美肖像画。那幅画的确漂亮得没话说，为了对我的朋友吉兄略尽绵薄，我于是对他说：若是他也愿意的话，我很乐意把那幅肖像收进那篇关于运动书的文章里头，我一直认为此举是赏吉先生和那位画家一个面子。当时还是我头一回听到那位画家——戈登·罗斯——的大名，后来那篇稿子因为仓促送印，同时我也埋头忙着准备出国事宜，一不小心就疏忽了要在文章内注明原绘者的姓名。我匆匆忙忙地将稿子和书中使用的一堆插图，一股脑儿丢给出版社之后，便乘着滔滔汪洋我就此远航，／行也疾疾色也匆匆，／晚餐时大伙儿畅饮甘醇香槟，[9]当然，也少不了其他许多好菜佳肴，管他罗先生还是吉先生，早就全被我抛到后脑勺儿去了。

可偏偏咱们这位罗斯先生是个英国佬——呃，其实严格说起来应该是苏格兰佬（反正，还不都是英国）——而且还是个不甘忍气吞声的英国佬。当时落户纽约、早已闯出一片江山的罗斯先生显然认定我就算再怎么糊涂混账，也没道理连一句"谢谢"都不吭就擅自"借用"（遵照他的说法）

●罗伯特·史密斯·瑟蒂斯肖像
翻制自纽约 E.R. 吉印行之精美复制品（原载于《举世最伟大的书》中之"运动书籍面面观"）

■ "运动家精神可嘉"或"亡羊补牢其情可悯"

他画的肖像画——于是才写了那封信给我。

　　"坦白从宽"是我长年以来奉行不悖的一贯原则。于是我马上回了一封信向罗斯先生解释：由于当时出国在即，不免便宜行事，以至于将原该在使用瑟蒂斯肖像之前先取得他的许可这档事儿给忘得一干二净；我还提到该书能够收入那帧肖像着实令我备感荣幸（谢天谢地，还好我当时掏钱买了一幅）。最后还加上：非常高兴由于先前的马虎大意，我才有机会收到那封以绝妙小画开头的兴师问罪信。末了，我正式委托他依原图样为我再绘制一帧尺幅较大的彩图，让我可以裱褙起来，和我的其他运动画挂在一块儿，并且将它缩印成一款藏书票，专门用来贴我的运动类书籍。

　　过了没有多久，我再度收到罗斯先生的来信，这回同样附了一幅画（就是上头这一幅）。信中如此写道："且容我仿效拍卖目录上文诌诌的语气：'此批备受推崇的画片乃以成套方式出售'。"阅罢全信，我发觉他——大人已经完全不记小人过了。

　　前后两幅罗斯的珠玉之作，究竟哪一幅比较逗趣？哪一幅比较巧妙？就留给众看官自行裁夺。但在我眼里看来，两幅画都同样可

INCOGNITA:
OR,
LOVE
AND
DUTY
RECONCIL'D.
A
NOVEL.

Licens'd Decemb. 22. 1691.

LONDON,
Printed for *Peter Buck*, at the Sign
of the *Temple*, near *Temple Bar*
in *Fleet-street*, 1692.

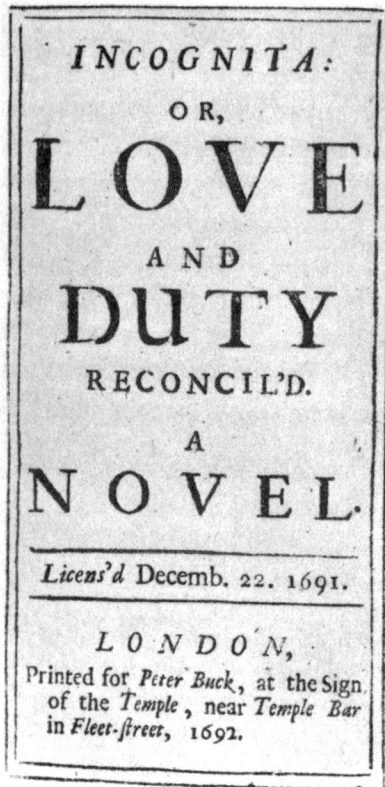

■这是相当早，也许是最早在英文意义上使用
"小说"（novel）一词。康格里列的首部"小
说"，也是现今所知存世四册之一

爱，没有哪种关系会比这样子不打不相识起头的友谊更牢固耐久的了。爱情或许还能一见倾心，但是友谊的滋长得靠细火慢熬。

再回头谈书本吧。有道是："我向来荤素不忌。我不嫌沙夫茨伯里高不可攀，亦不嫌乔纳森·怀尔德粗鄙不堪。"我不但搜集各种版本的《圣经》——也搜集运动书籍。"我求神赐予我以包罗万象、无所不包的胃口。"[10] 时至今日，我也深深被小说吸引。多年来，人们的收藏目标总是绕着诗集、剧本打转，而最新颖也最受大众欢迎的文学形式——小说，却始终未能获得藏家青睐：不过风水迟早一定会轮转到它的头上：你瞧这会儿我不就迷上了吗？

就在前几天，我才从纽约的埃德加·韦尔斯（Edgar Wells）那儿买了一部《隐姓埋名》[11]。此书极可能是当年头一部在书名页上以现代意识印上"小说"这个词汇的英文著作。威廉·康格列

夫写那部小说的时候年仅二十一岁。此书目前已成了难得一见的珠玉小品。约翰生博士尝曰：他就算没读过也愿意吹捧它[12]：好样的，博士可真是直肠子！他从不拐弯抹角，心里想什么就说什么。

一部非常早（可能是最早）使用"小说"这个字眼的英文著作。此乃康格列夫最初一部出版品。存世仅四部。

既然提到小说。我直到最近才头一回读《哈克贝里·芬历险记》[13]。此书实在是一部伟大的作品：高尔斯华绥[14] 甚至将它与《唐吉诃德》相提并论——这个类比相当公允贴切。假使这辈子没机会让我碰到一部开价一千元以内、首版首刷的本子，我一定会死不瞑目。行啦，看官，看在老天爷的份上，赶紧从您的座位站起

来，拿出笔、墨、纸，写一封信来告诉我：您打算把手上的《哈克贝里·芬历险记》以五百元卖给我吧。我指的是首版首刷——蓝色布面精装（您的本子或许是绿色的）、第二百八十三页经过换补的本子；如果您想知道原委，请径自洽询您的书商：他一定会告诉您[15]。我并不函授藏书之道。我的脑袋既松散又粗枝大叶：只勉强记得住寥寥几个要紧的版本年份和零碎事项，等到您的信寄达，我早就忘得光溜溜了。您不妨去问约翰·T. 温特里奇[16]：他必定晓得答案；如果我没弄错的话，他曾经写过一篇关于那部书的文章。我在此重申：《哈克贝里·芬历险记》是一部伟大的书。这个发现算不了什么。

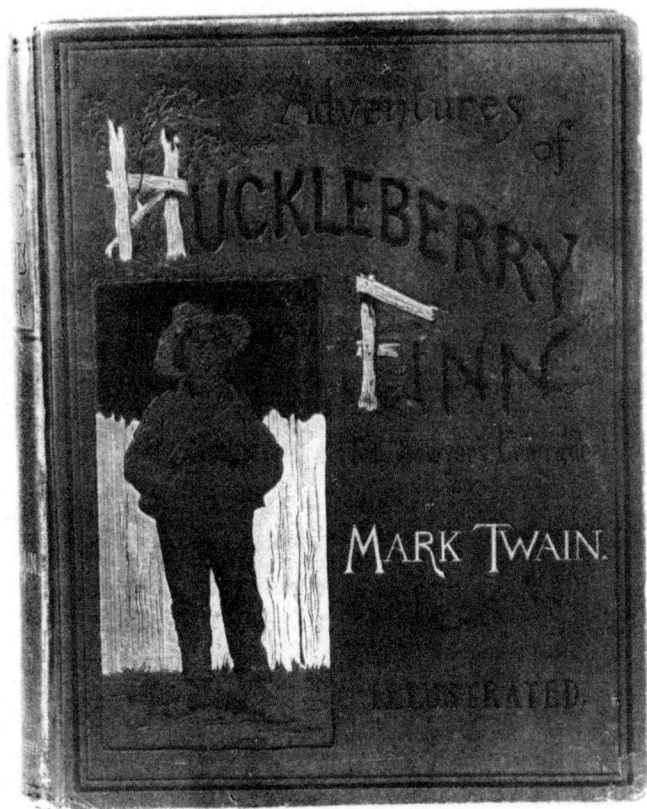

■马克·吐温的《哈克贝里·芬历险记》

【译注】

1　语出约翰生博士。较完整原句应为"谁人能晓暨昔诸友今何在？而他们渡抵他界是否情义依然？汝可知多少友谊乃出于德行义结？太半友谊均缘自阴错阳差，若非狐群狗党沆瀣一气，就是笨瓜白丁结伙成群。"（How can a man know where his departed friends are，or whether they will be his friends in the other world? How many friendships have you known formed upon principles of virtue? Most friendships are formed by caprice or by chance, mere confederacies in vice or leagues in folly.）见《约翰生传》（一七八四年五月十九日段）。

2　由于乔治·克鲁克香克（参见第一卷Ⅲ译注 7）曾为狄更斯的《博兹札记》（*Sketches by "Boz"，Illustrative of Every-Day Life and Every-Day People*）单行本（一八三六年至一八三七年伦敦 J. Macrone 出版）绘制插图，他的确堪称最早为狄更斯绘制插图的几位插画家之一；但是在此之前，已有罗伯特·西摩（参见第一卷ⅩⅢ译注 10）、Robert W. Buss、H. K. Browne（笔名"Phiz"）为分册版《匹克威克外传》（参见第一卷绪论译注 11）绘制插图；而首版《圣诞颂歌》的插画则是由约翰·利奇（参见第一卷Ⅲ译注 47）绘制。

◎克鲁克香克为《博兹札记》绘制的插图"琴酒馆"（The Gin Shop）

3　恩斯特·R. 吉（Ernest R. Gee）：纽约出版商、运动书籍作者。著作有《早期美国运动书籍》（*Early American Sporting Books，1734 to 1844: A Few Brief Notes*，1928）、《运动书籍精选》（*The Sportsman's Library: Being a Descriptive List of the most important Books on Sport*，1940）等。

4　戈登·罗斯（Gordon Ross，1872—1946）：美国插画家。原籍苏格兰，移居美国后先在旧金山为报纸绘制插图（此时期的部分作品现由旧金山"波西米亚俱乐部"典藏）；一九〇六年或一九〇八年移居纽约，成为全美知名的插画家。罗斯后来曾为一九四六年 Doubleday 版《（鲍斯威尔之）约翰生传》绘制插图。限定版俱乐部（参见第五卷前言译注 7）于一九三二年撮合罗斯与纽顿两人（前者绘图，后者作序），出版限量一千五百部的《乔罗克斯的欢畅漫游》（参见第一卷Ⅲ译注 35）。

5　指"运动书籍面面观"（"Sporting-Books"）。收录于纽顿前作《举世最伟大的书》，译本未收。

6　杰克·乔罗克斯（Jack Jorrock）：罗伯特·S. 瑟蒂斯（参见第一卷Ⅱ译注 45）一系列作品中的主要角色。

7　詹姆斯·皮格（James Pigg）：瑟蒂斯笔下的人物。乔罗克斯行猎时的得力助手。

8　索佩·斯庞吉（Soapy Sponge）：瑟蒂斯《斯庞吉先生的运动之旅》中的主人公，一名四处猎狐狸为乐的无赖。"soapy sponge"乃双关语，暗指"小头锐面的家伙"。瑟蒂斯在书中还创造出其他数位各具特色的代表性缺德人物，如：瓦弗勒斯（Waffles，败家子）、贾勒福（Jawleyford，郎中）、帕芬顿（Puffington，暴发户）、纠格勒布利（Jogglebury，蠢蛋）、斯卡特卡什（Scattercash，淫虫）等。

9　"I sailed away on the forming main，/ In the biggest possible hurry，/ For dinner we'd lots of dry champagne，"：出处不详。

10　此两段文句均出自《伊利亚续笔》中的"书籍与阅读断想"（"Detached Thoughts on Books

and Reading")。前一句为该文第二段起首,"沙夫茨伯里"指的是英国美学家沙夫茨伯里伯爵(the Earl of Shaftesbury, 1671—1713);乔纳森·怀尔德(Jonathan Wild, 1682?—1725)原为伦敦锁扣工匠,后来成为恶名昭彰的盗贼头子,最后被处以绞刑,笛福曾为文记述他的生平事迹,亨利·菲尔丁亦写过一篇讽刺文章"伟哉乔纳森·怀尔德"(Jonathan Wild the Great);后一句则引自"书籍与阅读断想"第三段最后一句。该段原文为:"I have no repugnances. Shaftesbury is not too genteel for me, nor Jonathan Wild too low. I can read any thing which I call a book. There are things in that shape which I cannot allow for such. / In this catalogue of books which are no books -- biblia a-biblia -- I reckon Court Calendars, Directories, Pocket Books, Draught Boards bound and lettered at the back, Scientific Treatises, Almanacks, Statutes at Large; the works of Hume, Gibbon, Robertson, Beattie, Soame Jenyns, and, generally, all those volumes which no gentleman's library should be without: "the Histories of Flavius Josephus (that learned Jew), and Paley's Moral Philosophy. With these exceptions, I can read almost any thing. I bless my stars for a taste so catholic, so unexcluding."

11 《隐姓埋名》(*Incognita, or Love and Duty Reconciled*):威廉·康格列夫的小说。一六九二年伦敦 Peter Buck 出版。

12 "(I) would rather praise it than read it.":语出约翰生《诗人列传:康格列夫卷》序文。

13 《哈克贝里·芬历险记》(*The Adventure of Huckleberry Finn*):马克·吐温的小说《汤姆·索亚历险记》(*The Adventure of Tom Sawyer*, 1876)的续篇。一八八四年伦敦 Chatto & Windus 出版,美国首版于一八八五年由纽约 Charles L. Webster and Co. 出版(书名删去"The")。

◎ 首版《哈克贝里·芬历险记》,由 Edward Windsor Kemble 绘制的哈克

14 约翰·高尔斯华绥(John Galsworthy, 1867—1933):英国小说家、剧作家。一九三二年诺贝尔文学奖得主。重要的作品包括:小说福尔赛世家(*The Forsyte Saga*, 1922)三部曲:《家财万贯之人》(*The Man of Property*, 1906)、《进退维谷》(*In Chancery*, 1920)、《吉屋招租》(*To Let*, 1921)、新喜剧(*A Modern Comedy*, 1929)三部曲:《白猿》(*The White Monkey*, 1924)、《银汤匙》(*The Silver Spoon*, 1926)、《天鹅歌》(*Swan Song*, 1928);《法利赛岛民》(*The Island Pharisees*, 1904)、《手足情》(*Fraternity*, 1909)、《贵族》(*The Patrician*, 1911);剧作《银盒》(*The Silver Box*, 1909)、《相持不下》(*Strife*, 1909)、《公义》(*Justice*, 1910)、《尔虞我诈》(*The Skin Game*, 1920)、《忠肝义胆》(*Loyalties*, 1922)等。

15 关于首版《哈克贝里·芬历险记》的版本详情简直可以写成一部专书;有兴趣的读者请参见 http://www. trussel. com/books/bal.htm。美国首版有绿色布面与蓝色布面与皮面几种装帧;纽顿后来如愿购得此版本(两部)。

16 约翰·T. 温特里奇(John Tracy Winterich, 1891—1970):美国报刊编辑、作者、藏书家。第一次世界大战在役期间编辑军方报纸《星条旗》(*Star and Stripes*),结识绘制漫画的 Abian A. Wallgren,两人合作出版《漫画中的美国远征军群像》(*The A.E.F.*〔American Expeditionary Force〕*in Cartoon*, 1918—1919)。一九一九年温特里奇接替 Harold Ross 执掌《美国域外兵团杂志》(*American Legion Magazine*)编务直至一九三八年。一九三〇年代他从事的工作皆与藏书活动有关,除了加入葛罗里埃俱乐部之外,亦担任藏书刊物《珂罗封》(参见第五卷 I 译注 6)编辑;第二次世界大战期间他被指派至国防部负责审核出版品内容;一九四六年起担任《星期六文学评论》(*Saturday Review of Literature*)撰稿人直至去世。温特里奇的著作有：《藏家的选择》（*Collector's Choice*，c.1928）、《书与人》（*Books and the Man*，1929）、《廿三部书籍背后的故事》（*23 Books & the Stories Behind Them*，1938）、《走马灯：美国图书与图书业及其相关现象文集》（*Three Lantern Slides; Books，the Book Trade，and Some Related Phenomena in America*，1876，1901 and 1926，1949）、《藏书初步》（*A Primer of Book Collecting* / by John T. Winterich and David A. Randall，c.1966）、《格罗里埃俱乐部不凡的历程》（*The Grolier Club: An Informal History*，1967）等。

II 搜书之道

首先我得作个声明：咱们的英国同宗们八成会误解这个篇名。在他们口中，所谓的"道"[1]跟咱们这儿的意思并不相同——对他们而言，这个字眼往往都是指那些不三不四的勾当。要是一名伦敦警察瞧见两三个长得獐头鼠目的家伙鬼鬼祟祟地在街角磨蹭，他会上前盘问："你们在这儿搞什么道？"而且还会念成"道儿"。反正不管那些人在那儿搞什么，他都会厉声喝斥他们："快滚儿！"或是"快闪儿！"[2]至于咱们这里，当我们说某个社会新鲜人即将踏上高科技之道，意思是：他将进入高科技产业、以此为职志并在该领域尽情发挥所长。

自余浸淫藏书之道以来凡四十年（此言不虚，这的确也是我唯一耽溺甚深之道）。我记得很清楚当初如何踏上此道。打从小时候起，我就是个好读不倦的人（我是指在学期间，而且是在我逃离学校并且从此走上辍学不归路之前）：我年纪轻轻便读过拿破仑的传记；以区区一介小鬼之姿，我读遍了全部"罗洛丛书"[3]，还有《海角一乐园》、《桑德福与莫顿》[4]、《鲁宾逊漂流记》和《远大前程》[5]等等。不过，由于艾博特[6]以生花妙笔描写拿破仑把我迷得神颠魂倒，打从那会儿起，我陆陆续续搜集了大约二三十部关于拿破仑的书——对一个小毛头来说的确稍嫌太多了点。后来，当我某天睡眼惺忪一觉醒来，赫然发现拿破仑成了衣冠禽兽（直到现在我依然如此相信），于是，我不辞辛劳地跋涉到费城有名的二手书店——利里书店，把那堆书一股脑儿全卖掉，同时十分雀跃地以为我的读书生涯总算可以洗心革面、从头再来一遍。

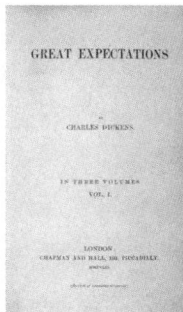

◎ 首版《远大前程》

　　后来，我得到一位老得足以当父亲的长者适时调教，他纠正我的阅读方向（他本人并非存心要那么做）并建议我该着手累积一批藏书，他对我说："等到你的年纪再大一点，必可从中获得莫大乐趣。"而我回答："好哇，可是我该从哪一本书开始收藏起呢？"他说："当然是从头——蒲伯翻译的荷马史诗——开始，先读《伊利亚特》；然后再读《奥德赛》，你会比较喜欢后头这一部。"我听完他的话之后马上就去把那些书买回来，直到现在都还放在我的书房一角。那是一部绿色布面装帧略为磨损、褪色的二卷本波恩版；那部书便如此这般成为我藏书的起点。接着，在那位恩师的指点之下，我陆续读了《修院与炉边》[7]和《切利尼自传》[8]。顺藤摸瓜一路读到莫特利[9]和普雷斯科特[10]的著作；到了二十岁，我已经读完鲍斯威尔的《约翰生传》，也去过伦敦，而我的教育至此可谓大功告成——但也到此为止。当然啦，现在看来似乎还有许多可以改进的地方，不过话说回来，那会儿我稍一不慎便会误入歧途亦未可知哩。

　　当我孜孜埋首在我一度自诩为"深度阅读"之余，我还抽空读了狄更斯、萨克雷、司各特[11]和查尔斯·里德[12]的作品。接下来，生活的重担就逐渐压得我喘不过气来，但是我还是尽量匀出时间读点儿东西；曾经有某位好心人对我说：买书要尽量挑首版。我当时问他为什么，他告诉我：要是哪天我打算把书卖掉的话，首版书或许还有机会把本钱捞回来；换句话说：万一我买的不是首版书的话，那么就甭打主意将它卖掉。

　　时光荏苒，我买书越买越勤；然后我讨了媳妇、买了房子，也有了孩子，开始觉得有必要在乡间购置一栋可供消夏避暑的房子，那会儿，有一栋房子似乎比坐拥几百部首版书更形迫切，但铁铮铮的事实摆在眼前：我实在没本事同时得兼，于是我只好痛下决心脱手部分藏书。经过一段时间的磋商和书信往返，再透过中间人居中斡旋，我决定将那批书送往纽约拍卖，并且——为了省钱——自行印制拍卖目录。我现在还留存着那本载满我当时万般殷切期盼和忐忑踌躇的轻薄小册 [13]。里头共列出两百四十六件拍卖品。

我使尽吃奶的力气——为那些书写出生动有趣的品目说明，到了一八九六年五月十八日星期一下午，我把那册目录塞进口袋里，揣着一颗几乎要从嘴巴蹦出来的心脏，走到坐落于第五大道的班氏公司，步上陈旧寒伧的台阶，进入拍卖会场。当我一走进拍卖厅，里头有一两个人朝我点头示意，但是没有人晓得当天要拍卖的书全是我的。话说回来，我对其中哪一部书究竟能卖多少银子也完全没主意，而为了带动买气，我自己甚至还投标买下一两部眼看着就要流标的书；但是我可得当心偷鸡不着蚀把米，因为我必须靠那场拍卖会为我净赚两千五百元。结果我居然办到了。我记得后来收到的支票面额大约是二千七百元；我拿那笔钱在乡间盖了一栋小宅院（直到现在我还住在里头）[14]——只要哪天我挣钱的本事赶上县太爷，就有余力再进行几次大规模的翻修扩建。

接下来一连好几个年头，我根本匀不出空档静下心来认真考虑重新搜集书籍的事儿；同时，我还犯了每个搬到乡下落户的城市佬都会犯的该死错误。我们——不管三七二十一——开始蓄养各种有的没的牲畜，还栽种一大堆硬是长不出来的蔬菜水果，等到大把钞票哗啦哗啦如水一般流逝，我们才猛然惊觉：只有非常非常富有的人才负担得起饲鸡养牛、春耕夏耘的庞大开销——成天这样子白忙瞎搞累得半死，哪还有力气妄想什么悠然见南山呢？我命中注定，重拾书本方为正途。

打从我头一回造访伦敦，我的人生与兴趣的走向便就此改弦易辙。四十年前，她的独特性比起今天不晓得多了好几倍：现在有一股庞大的力量存心教每个人的人生变成黑白、转为单调（或许这就叫民主罢）。身处这个越来越乏味的世界，为了敦促自己苟日新又日新，我惟有发愤勤读各种传记。如今我已领教够了谈军旅、论征战的传记；至于政治人物的传记，看他们在里头耍诈斗狠、玩权弄谋，老早（至今依然）令我心生厌恶。而伶人俳优的传记，乍看仿佛有趣其实往往不然。我现在最大的遗憾就是：年轻时虽然几乎读遍所有的书，却独独漏掉莎士比亚。不过当时他的作品对我而言似乎颇有一段距离；以至于我跳过整个十七世纪，直接一头扎进十八世纪的闲适氛围（我个人向来最欠缺的气质）当中。就这么着，我"顺理成章"成了约翰生帮的党羽。每回读到奥立佛·哥尔斯密频频费心伤神处，我亦屡屡（喜滋滋地）心有戚戚焉：新戏码该定什么剧名才好呢？（此乃为了要正面痛击康格列夫那些教人看得一头雾水的风尚喜剧[15]）。那出戏上演时观众的反应会怎么样？至于《争风吃醋》究竟在怎样的环境下搬上舞台？遭遇过哪些阻碍？还有《闲话漫天》到底又如何呢？《口诛笔伐》[16]上演时我无缘躬逢其盛，但是毕竟我还有剧本可读；我手上有一个本子，因为我发现——此乃我绝无仅有的一项重大发现——凡是值得读的书，也都值得花钱买下来。就在不知不觉之中，我又开始频繁买书了：而且这一回还跃身成了一名藏书家。

我一路追随许多藏书前辈的步伐往前迈进。如果是有钱的藏书家，他会从装帧签赠本开始买起，如果一路这么玩下去，到头来他铁定会越来越讨厌签赠本。如果是年轻人，则会从某位现代作家（譬如狄更斯、史蒂文森、吉卜林、甚至布雷特·哈特[17]的作品）开始下手。但是从何者入手，其结果皆会略有不同，长此以往：他迟早会妄想能拥有所有文学杰作的首版书，只要是找得到的，他一定都不会放过。我经年累月、朝思暮想首版《威克菲尔德牧师》的心情简直难以形诸笔墨。对鲍斯威尔死心塌地的人若不购置一部书口未裁、纸板装帧的首版《约翰生传》也实在说不过去（何况当年一部品相良好的本子只索价区区五十元）。我给大家一个良心建议：

不要看到一部坏本子（不论它有多便宜）就见猎心喜；一部品相绝
佳的好书，不管花多少钱买都划得来。

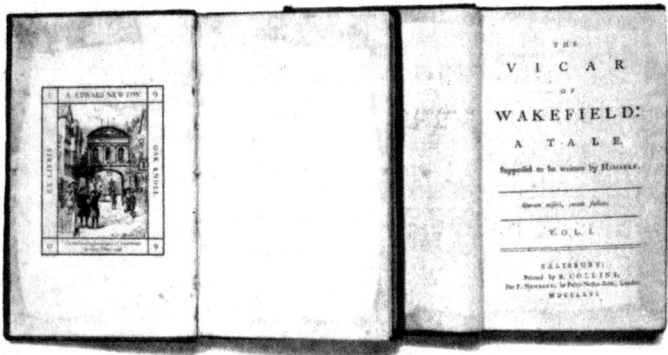

■ 感人肺腑的故事——《威克菲尔德牧师》，旧式装帧的本子

　　我先前曾将藏书比喻为"道"（绝非戏言，而且它还是个挺好
玩的"道"）：它不但能激发出原本埋没的潜能，还能让你倾囊花钱
依旧无怨无悔。如果你像萨拉·巴特尔[18]和查尔斯·兰姆玩桥牌一
样"食古不化"的话，那就难保不倾家荡产了（虽然事后回想起
来仍是乐事一桩）。在此我姑且假设你正打算（或已经）停止藏书，
那么照理说你八成会想将那批藏书脱手，要是能够捞回本钱你必然
也不会反对。要达到此目的，你当初就绝对不能瞎打误撞、乱枪打
鸟。且听我好好地阐释一番。

　　打个比方来说吧，就说你打从一开始便决定要以吉卜林（当今
仍在人间最伟大的英文作家）为搜罗目标好了。至于要从他的哪一
部作品入手，得视你的荷包和运气来决定。或者你心里盘算着要买
他的第一部书（如果那也能叫做书的话）《童生歌吟》[19]——一本薄
薄的小册子，分成棕色或白色两种纸面装帧，后一种乃由他的父亲
印制，仅仅五十部；如果是那种本子，现在可值（或至少开价）两
千五百元之谱——或者，你只要能买到《回声集》[20]便已心满意足。
对一个年轻小伙子来说，能从《怒海余生》[21]作为起步就可喜可贺了，那部书（原始手稿最近才被皮尔庞特·摩根图书馆收购）已知存世的印本共有三种版本，即：S. S. 麦克卢尔[22]版（为了保住版权，该刊只意思意思登了五期）、一八九七年在纽约发行的世纪公司[23]版和同年在伦敦发行的版本[24]；不管上述哪一种，都不是随随便便花个五块钱就能买得到的。当然啦，能够拥有仅仅印行五期的版本铁定要比美国首版或英国首版好太多了；但是无论如何，只要能买到其他任何一种版本都算是好的开始，横竖都是"书"嘛。至于收在杂志里的文章，那可就另当别论了：——追索某位作家发表在杂志上的文章不仅实际上毫不可行，也是一件徒劳无功的事。而且，除非你的终极目标是要搜集一整套齐全的藏书，然后捐赠给某间图书馆或哪家机构，否则就别耗费心神兼顾重要的书和重要的断简残篇（尽管这个词儿看起来似乎有点矛盾）。要不然，一个人的时间、金钱将会全部葬送在某件就算千辛万苦找到也划不来的玩意儿上头。早在吉卜林奇货可居之前，我就已经将注意力转移到其他和他一样优秀的同辈作家身上；欸，大家猜得没错，托马斯·哈代就在灯火阑珊处。

嗳？你问我为什么？原因无他。且让我们假设有这么一场拍卖会：以单一作家的作品为主题、拍卖品总数高达三四百件。如果全部都是吉卜林的书，保证无法令在座所有人皆大欢喜；并非每个人——甚至连铁定会亲临现场的每个书商亦然——都能像长年钻研该领域的人那么了解某个特定主题，其结果很可能是：某件曾经害你破费无数的玩意儿，在拍卖场上却以区区低价决标。还有另外一个原因：在整场死气沉沉、缺乏变化的拍卖过程中，拍卖官势必很难从头到尾紧紧抓住所有买家的兴致：生命须有曲折变化加以调剂[25]，而拍

■吉卜林《童生歌吟》签赠本

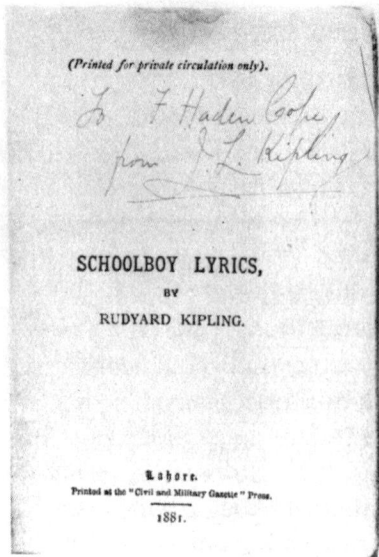

(Printed for private circulation only).

To F Haden Cohe
from J. L. Kipling

SCHOOLBOY LYRICS,
BY
RUDYARD KIPLING.

Lahore.
Printed at the "Civil and Military Gazette" Press.
1881.

卖场比任何地方都来得更需要这帖调剂。

　　大家一定都看穿了，方才我是以卖方的角度下笔；要是站在买方的立场，拍卖会越冗长、越是令人哈欠连连，则越能提供绝佳的机会，正好可以让人趁机补齐收藏。这么说吧，寻常人若打算以某位卷帙繁浩的作家作为收藏对象，聚累一批够看头的藏书，势必得耗费数年光阴；甚至得花上一辈子——这种情形也屡见不鲜。我脑海中浮现的是波士顿的苏珊·明斯[26]小姐从前搜罗的那批有史以来最齐、最精的"死亡之舞"[27]藏品。那批收藏好几年前由美国艺术协会[28]经手在纽约开拍，明斯小姐在精美拍卖目录的序文中详述她经年累月、一件一件地凑成整批收藏的过程。面对即将与它们分手，她仍一本运动家精神地写道："收藏的美妙乐趣我已经享用过了；且让别人也品尝品尝这滋味吧。"此等高尚情操令我深深折服，不过说实在话，那批收藏真该继续保持完整，以志一代女杰过人的智识和不懈的勤勉。曾经有某个讨厌鬼问奥立佛·赫尔福德[29]：什么是他最想见识的事；他想了一阵子之后如此回答："我想瞧瞧你朝电风扇扔颗生鸡蛋。"如果拿同样的问题来问我，我会说：我倒真想瞧瞧哪个不晓得明斯小姐来头、自以为博学又好为人师的家伙，有眼不识泰山地在她面前高谈阔论"死者之舞"。

　　我们再把话题拉回托马斯·哈代。他的处女作是一开始以匿名方式出版的三卷本《孤注一掷》，出版商是廷斯利兄弟，那年头所有的小说都是以三卷本的形式印行，而图书馆通常都会趁每部新小说一问世，便认购几部供人借阅，一般人很难得甘心花三十一先令六便士（公订价格）买一部虚构的作品，出自某个名不见经传的作者就更甭提了。这也就是为什么现在留存下来的作者处女作（我现在乃单指小说而言）几乎全部都是"前图书馆藏本"[30]——即装帧上头还留着图书馆标签贴过又撕掉的痕迹、遍体鳞伤的本子——的原因。因此，要遇到一部品相极佳的布面装帧本有多困难也就可想

■实至名归的托马斯·哈代
根据奥古斯都·约翰（Augustus John）绘制的肖像原作复制，原画现藏于剑桥费兹威廉
（Fitzwilliam）博物馆

而知了。经过装订的书摆在书架上比较体面自不在话下，但是，吹毛求疵的藏书家只愿意（且不计代价）购求布面或纸板原装、附纸标签 [31] 的本子——只要他能找得到的话。喏，就在我写到一半的当儿，芝加哥的瓦尔特·M. 希尔的目录寄来了（顺道一提：这家书店的目录非常值得细读）。各位不妨瞧瞧他把这部书讲得有多棒：

简·奥斯汀著：《理智与情感》，小说，共三卷，出自某女士之手笔。伦敦，作者自行发行，T. 埃杰顿 (T.Egerton) 承印。一八一一年。首版。

$ 900.00

蓝色纸板原装附有纸标签，品相完好。书体未施任何外加元素。诚属难能可贵、最值得珍藏之绝佳稀罕逸品。

我正需要这么一个本子来凑齐我原有的收藏。虽然想买的强烈欲望沛莫能御，但是回头想想，做人毕竟不能如此贪得无厌。遇到重新装帧的书，必须格外仔细审视。那种本子通常都缺了半书名页 [32]，就算半书名页仍在，往往也是从再版或后出版本拆去补的。还有一种情形亦时有所闻：部分书籍原本出版时就没有半书名页，却被某些无知的书商不分青红皂白地补上去。过犹不及；违逆作者当初推出一部作品时的原本样貌所施行的任何添加、削减，现今都被视为万万要不得的事。而且，很明显地，除非万分小心地处理，否则重新装帧一本书通常会造成开本尺码的缩减——而版本大小正是购书时顶要紧的考量项目之一。装订匠如果还老是和他们的老祖宗犯相

■衣衫褴褛的《最后的莫希干人》(*The Last of the Mohicans*)

同的过错，都活该被倒吊起来直到断气为止。这年头，要是哪个装订匠胆敢漫不经心地宰割书籍，任意切除原本的页缘，可是会被当成滔天大罪来办的。如果每一所典藏珍稀古籍的重要图书馆都能听任书籍保持原本的状态，万一书页松脱也只是拿条绳子将它们简单捆扎了事的话，肯定那些书直至今日依然价值连城；那才是对待书本的正确方式，但是不幸得很，它们全都难免挨上几刀，以致价值一落千丈。

真多亏丹尼尔·查尔斯·索兰德[33]（此位云游四海的杰出植物学家后来荣任大英博物馆的"监管人"）的精明脑袋。他所发明的皮面书匣——以他的姓氏命名——乃是一种仿造书本外形制成的外匣，专供存放珍贵书籍，让它摆放在书架上，外观看起来依旧维持一本书的模样。这种书匣通常都以摩洛哥羊皮裹覆高耐火性的石棉板制成。我几乎从未把一本书送去装订：一旦干下那种勾当，就得

■ 费城 H. 祖克制作的索兰德书匣

尝到天下本无事、庸人自扰之的苦果了。许多藏书家雇人重新装帧他们的藏书或为它们量身定制书匣（形式较简单的书盒[34]）的时候，会将小说统一装成同一种颜色、诗集则用另一种颜色，以此类推。如此一来不但能够增添架面的变化和美观，而且要找出某部特定的书也会比较容易。一七八二年索兰德去世后，世人为了纪念他生前的贡献，便以他的姓氏命名太平洋上某座小岛；但是我敢打包票，那个岛名绝对远远不如"索兰德书匣"这么经常被人提及。

一味收集套书的行为也无甚可取。关于这一点恐怕我得解释一下。的确有若干颇值得购藏、同时也是绅士书房不可或缺的全集，好比：狄更斯、司各特或帕克曼[35]、莫特利和其他林林总总

数百种作品全集。这些全是书中栋梁——人人必备、家家必藏；但是对于书主来说，拥有那些书和拥有一条裤子在意义上并没有什么差别。毕竟，真正能够带给人们恒久喜悦的是全集之外的其他书。就拿我自个儿来说吧，一部首度在美国问世的古典译作——本杰明·富兰克林版《老加图》善本（一七四四年于费城出版），才能符合这种需求；有鉴于此，以故的亨利·E. 亨廷顿先生才不得不念兹在兹，非要趁他还在世的时候将富兰克林的《自传》印出来不可，他还差点就办到了。[36]

●此部著名的书来历甚伟。一七七一年至一七八九年间，分别在许多地点、不同时间写成，最初一度被迻译为法文——无人知晓出自何人之手——于一七九一年在巴黎出版。由于原始手稿散佚，后来经由两位不同人士自法文版回译成英文，于一七九三年由两家出版社在伦敦各自出版打对台的版本。待威廉·坦普尔·富兰克林[37]（富兰克林之孙）寻获原稿，依其见解增补若干合适材料之后，于一八一八年出版。率先，亦是唯一一部自诩精确无误的版本则于一八六八年由约翰·比奇洛[38]编辑、利平科特[39]出版。原始手稿现存亨廷顿图书馆（原载《美国文学》）

　　我买过唯一一套已装订的首版"套书"是那套《特罗洛普全集》。我是早在这一波维多利亚热开始流行之前好几年就买的。我虽然很高兴能拥有那套书（其中有好几部作品，现在压根买不到原始版本），但是我丝毫不觉得它有什么了不起。不久前，一位热情的特罗洛普英国书迷迈克尔·萨德勒[40]来信询问我一个关于特罗洛普某部早期著作原始版本的问题，我很老实地承认我的全集都是已装订的本子，因此无法给他满意的答复。顺道一提，萨德勒写过一部很棒的特罗洛普研究论著，由霍顿－米夫林出版公司[41]出版，每个拥护这位伟大作家的读者（现在为数甚多）都该买来读，而且保证各位一定都会喜欢。

　　想到自己能够（与其他读者与藏书家共同携手）为当今的特罗洛普流行风潮作出若干程度的贡献，我就觉得十分开心。他幽默的文笔，和他笔下所描绘的十九世纪英国生活风貌，一直都令我乐在其中。特罗洛普辞世后，他的名气亦因其《自传》[42]问世而宣告死亡。他在书中描述自己写小说如何草率马虎，于是，与他同辈的读者将随他一并凋零，下一代读者亦对他不加闻问云云。大家便据此一口咬定："如此写出来的小说怎么可能不糟糕透顶呢？"多年前，英国某杂志甚至刊登过一篇立论荒唐的文章，声称特罗洛普与恺撒一样，都该被扫进历史的垃圾堆，我为此还特地提笔写了一篇短文，赞扬特罗洛普的过人文采。而大约就在同一时间，耶鲁大学的菲尔普斯[43]教授在那部谈论英国小说的论著中写道："从未有人胆敢宣称特罗洛普为天才。"我一读到那句话，连忙挺身大声说出："我敢。"时至今日，特罗洛普的著作随处可见，连英国本土亦不例外。在特罗洛普毕生写作历程之中，创作出比其他任何一名作家更多的一流小说。一套囊括六十八部特罗洛普作品的全集高达一百三十四册之多！任何人要是打算和这位小说家一块儿消磨一、两个愉快的夜晚，一定得读他那部《自传》。你想见识何谓真正高明的小说吗？不妨读读《尤斯塔斯宝钻》[44]。

我时常觉得，在搜书之道上闯荡，伴随而来的最大快乐便是沿途总能结识许许多多同伴，由于品味相投而让友情迅速滋长。我之所以与专攻威廉·布莱克的英国专家、收藏家——格雷厄姆·罗伯逊[45]有缘相识进而深交，正是缘于我们对那位文坛伟人的共同喜好。这段友谊的来龙去脉是这样子的：话说某一天，我正在大英博物馆里头和劳伦斯·比尼恩[46]聊天；他突然问我认不认识罗伯逊。我回答他："不认识，但是我十分乐于结识此君。"他一听便说："那敢情好，我来安排一下。"过了几天之后，我收到一封短笺，上头说：罗伯逊先生此时不在城内，但是我若愿意自行前往他位于

■ 格雷厄姆·罗伯逊与他的爱犬理查合影

土桥骑（Knightbridge）的宅邸，管家会开门让我参观他的藏画。我乖乖去了，也果真看到几幅好画（如今皆已委由泰特艺廊 [Tate Gallery] 典藏）；事后我回了一封信给罗伯逊先生，感谢他的盛情款待；并提及两人的嗜好还有颇多雷同之处；我在信中举了吉尔伯特与沙利文、欧文[47]、泰莉[48]等人。稍后，我便收到罗伯逊先生的另一封来信，他说：原来我除了搜集布莱克，还喜欢吉尔伯特与沙利文、欧文和泰莉，既然如此，他很希望我能择日到乡间一游；因为他最好的布莱克藏品都储放在乡下的别墅（这也是他长年不待在伦敦寓所的原因）。他说他会亲自到火车站来接我；而且我一定不会认错人，因为他本人虽然长相平庸，但是届时他会牵着一头全英国最俊美的牧羊犬。我后来依约前往，果然毫不费力便认出罗伯逊先生，也同那位和蔼可亲的绅士悠闲地共度了愉快的一天，打从那一回起，每回只要我到英国，一定都会腾出一天和他聚聚，而读他写来的信也是乐事一桩。此外，我和杰弗里·凯恩斯[49]自然也很熟（他是"巴茨"[50]的外科妙手），此君对布莱克版本研究所下的苦工，在该领域之中可说无人能出其右——至少，当格罗里埃俱乐部为他出书[51]时是那么认为的。

让我再提另一个人，英国当今的工党领袖——约翰·伯恩斯，此君是我生平见过最精明干练的人。他和我相识于索耶（Sawyer）书店。约翰大人尽管自学出身，但是其自学成果可真不是假的！他拥有半打由各不同大学颁赠的学位。至于他有哪些兴趣，这个嘛，除了各位想像得到的各种关于伦敦的历史、建筑、城市规划的数据、数据（人家毕竟是当官的嘛）之外，就是托马斯·莫尔爵士[52]的相关文物——关于后头这一项，他手中拥有一批全世界最精善的收藏品。他是个挺上

●圣巴多罗买医院面对史密斯菲尔德的大门（原载于《洋相百出话藏书》中之"大难不死"）

道的猎书客，坐拥一屋子的好书，而且他的记性也堪称一绝，尤其像我这种打娘胎起就少了好几根筋的人看来，简直只有瞠目结舌的份儿。他本人虽然始终不支持参战，但是为了要对得起良心，他宁可主动放弃官职和每年五千英镑的俸禄；而且，当英国一旦决定参战，他还是克尽自己的义务：将自己的儿子（而且是独生子）送往战场——从此一去不返。如今，他处于半退休状态，和他美丽的妻子以及他的书本一块儿过日子。如同所有优秀的国会议员一样，约翰·伯恩斯十分善于雄辩；我很乐于在此重述一则关于他的轶事，以飨诸位未曾听闻的人。若干时日以前，当约翰大人仍在内阁担任阁员时，他执掌伦敦城内各项大小事务运作的机构，有一次，某位同僚走进他的办公室，对他说："约翰，有两位从美洲来的客人想要在最短的时间内参观完伦敦的精华。"

"他们指名要我带路？"约翰问。

"没错。"

"好吧，"约翰说，"通知他们：明天上午十点准时出发。"隔天他果真带着访客参观伦敦去了。他教那两个人开足了眼界——不是大家耳熟能详的寻常景点，而是外地人鲜少光顾、极有意思的物事。到了下午，他招待两位筋疲力尽的客人到河边茶座（即许多小说家屡屡形诸笔墨的迷人处所）享用下午茶。约翰兴致勃勃地说："接下来请看，"他趾高气扬地往旁边一指，"此乃堂堂泰晤士河是也。"两位访客瞄了一眼，一点儿都不觉得有啥稀奇。

加拿大来的访客说："伯恩斯先生，您可曾见过圣劳伦斯河？"

密苏里州来的客人也不甘示弱："别忘了，还有俺老家的密西西比河哟。"

约翰声如洪钟答道："两位先生，那两条河我全瞧过。圣劳伦斯河无非只是一泓溪水罢了；而密西西比河，也不过是一滩泥水而已；阁下，至于两位眼前这一道——可是源远流长、浩浩荡荡的历

●约翰·伯恩斯送给纽顿的签名照（原载于"伦敦风华垂垂老"）

史哪！"真是好话甭说第二遍。

回归正题。借由藏书因缘，我得以拜见并结识性情中人艾米·洛威尔[53]，再透过她的穿针引线，又认识了哈佛的帕尔默[54]教授。我和他的邂逅经过情形是这样子的：我曾经花几个星期远道造访几位"东疆"[55]友人，当我抵达波士顿时，不巧碰上炎热的八月天，我心里嘀咕着："唉，这个假期实在太愉快了，可惜眼看着就要落幕。所有的朋友们铁定都不在家。我晓得埃勒里·塞奇威克已经离开了，艾米·洛威尔八成也正准备到乡下避暑。总之，我再也没机会到处串门子了。"结果，我猜对了一半，塞奇威克的确溜得不见人影，但是洛威尔小姐还待在城里。我从话筒中听见洛威尔小姐惯有的中气十足、珠圆玉润嗓音（唉，那声音如今只应天上有，人间再也不得闻了）："哟，什么风把你吹到咱们这头儿来？你一定得过来和我一道吃顿饭才行。我派一辆车去接你。你到时候会发现车里头坐着一位和气的老绅士，帕尔默教授也要过来用餐；他也是藏书家哟。"我又惊又喜："唉呀！我这回上波士顿也正想见见他呢。""嗜！"洛威尔小姐叫了一声，"我还当你是特地来看我的呢！好啦好啦，反正你只管过来吃饭就是了，我一定叫帕尔默教授让你见个够。"

帕尔默教授不只在课堂上教授哲学——他本人也身体力行；他最为人称颂的长处，毕竟还是他对于古希腊的渊博知识。他曾经将荷马的《奥德赛》译成"畅销书"[56]。套用吉卜林的话："其音绕梁三日不绝。"[57]我很纳闷，假使有人告诉荷马：约莫三千年之后，在一个他完全无法想像、风俗习惯截然不同的国度，有个姓帕尔默的家伙会用蛮夷不文的语言，对着为数超过二十五万名听众高唱他的诗歌，不知他会作何感想。

那天傍晚，当洛威尔小姐派来的车子抵达的时候，帕尔默教授已经好端端坐在里头，我马上警觉这场饭局将会成为一场精心设计的版本研讨会；因为那位和气的老先生随身带着一只绿色呢毛袋（就像费城的律师们惯常提在手上的那种），里头装满了他准备带去给洛威尔小姐鉴赏的珍本书，洛威尔小姐则将展示她收藏的上好济慈藏品作为回报（该批珍藏如今已成了哈佛的镇馆之宝）。收藏家们一凑在一起，互相较劲的火药味儿难免油然而生。我再三叮嘱自己，今晚姑且按兵不动，乖乖听取别人畅谈他们的搜书之道就好了，结果连我自己后来也把持不住，开始加入战局大放厥词，有那么一两次还差点儿不能自休，还好都适时努力按捺下来。

那真是一个教人回味无穷的夜晚。洛威尔小姐气色甚佳：她亲自站在那幢坐落在绿草如茵、古树参天的园圃内的豪宅大门口热情迎接我们。我差点脱口将那些漂亮的大树说成榆树，还好我听过一则故事——话说从前有一名小女孩受邀到一座英国乡间屋舍作客，那幢屋舍坐落于以茂密古树著称的庭园之内。当她用罢晚餐，随主人在园内巡游一趟之后，突然文思泉涌，开口便说："百年榆树错落满园如许美丽，若古树有灵，不知可与小女子同此一叹欤？"主人一听便接嘴道："依俺看，它们八成会叹：'我们乃橡树也。'"为了不让洛威尔小姐逮到同样的辫子训我一顿，我只轻描淡写地赞叹那些树"雄伟壮观"，其余便按下不表。

我旋即发现"诗"乃当晚言谈的主轴。只见帕尔默先生从绿色袋子里掏出一部接一部珍稀的善本诗集：赫里克、赫伯特、布莱克、弥尔顿；虽然都是薄薄一册，却俱为名家、巨著，令人目不暇接，存心叫洛威尔小姐招架不住。由于我不是被拉去当裁判，大可神色自若地说："那部书我也有。"最后我对帕尔默先生说："拿出您的洛夫莱斯《路卡斯塔》让我们见识见识嘛；我收藏的本子是羊皮旧装本哟。"他从袋子里掏出来，嘿，可惜可惜，他的本子只是后世重装本。"你们那两本都不够看哪，"洛威尔小姐一脸幸灾乐祸的表情，捧出她所收藏的珍贵善本："喏，过来瞧瞧书名页呗。"我们凑近一看，上头一道"Ex dono authoris"[58]落款赫然映入眼帘。洛威尔小姐冷不防使出这么一招"至尊神掌"，堪称道上最高强的招数，直教我当场眼冒金星、茅塞顿开。我们三人就那么过招、接招，一直鏖战到深夜才偃旗息鼓，这时，全体一致推派我明儿个一早就去帕尔默先生的藏书楼，亲眼见识见识他"闭门练功"的成果。

我赴帕府参访的过程更是值得大书特书；帕尔默先生真可称得上藏书武林的昔日大侠，自我初次拜访过后，他便将那批极精善的首版英诗藏书悉数捐赠给卫斯里学院（Wellesley College），以纪念他已过世的爱妻艾丽丝·弗里曼·帕尔默[59]。他还特地为那笔馈赠编写了一册绝佳的目录（一本印刷精美、装帧细腻的巨册），此外，他曾经委托剑桥的河畔印书馆[60]代为印行一册薄薄的《英诗藏品小引》（*Notes on a Collection of English Poetry*），此书仅仅印行三十部，其中一册现在就搁在我的面前。书名页背面印有引自巴克利《愚人船》的"吾心之所向，余独有一乐，即眼看书籍堆积如山，"和其他几段意思相近的文句。

帕尔默先生在书中一一阐释该批藏书的来龙去脉之后，此位优秀的学者、卓越的藏书家接着下了一发人深省的结论（我不如将部分原文直接迻录如下）："古书的价值极易被人高估……其版式往往大而无当，而印刷、纸张亦皆颇为简陋；里头且频频出现大量白字，更缺乏足供读者借以理解的注释、说明……但由于经过作者的同辈人士——甚至作者本人——的手泽披阅，为它们平添一层情感上的价值……我每每能感觉诗人跃然纸上，此乃后出版本所感受不到的。"接着他进一步说明："此类书籍的价格一直居高不下，而且还会持续且迅速上涨。货源不断缩减正

■巴克利译本中的藏书呆子（一五七〇年）

是其势所难免的原因。更因其中太半往往遁入公家藏书机构，从此不见天日。是故，即使随着财富与鉴赏力的提升、普及，但购求意愿则益发生猛，市面上可买的品目乃年复一年渐稀殆尽。单单一年之内，光凭少数几名有钱人就能令它们的价格往上攀腾一倍之谱。"

哪位收藏家又在文艺精品上头花了多少多少银子，这种事情咱们听过太多了，大家往往以为收藏家买下那些玩意儿会抑制价格上扬；这简直是无稽之谈。当某人以五万、一万、五千元，甚至一万元买下一件东西，他自然会冀望他买到的是能够保值的玩意。假使他得知自己以前买的某件东西的行情已经涨了一倍（这屡见不鲜），接下来呢？——他会将它脱手吗？绝对不会。他会庆幸自己当初买下它；他或许还会三番两次向他的朋友们津津乐道——这也难免；等到他寿终正寝时，他的财产或许还比大家原先预期的更值钱。但是，在这个锱铢必较的时代，非常有钱的人依然面不改色一掷千金、爽快大方地付出极高的价码，只求自己的收藏品能够尽善尽美——他们所为何来？无非是借由捐赠使其价值倍增——那些藏品终究还是全进了公立图书馆、博物院。我想起那些早在二十年前就铆足劲儿搜购书籍的人（当初还被无知大众讥为冒失莽撞）。他们的藏书如今花落何处呢？哈里·威德纳的书进了哈佛；科克伦[61]的书给了耶鲁；摩根先生的书落脚纽约；亨廷顿先生的书远适加州；查平[62]先生的书送给威廉斯；克莱门茨[63]先生的书送给密歇根大学；福尔杰先生的书则捐给了国家。这份名单还可以一路列下去没完没了。毕竟，我们无法——虽然我真希望能够——带著书进坟墓。

至于该以何种最妥适的方式为书上架，帕尔默教授的想法完全和我不谋而合。他说："分门归类之首要法则乃在易寻快取。"但是，正如同我一样，他个人也偏好以作品年份先后而非以姓氏笔画来排序。要是看到克拉肖[64]旁边挨着克雷布[65]，或是彭斯后头紧跟着布朗宁,他就浑身不舒服:"站在书架前,我希望放眼看到一群曾在同一个时代卖力笔耕的人都能团聚在一起,也看着承袭后辈在他们所师法的大师身后亦步亦趋。如此一来,我们才能够用当年周遭社会一分子的眼光来审视那些诗人。以年代关系着眼来排架乍看之下似乎松散,实乃最顺乎人心的规则。"

当我结束愉快的参访,走出帕尔默教授的藏书楼,闲步穿过哈佛校园的时候,我的心思琢磨着老不正经的劳伦斯·斯特恩在《项狄传》中说过的一段话:"历代智者无一不拥有个人嗜好,他们或蹓马、或泛舟、或击鼓、或吹号、或拉琴、或读书、或捕蝶,既然他一路好自为之、循着坦途正道经营其嗜好,亦无求你我仿效追随,岂容吾辈置喙乎?"[66]说得真是丝毫不爽!可是,当我们在人生的道路上看见旁人蹒跚踬踬,既然同在一条路上,难道不该拉他一把?尤其当咱们本身所从事的嗜好正适合众乐乐而非独乐乐;若是沿途能够招揽"各路兄弟"或"众家姊妹"与你并肩前进,而你也借此发现与你气味相投的人。如此一来,我会说:这段路程就算再怎么漫长,走来亦丝毫不觉艰辛。

至于没有任何嗜好的人,不但值得大家寄予同情且应尽量避而远之——这种人就算并未存心主动找碴,也难免会半路出纰漏;他的生活索然无味却又不肯乖乖学习别人。我不太在乎一个人有哪项嗜好:只要有嗜好就好。我想起哈里·伍斯特·史密斯[67]这么一号人物;他正是我心目中典型的嗜好中人(他曾带领一班打猎同好和一大群猎犬远赴爱尔兰从事真枪实弹的狩猎之旅)。如果要他对自己那部精美的两卷本《运动之旅》[68](书中描述他置身古老乡野的亲身经验)发表一句感言,他一定会写道:"从事运动纵使有时起有时落,却从不枯燥。"让他在你家的早餐桌上出现是一件令人雀跃的事,一如深夜畅饮香槟。他总是时时探询你打算上哪儿去、频频殷问到了那儿是否如你预期一般开怀;他不厌其烦、心甘情愿与你分享一切；对他而言，目的地没那么要紧，重要的是过程本身。

　　有时候，有人看到我如此努力摆脱生活的枯燥单调而获致许多乐趣，他们会问我："我该选哪样嗜好？我该收藏些什么？"不过，在回答这个问题之前，我得先弄清楚当你的嘴巴上说"收藏"的时候，心里头到底在想些什么：你只不过是为了杀时间（那可是全世界最昂贵的东西喔），抑或，你的心目中已有某件特定的东西或某个人（或某位女士），或历史上的某个朝代，或只要是亚当的后代创造的物事都令你大感兴趣。如果是这样的话，选它就对了。

　　要当收藏家可是有一定规矩的（当然，例外的情形也不胜枚举）。举例来说，大家都认为收藏应趁年纪尚轻时起步，而且某些人也的确如此。距今大约一年前，我收到一封从纽约寄来的信，这么写道："我读过您的几本书且深深着迷，因此我在此冒昧地请您为我签名留念。我今年才十一岁。等我长大成人之后，我也要拥有一座像 J. P. 摩根那样的图书馆。"我阅后笑得前俯后仰，总算有人胆敢不把摩根先生的财力放在眼里了。等我回了信之后，我兴致勃勃地将那封来函转寄给摩根图书馆的馆长贝尔·达·科斯塔·格林小姐，并告诉她：哪天她要是干不下去的时候，这儿有一位现成的人选可以递补她的职缺——那种差事可不是平常人随随便便都作得来的。

　　过没多久，我听到那件事的后续发展：格林小姐回了一封信给我那位小朋友，告诉他：如果他真有心打算效法摩根先生坐拥满室藏书的话，现在开始正是时候；她还邀他哪天不妨亲自到馆一游。等到约好的那一天，那小子居然还真的去赴约了；格林小姐亲自在馆内恭候小驾。那名小男生一副天不怕地不怕的模样（我头一回走进那幢既宏伟又富丽堂皇、摆满了全世界最珍贵的书本的房子也像他一样）；他走到格林小姐的跟前，先自我介绍一番，再回答她几句问话，解释自己目前虽然还未获允许可以任意买书，不过他不间断地搜集米歇尔·肯纳利的安德森艺廊和美国艺术协会的拍卖目录，而且，过去这一年来比较重要的拍卖会的标价目录[69] 他都有。格林小姐平日难得碰上旗鼓相当的对手，但等到亲眼看见接下来发生的事，才教她不由得佩服得五体投地——当她问他有没有哪部书特别想看，那小子答道："是的，我很想看看史上第一部印本书《古登堡圣经》。"那部书一送到他的面前，他忙不迭地开始算起行数，用心检查头几页究竟是印成四十行还是四十二行[70]。区区十一岁的小鬼头哪！

话说回来，手中拥有当今最贵重藏书的亨廷顿先生则是年届中年才开始藏书。我曾听人家说某款新车能在五秒钟内加速到二十五英里，拿来和亨廷顿先生一比，那简直是小巫见大巫。

当一个人辛辛苦苦涉水渡河后，才反过头来后悔当初干嘛不过桥根本于事无补；要紧的是——好歹都已经到了对岸。但是我始终无法释怀，要是我能够重头再活一遍，我一定要专攻"美洲学"。那个领域没有一丁点能教大家"赶一头热"的玩意儿（譬如说：现在当红的康拉德或史蒂文森）。这个门类已渐趋确立，但是现在要我重燃兴趣，孜孜埋首印得乱糟糟的书本，探究弗吉尼亚殖民地的起源；或盯着老地图遐思神游（任何人只消瞧一眼便能看出里头明显的错误，因为大家老早都晓得那是头一张北美洲地图）皆为时晚矣。一年前，我在如今并入密歇根大学的威廉·L.克莱门茨图书馆内消磨了几个钟头，我曾经结结实实地读过克莱门茨先生讲述他的藏书（即后来捐赠给该所大学的那批珍本）的巨著[71]。以一名生意人来说，能够写出那样一部书可真是了不起，同时他也以实际的作为证明了所有认为"美国商人胸无大志"的人是何等大错特错；克莱门茨先生的行为证明了事实恰恰相反。

打前一阵子开始，亲赴安娜堡[72]拜访那座造型虽简单却不失优雅的藏书殿堂成了平日案牍劳形的生意人乐此不疲的行程。参阅克莱门茨先生既平易近人却又饱富学问的文章，里头写道："每批藏书必然皆有其发端，本藏品乃于一九〇三年以购入……约千部藏书作为基础。"我个人虽不把他藏书的进展神速说成一则传奇神话，但是任何人只要愿意读读关于发现北美洲的书、瞧瞧先人是如何筚路褴褛地建立了咱们今天称为美利坚的伟大国家（诚然举世最惊人的传奇），必然能够了解他的见地是多么高瞻远瞩。至于图书馆的监管人伦道夫·亚当斯[73]，此君可说是从小在我的书房里长大，足以证明他是个不折不扣的爱书人；他那部备受推崇的小书《威廉·L. 克莱门茨图书馆的来龙去脉，或一则探讨藏书巧艺的短文》[74]（确实是一篇出自深谙美国历史的学者之手的杰出论文）。当我在报上读到亚当斯的《美国外交政策史》获得极佳好评，我内心满怀欣慰，还好我当初苦口婆心劝他乖乖当一个快乐、有用的公民就好，

■威廉·L. 克莱门茨图书馆

不要汲汲营营投入所谓"兴讼"的行当，那勾当——我赞同萧伯纳的观点——根本不能算一门职业，充其量尽是些钻漏洞的活儿。要不是亚当斯写出那么一本书，我还不晓得原来美国居然有"外交政策"——布莱恩[75]当家那年头显然连影儿都没有哩。

　　我尚未提及全国各州现在皆能提供藏书家一个平等的收藏环境；而这个搜集项目未来必将持续增温且受到重视；甚至，只要假以时日，各位现在以区区几块钱买来的书都能卖到好几百甚至好几千元。我对此有十足把握。或许你会问："干嘛不干脆告诉我们到底是哪些书呢？"哦！那我可就不晓得了。你该去问那些专门钻研该领域的大学教授们，或纽约的拉斯洛普·哈珀[76]，他必能提供最可靠的方向；也可以请教罗森巴赫博士，他前几天才花了大把钞票买进一件玩意；要不然也可以去问我的朋友 J. 克里斯蒂安·贝伊[77]，他正在讲授一门课，题目叫做"芝加哥的摇篮本"（这个题目虽然颇令人想入非非，但他所指的其实是惨遭回禄之灾[78]前在当地印行

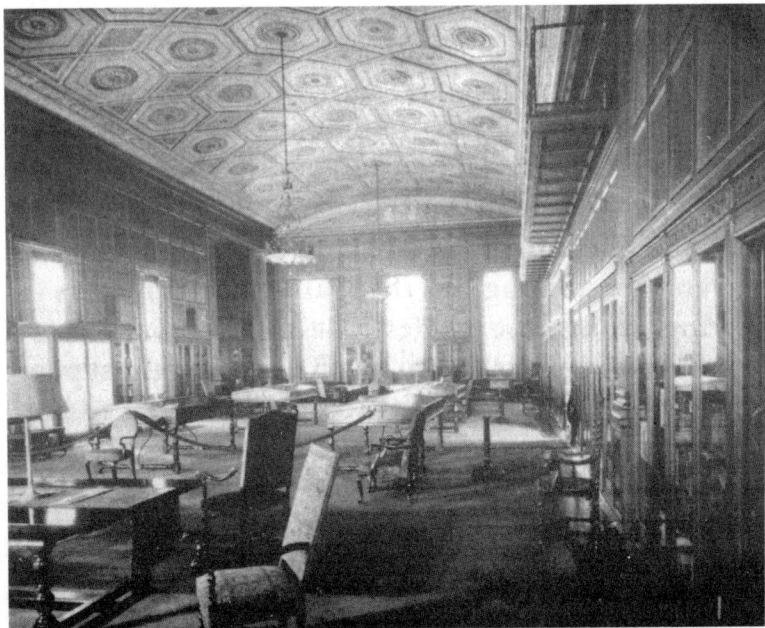

■威廉·L. 克莱门茨图书馆内的大阅览室

的书籍）！大家不妨想像一下：现在成千上万名成年人还在娘胎的时候，那座城市仍然是一片焦土哩。看到芝加哥今日的大幅成长，我们便不难断言美国有多么前途无量了。

藏书是一项了不起的运动；每天都有许多生力军加入阵容；我们这些业余选手有时候得多花点儿钱，才能和职业高手互相较量，但是金额也没有大家想像的那么多。和罗森巴赫比画就像妄想撬开蒙特卡罗的金库一样；不过就算是罗森巴赫，也曾经卖给我一些他现在恨不得以高于我当初付给他的三四倍代价买回去的书。一部罕见珍本照理说应该后市看涨（通常也的确如此），但是趁早拥有它、看着它不断增值，比起等它窜升到高价再买有意思多了。成千上百部重要作家的杰出著作，都因为当初首版印量太多而导致今日"乏人问津"。真正受到青睐的书，是那些曾遭受一时困顿终至出人头地、或是某位已经在文坛取得一席之地的作家后续的作品：这种书的价值往往只涨不跌。至于前一阵子才问世的书：德拉·梅尔《童年之歌》、梅斯菲尔德[79]的《海调歌头》[80]、豪斯曼[81]的《什罗普郡一少年》、希拉·凯—史密斯[82]的《迈步信徒》[83]、莫利的《帕尔纳索斯上路》等，其行情均持续看俏，甚至连作者本人亦莫不大感匪夷所思。无人知晓那些书的价格是否能一路保持不坠或甚至扶摇直上；但是我们或许可以大胆断言：若是某位作家后来发表的作品也能通过评论家的严格把关，那么，押宝在他的处女作就万无一失了。现在有许多杰出版本学家专为搜集现代作品的人指引迷津；那些人在我初试啼声时，就算打着灯笼也找不到半个哩。其中若干位甚至对于版本学的导引有着不可磨灭的建树，虽然频出纰漏的亦大有人在；但是，不论好或坏，套句约翰生博士谈到词典时说的话：再怎么糟糕也比完全没有强[84]。

我一路亲眼目睹书市的诸多转变：伦敦（乃至全英国）如今已不再是独步全球的书籍市场。将近一世纪以来，国内也蓄积了充沛的能量，各类书籍始终供不应求；现在英国的好书店较往昔更多，但是好书的数量却远远不及从前。在那个古老国度的书店淘书猎书仍是一种风雅、一则传奇，但是现在要挑好书最好的地点则是在国内，其中尤其首推纽约市。新手上路的藏书家，必然会想和某位优秀的书商建立关系。这倒容易：只要和他们谈成两三桩买卖、外带问几个够水平的问题就能办到。但是，一旦你的名字被列入书商的客户名单，书目便会源源不绝地寄来，那些目录你说什么都得规规矩矩地详加研读，而拍卖会的消息也千万不能漏掉。参加书籍拍卖会太有意思了，而且拍卖目录里头也载满了有用的信息。在纽约的拍卖场上，一部好书总能卖得它该有的价码，甚至还常常超出甚多。不久以前，一部弥尔顿的《科玛斯》[85] 以两万一千五百元成交。虽然一般人通称那部书为"科玛斯"，但是其首版书名页上却只印着"一出假面剧"（"A Maske"）。之所以特别举出这部书，倒不是我认为它的成交价超过其实际价值，而是因为——你还能上哪儿再去找另一部呢？就算果真让你找到另一部，它铁定还能值更多钱。但是其他名气不如它那么响亮的书，虽然也是同样稀罕，却往往只能以低于实际的价值决标。其原因便在于——我实在不大情愿说得这么白——我们这些藏书家对于文学下的工夫太少了；我们把心力过度集中在寥寥几部大名鼎鼎的书籍上头。这使得书市也出现一如股票市场所谓"盘面不均"的现象。这些实际情况各位务必列入考虑，而且也应时时谨记在心，单凭稀罕度一项因素并不足以让一部书卖成高价；或者，换个方式说：若你偏不信邪，硬要逆向操作某部书的市场行情着实不智。一部在巴黎极为抢手的书，一旦摆在纽约的拍卖场，或许只能以很低的价码成交或甚至根本不值钱。

我们切莫见树不见林。英文文学何等博大精深！选择以首版书进入藏书堂奥就像跨上一匹名驹。英文文学其源之远、其流也长、其广亦无边也。我们拥有举世最伟大的诗歌、戏剧和小说；至于散

■ 弥尔顿《科玛斯》首
版书名页

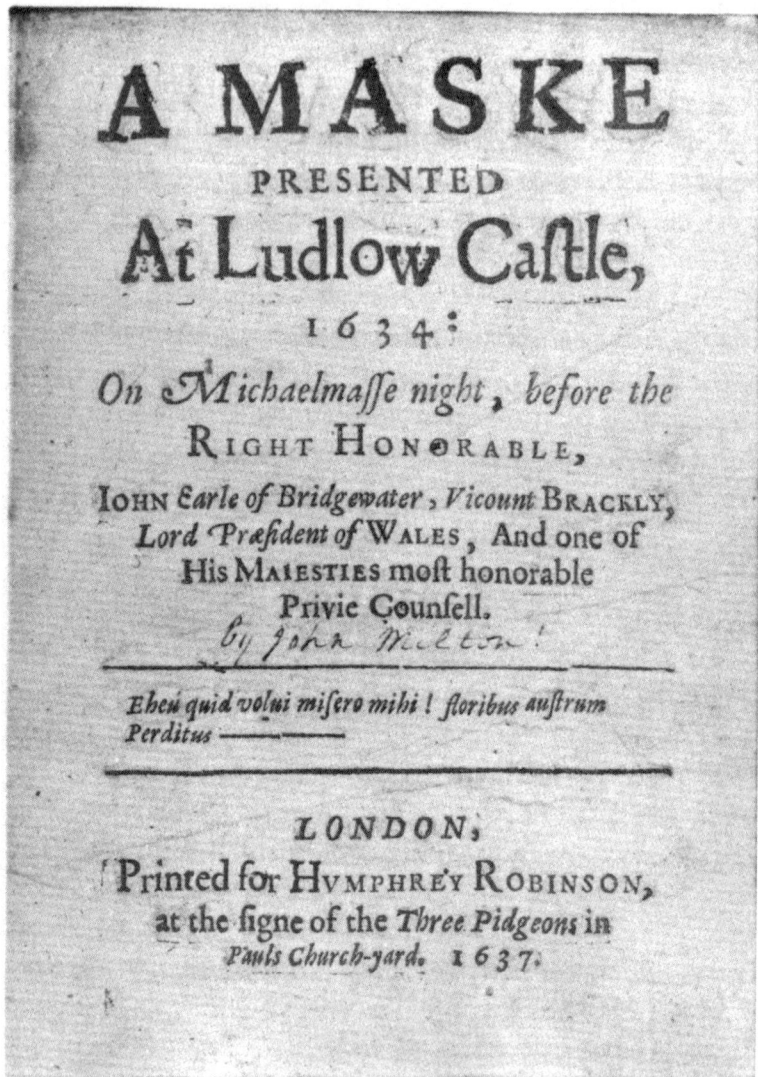

文，我们的成就也仅次于蒙田[86]（但是咱们有绝无仅有、值得夸耀
世人的一部蒙田传记[87]）。何其灿烂辉煌、多彩多姿！足供吾辈藏书
家任意挑选各自的坐骑（这只是比喻）；不过就另一方面来说，每
个人皆一律平等：大家都得各凭本事、一步一脚印小心迈步；还得
挖空心思、苦口婆心说服咱们的账房通融（如果大家都像我一样幸
运有个贤内助的话），如此一来，我们便可尽情享受生命的美好滋

味，而那些没有嗜好的人则无福消受，只能在一旁干瞪眼。如此身体力行一辈子，即使垂老耄耋、百无一用甚至寿终正寝，我们仍能养出一身天地正气。至于结果好坏，就留待咱们的后代子嗣、法定遗产执行人去操心吧。

我曾经认识一位费城人，斐迪南·J. 德雷尔，他还不到四十岁便自职场退休回家等死（因为他老觉得自己不久人世）。为了排遣时间，他决定找点事情作，于是他开始搜集签名，结果他一活就是八十岁，因此累积了一批傲视全国的精湛收藏品。他死后将那批签名藏品遗赠给宾夕法尼亚州历史学会，而他的名字也因而从此永志不朽。把约翰生褒扬莎士比亚的那句话——即"时间在他身后苦苦追赶，却只能疲于奔命。"——拿来形容这位道上高手岂不正合适？

■ "橡树丘"的游憩间

【译注】

1　为了顺理前后行文，此处将"game"不无牵强地译成"道"。

2　纽顿此处乃以伦敦土腔（cockeny）拼出："gaime"（"game"）、"move h'on"（"move on"）、"be h'off"（"be off"）。

3　"罗洛丛书"（Rollo books）：雅各布·艾博特（Jacob Abbott，1803—1879）以 Rollo Holiday 为主人公所创作的"学园丛书"（School Library，波士顿 Thomas H. Webb & Co. 出版）系列少年读物，十九世纪中期开始刊行，一直风行至第一次世界大战前后。

◎"学园丛书"第二卷《罗洛识字记》（Rollo Learning to Read, 1835）

4　《桑德福与莫顿轶史》（*The Histroy of Sandford and Merton*）：英国中殿法学院（Middle Temple）执事托马斯·戴伊（Thomas Day，1748—1789）的童话作品。首卷于一七八三年问世；第二卷于一七八七年出版；一七八九年出版第三卷。内容描述卑劣猥琐的富家子 Tommy Merton 与德性高洁的农家子弟 Harry Sandford 的故事。

◎托马斯·戴伊，Joseph Wright 绘（1770）

5　《远大前程》（*Great Expectations*）：狄更斯的小说。出版于一八六〇年至一八六一年。

6　约翰·艾博特（John Stevens Cabot Abbott，1805—1877）：美国史学家。雅各布·艾博特（参见本章译注3）之弟。就读鲍登大学（Bowdoin College）时与作家朗费罗（Longfellow）、霍桑（Hawthorne）同窗。他的著作多达五十四部，包括此处提及的四卷本拿破仑传记《拿破仑·波拿巴轶史》（*The History of Napoleon Bonaparte*），该书内容先在《哈珀新月刊杂志》（参见第二卷Ⅲ译注26）连载（一八五一年至一八五五年），后由哈珀出版社集结出版（一八五五年）。

7　《修院与炉边》（*The Cloister and the Hearth*）：查尔斯·里德（参见本章译注12）的历史演义故事。一八六一年出版。

8　《切利尼自传》（*The Autobiography of Benvenuto Cellini*）：佛罗伦萨金匠、雕刻家本韦努托·切利尼（1500—1571）的自传。一七三〇年在那不勒斯出版（意大利文原版），英文版由 J. A. Symonds 翻译，一八八八年出版。是当年颇畅销的书，公认为有史以来写得最生动有趣的自传作品，亦是了解文艺复兴时期文化的绝佳史料。

9　约翰·L. 莫特利（John Lothrop Motley，1814—1877）：美国历史学家。一八四一年担任

美国驻圣彼得堡公使秘书；著作有《荷兰共和的兴起》（*The Rise of the Dutch Republic*，1856）、《尼德兰联合王国史》（*The History of the United Netherlands*，1860—1867）、《约翰·巴内弗尔特之生与死》（*The Life and Death of John Barneveld*，1874）等；一八六一年至一八六七年担任驻奥地利公使，一八六九年至一八七〇年担任驻英国公使。

10　威廉·希克林·普雷斯科特（William Hickling Prescott，1796—1859）：十九世纪美国历史学家。首部著作《费迪南与伊莎贝拉朝代史》（*History of the Reign of Ferdinand and Isabella the Catholic*，1838）即奠定学术名声，其他著作有《墨西哥征服史》（*History of the Conquest of Mexico*，1843）、《传、评杂录》（*Biographical and Critical Miscellanies*，1845）、《秘鲁征服史》（*History of the Conquest of Peru*，1847），最

后作品《菲利普二世朝代史》（*History of the Reign of Philip the Second*，1855—1858）生前仅完成三卷。

11 指瓦尔特·司各特（参见第一卷Ⅳ译注14）。

12 查尔斯·里德（Charles Reade，1814—1884）：英国剧作家、小说家。成功的剧作有：《假面具与真面目》（*Masks and Faces*，1852）、《金子》（*Gold*，1853）、《里昂信差》（*The Courier of Lyons*，1854）、《未迟》（*Sera Nunquam*，1865）等；《亡羊补牢犹未晚》（*It Is Never too Late to Mend*，1856）则是一部专注攻讦狱政的小说；他接连写出数部成绩平平的小说之后，创作出他的杰作：以伊拉斯谟之父一生行谊为题材的历史演义小说《修院与炉边》。里德身故时留下一部尚未完成的小说《险恶的秘密》（*A Perilous Secret*）。

13 此目录厚仅二十九页，今罕不可见。内容参见下则译注。

14 该场匿名拍卖会的名目是"A Small Collection of Choice English Books, for the Most First Part or Scarce Editions in Original Cloth Bindings, Including, also, A complete Set of the Beautiful and Exceedingly Scarce Publications of the Grolier Club"。于一八九六年五月十八日假纽约班氏拍卖公司举行。共两百四十六件拍卖品分为下列几类："文学"（品目1—173）、"海报"（174—181）、"格罗里埃俱乐部出版品"（182—208）、"图书目录"（209—219）、"司各特出版品"（220—225）、"与书籍相关的书籍"（226—246）。纽顿晚年曾致赠一册目录给梅布尔·扎恩（参见第二卷Ⅲ译注16），上头的题词是："吾编此目录、鬻书乃为在乡间起一小屋（现为'橡树丘'是也），A. 爱德华·纽顿谨赠梅布尔·扎恩，一九三四年九月十日识。"纽顿自藏、后由其子捐赠给费城公共图书馆（参见附录第三篇）的目录上则写着："余编写这册目录、出售这批藏书，得款用以兴建自宅前厢（现为'橡树丘'），A. 爱德华·纽顿识于一九三〇年六月二十日。"

15 风尚喜剧（artificial comedy）：西方戏剧流派，盛行于英国复辟时代；对上流社会贵族圈的生活习性着墨，笔调多所矫饰。或称"世态喜剧"（comedy of manners）。

16 《争风吃醋》（*The Rivals*）、《闲话漫天》（*The School for Scandal*，一译《造谣学校》）、《口诛笔伐》（*The Critic，Or A Tragedy Rehearsed*）：皆为英国剧作家 R. B. 谢里丹的剧作。分别于一七七五年、一七七七年、一七七九年搬上舞台。

17 弗朗西斯·布雷特·哈特（Francis Bret Harte，1839—1902）：美国作家。原籍纽约，一八五四年随寡母迁居加州，他在当地干过矿工、教师、送货员、印刷工、记者等职业。住在旧金山时，他为《加州人报》（*The Californian*）撰稿，写下许多诗、散文。他曾被延揽担任美国造币局官员，他任公职直到一八七〇年。担任《跨陆月刊》（*Overland Monthly*）期间，他以一篇《咆哮野营的命运》（*The Luck of Roaring Camp*）声名鹊起，自此他创作出许多以西部风光为题材的文章，受到美东上流读者的极大喜爱。一八七一年他迁返纽约，后来移居波士顿，期间仍创作不辍。一八七八年他被指派出任美国驻德国格雷菲领事，一八八〇年被调往格拉斯哥，后来定居伦敦。

18 引自《伊利亚随笔》中之"巴特尔小姐论方城之战"（Mrs Battle's Opinions on Whist）。文中记述一名生前酷爱打"惠斯特"（whist，由两对牌手进行的四人牌戏名，现代桥牌的初期型态）的老太太：萨拉·巴特尔（Sarah Battle）。巴特尔面对牌戏的态度绝对认真、一丝不苟且兢兢业业、得失必较。有一回某文艺青年敌不过旁人力邀他参加牌局，大咧咧地当众表示：

长时间埋首阅读之余，"偶尔放松一下心情、陪她玩一把作为调剂消遣亦无妨。"不料巴特尔闻言大怒，斥责对方亵渎了她神圣的志业：盖"惠斯特"乃"她一生的职志、她的使命、她到世上走一遭唯一该作的事"，她的确也如此身体力行。后来兰姆述及她曾一度"放松一下心情、看看书（作为调剂消遣）"。

◎《童生歌吟》序文首页，书页绘饰为吉卜林自绘

19　《童生歌吟》（*Schoolboy Lyrics*）：吉卜林首部出版作品。一八八一年出版。

20　《回声集》（*Echoes*）：吉卜林与妹妹艾丽丝（Alice, 1868—1948）模拟当代英美诸诗家笔法写作的诗集。一八八四年出版。

21　《怒海余生》（*Captains Courageous*，*A Story of the Grand Banks*）：吉卜林的海洋冒险小说。一八九六年十二月至次年四月分五回在《培森杂志》（*Pearson's Magazine*）连载。吉卜林于三十一岁发表此作，刚与他的美国经纪人 Wolcott Balestier（1861—1891）的妹妹 Caroline Starr Balestier（1862—1939）新婚未久，居住在佛蒙特。单行本于一八九七年由伦敦麦克米兰公司（London: Macmillian & Co.）出版，该版本附二十一幅 I.W. Tabor 绘制的插图；美国首版则于同年由纽约世纪公司印行，美国版内含十六幅 Tabor 插图，但加录二十一幅 Fred T. Jane 绘制的插图、两幅 Swain 插图。

22　S.S. 麦克卢尔（Samuel Sidney McClure, 1857—1949）：纽约出版商。爱尔兰人塞缪尔·西德尼·麦克卢尔少年移民美国，于一八八四年创立美国第一个报业集团"麦克卢尔集团"（McClure Syndicate）；一八九三年创办《麦克卢尔杂志》

（*McClure's Magazine*）并亲自担任编辑，其耙粪风除了令该杂志卖座，更引发同业纷纷效尤，导致当时新闻界兴起一股耙粪风潮，史称"耙粪年代"（the era of the muckrakers）。麦克卢尔个人的文字作品有：《通向和平的障碍》（*Obstacles to Peace*，1917）、《民主自由的成绩》（*The Achievements of Liberty*，1935）、《自由对人类的意义》（*What Freedom Means to Man*，1938）。

23　世纪公司（Century Company）：纽约出版商。原本是斯克里布纳（参见第二卷 III 译注 10）的子公司。一八八一年 Roswell Smith 以美金两百万元买下、改名"世纪公司"，首部出版品是《世纪图画月刊》（*The Century Illustrated Monthly Magazine*，前身是《斯克里布纳月刊》，一九三○年起改为季刊。参见第二卷 III 译注 27）。

◎（上）纽约世纪公司版《怒海余生》
◎（左）伦敦麦克米兰版《怒海余生》

24　指一八九七年伦敦麦克米兰公司版。

25　英谚："Variety is the spice of life."。

26　苏珊·明斯（Susan Minns）：波士顿收藏家。专门搜集与"死亡之舞"相关的各类文物。明斯氏藏品于一九二二年由美国艺术协会进行拍卖，拍卖目录（The Dance of Death from the XIIth to the XXth Century: *The notable collection of Miss Susan Minns of Boston Mass.*, N.Y.: American Art Association）上登载的品目总数达一千零二十件，包括已知最早一部以"死亡之舞"为主题的书籍，除了相关书籍、画作、手稿等，还有以此为票面图案的藏书票、钱币，绘画作品则囊括丢勒、荷尔拜因、Hollar、Van Leyden、托马斯·罗兰德森、比维克（Thomas Bewick）……等名家手笔。据当时的拍卖目录前言所言："此回拍卖诸品，乃马萨诸塞州波士顿明斯氏苏珊自幼涓滴收藏，矢志不辍持续至今已逾半世纪，其为私家聚藏'死亡之舞'藏品之集大成、至精善乃毋庸置疑也。"（"The present

collection begun, in her girlhood, by Susan Minns of Boston, Massachusetts, and continued over a period of more than half a century, is without doubt the most comprehensive as well as the largest single private collection of Dance of Death material ever brought together.") 苏珊·明斯于该批藏品拍卖前自编专书 *Illustrated catalogue of the notable collection of Miss Susan Minns of Boston, Mass.: books, bookplates, coins, curios, prints*（康涅狄格州 Greenwich: Conde Nast Press, 1922）。

27 "死亡之舞"（"The Dance of Death"）：西方文学、艺术常见之创作题材，将死亡具象化，与常民、贵族生活结合用以警世，源自欧洲中古时期频仍肆虐、每每掳人性命的黑死病。欧美各文物机构多以专类典藏之。

◎ 汉斯·荷尔拜因《死亡之舞》

28 美国艺术协会（American Art Association）：美国首家正规拍卖公司。一八八三年由托马斯·E. 科尔比（Thomas E. Kirby）在纽约成立，一九二九年起与安德森艺廊（参见第一卷III译注 22）合并经营至一九三四年。

29 奥立佛·赫尔福德（Oliver Herford, 1863—1935）：美国作家、插画家。出生于英国，一八七五年移居美国。为杂志撰稿（最早为《世纪杂志》，作品散见当时各报刊），曾出版若干部幽默文集、诗集并自绘插图。作品有：《古怪滑稽集》（*Artful Anticks*, 1888）、《花园私语》（*Overheard in a Garden*, 1900）、《波斯小猫鲁拜集》（*Rubaiyat of a Persian Kitten*, 1904）、《琐事小书》（*Little Book of Bores*, 1906）、《呆地理》（*Simple Jography*, 1908）、《铃铛丛林》（*Jingle Jungles*, 1915）、《愤世者现形记》（*Cynic's Calendar*, 1917）、《赫尔福德画说伊索寓言》（*The Herford Aesop*, 1921）、《敬请解释》（*Excuse It Please*, 1930）、《闺女初入社会要典》（*The Deb's Dictionary*, 1931）等。

30 "前图书馆藏本"（ex-library）：指称曾经由图书馆典藏，后来因各种原因（诸如馆藏淘汰或遭窃）而外流的本子。此类书籍除非是极端稀有，否则因曾被频繁地使用而往往导致书况欠佳，加上图书馆往往另行施加统一装订，通常是市场上较不受藏家欢迎的品类。

31 纸标签（paper label）：版本学用语。贴在书脊（或称"书背"）、标示书名的纸片。施用在尚未以皮革、布料装帧的纸板装帧的原版上。

32 半书名页（half title）：或称"简书名页"、"假书名页"（bastard title）。在正式书名页（full title，或称"全书名页"）之前的一叶，通常只印出书名，其用意在于保护正式书名页；若此叶没有印上任何文字，则称为"扉叶"、"衬叶"或"空白叶"（fly leaf）。

33 丹尼尔·查尔斯·索兰德（Daniel Charles Solander, 1736—1782）：瑞典裔植物学家。曾师事并辅佐林耐（Carolus Linneaus, 1707—1778）；一七六〇年赴英，将林耐氏物种分类体系导入英国植物学；亲赴世界各地搜集植物标本。一七七三年起担任大英博物馆馆长。索兰德群岛（Solander Islands，位于纽西兰南岛西南方外海）的命名乃纪念他在植物学上的贡献。

34 书盒（slip case）：单面缺口的书匣，将书插放进去时可露出书脊。

35 弗朗西斯·帕克曼（Francis Parkman, 1823—1893）：专治美洲开拓史的美国历史学家。出生于波士顿。一八四六年循俄勒冈拓荒古道旅行，写下《加州与俄勒冈古道》（*The California and Oregon Trail*, 1849）；其他史学论著包括：《庞蒂亚克战史》（*History of the Conspiracy of Pontiac*, 1851）、《新大陆的法国拓荒者》（*Pioneers*

of France in the New World，1865）、《耶稣会教士北美脚踪》（*The Jesuits in Northe America*，1867）、《大西部的发现》（*The Discovery of the Great West*，1869）、《加拿大旧政体》（*The Old Régime in Canada*，1874）、《弗隆特纳克伯爵与路易十四治下的新法兰西殖民地》（*Count Frontenac and New France under Louis XIV*，1877）、《蒙卡尔姆与沃尔夫》（*Montcalm and Wolfe*，1884）、《纷争半世纪》（*A Half-Century of Conflict*，1892）。

36　亨廷顿于一九二〇年代初期大肆收购私人藏书，其中富兰克林的《自传》手稿乃购自 E. Dwight Church 藏书（该笔收购共斥资一百万美元，包含两千一百三十三部英美历史文件）。

37　威廉·坦普尔·富兰克林（William Temple Franklin，1760—1823）：富兰克林的孙子。该版本书名为 *Memoirs of the life and writings of Benjamin Franklin ... written by himself to a late period*，and continued to the time of his death, by his grandson; William Temple Franklin. Now first published from the original mss. comprising the private correspondence and public negotiations of Dr. Franklin, and a selection from his political, philosophical, and miscellaneous works.，一八一八年伦敦 H. Colburn 出版，三卷本。

38　利平科特（J. B. Lippincott and Company）：费城出版商。

39　约翰·比奇洛（John Bigelow，1817—1911）：美国外交官、作家。一八四八年至一八六一年担任纽约《晚间邮报》编辑，期间以撰写反蓄奴与鼓吹自由贸易的犀利社论著称。一八六一年他受命担任驻巴黎总领事，一八六五年至一八六六年则担任公使。富兰克林自传手稿乃比奇洛在巴黎发现，经他亲自编辑，于一八六八年出版。此外，他还着有富兰克林的传记（1874），并编制十卷本富兰克林作品全集（1887—1888）。

40　迈克尔·萨德勒（Michael Sadlier，1888—1957）：英国版本学者、藏书家。因其对特罗洛普作品版的关注而与纽顿成为好友，两人对于推动英美两地藏书文化均不遗余力。其著作有：《出版原装风格之演进》（*The Evolution of Publisher's Binding Styles*，1770—1900，New York: Garland，1900）、《浅谈维多利亚时代版本学》（*Excursions in Victorian Bibliography*，London: 1922）、《特罗洛普版本分析》（*Trollope: A Bibliography-An Analysis Of The History And Structure Of The Works Of Anthony Trollope*，London: Constable，1928）、《特罗洛普评析》（*Trollope: A Commentary*，London: Constable，1927）、《读者藏书指南》（*Book Collecting*，*A Reader's Guide*，Cambridge: National Book League，1947）等，并编辑牛津大学版特罗洛普作品全集（1948）。

41　霍顿─米夫林出版公司（Houghton Mifflin & Company）：参见本章译注 60。此处所指为萨德勒的《特罗洛普评析》的美国首版（一九二七年出版，原版是同年伦敦 Constable 版），该版由纽顿作序。

42　特罗洛普《自传》（*An Autobiography*）二卷：一八八三年爱丁堡首版，当时以匿名发表。

43　威廉·莱昂·菲尔普斯（William Lyon Phelps，1865—1943）：美国文学学者、作家、评论家。耶鲁大学英文教授。

44　《尤斯塔斯宝钻》（*The Eustace Diamonds*）：特罗洛普的小说。一八七三年出版。内容描述一名机关算尽、尖酸刻薄的聪明女子挖空心思，企图保有非她所有的钻石项链。电影《戈斯福德庄园》（*Gosford Park*，2001）的制片班底，美国制片家 Bob Balaban 与 Ileen Meisel 已买下此小说的改编版权，交由英国编剧 Julian Fellowes 撰写剧本，将于近日开拍。

45　W. 格雷厄姆·罗伯逊（Walford Graham Robertson，1866—1948）：英国画家、收藏家、插画家。由于热中戏剧表演，他曾为五出大戏设计服装并颇受好评。

46 罗伯特·劳伦斯·比尼恩（Robert Laurence Binyon，1869—1943）：英国诗人、艺术史家。一八九三年至一九三三年任职于大英博物馆，一九一三年至一九三三年间负责东方印刷品、绘画部门。他曾经著述若干以中国、日本、印度艺术为主题的论著，包括《远东地区的绘画》（*Painting in the Far East*，1908）、《龙翔》（*Flight of the Dragon*，1911）等；诗作有：《塞壬女妖》（*The Sirens*，1924）、《偶像》（*The Idols*，1928）、《诗选》（*Collected Poems*，1931）、《北辰》（*The North Star*，1941）。

47 亨利·欧文（Henry Irving，1838—1905）：维多利亚时期英国著名舞台演员。

48 艾伦·泰莉（Ellen Terry，1847—1928）：英国舞台演员。泰莉与欧文曾合作演出多出莎剧，皆红极一时。除了舞台成就之外，艾伦·泰莉最为人津津乐道的事迹便是与萧伯纳之间长年鱼雁往返、相知相惜。

◎ 亨利·欧文与艾伦·泰莉合演的戏剧

49 杰弗里·凯恩斯（Geoffrey Langton Keynes，1887—1982）：英国外科医师、作家。经济学家约翰·梅纳德·凯恩斯（John Maynard Keynes，1883—1946）之胞弟。早在剑桥大学求学期间便与文化界颇有往来。一九一〇年至一九一三年在圣巴多罗买医院（参见第一卷 I 译注 58）担任驻院医师，一九一三年曾救活首度自杀的弗吉尼娅·伍尔芙。他在两次世界大战期间救助无数战场伤员，且对于乳癌治疗有极大贡献。后来成为该院资深外科医师并受封骑士爵位。纽顿在伦敦摔车断腿即由凯恩斯操刀救治。

50 "巴茨"（"Barts"）：圣巴多罗买医院的昵称。

51 杰弗里·凯恩斯编著的《威廉·布莱克作品目录》（*A Bibliography of William Blake*）由格罗里埃俱乐部于一九二一年委托 Chiswick 出版社限量印行二百五十部。

52 托马斯·莫尔爵士（Sir Thomas More，1478—1535）：英国政治家。一五二九年伍尔西下台后担任内各大臣，因为反对亨利八世与罗马教廷断绝关系而辞职，后来因为不承认亨利八世是宗教领袖而下狱斩首。

53 艾米·洛威尔（Amy Lowell，1874—1925）：美国诗人、传记作家、评论家、藏书家。一九一二年出版诗集《色彩斑斓玻璃圆顶》（*A Dome of Many-Colored Glass*），翌年赴英国，结识寓居伦敦的庞德（Ezra Loomis Pound，1885—1972），后来继庞德之后成为"意象派"重要代表诗人。其诗集有《剑刃与罂粟籽》（*Sword Blades and Poppy Seed*，1914）、《男、女、鬼》（*Men, Women, and Ghosts*，1916）、《坎·格兰德的城堡》（*Can Grande's Castle*，1918）、获普利策奖的《时辰为何》（*What's O'Clock*，1925）、《东风》（*East Wind*，1925）、《待沽诗》（*Ballads for Sale*，1927）等；以及倾注毕生心力撰写的济慈传记（1925）。其藏书于殁后依遗嘱送交哈佛大学，再转由波士顿公共图书馆典藏，并设置"艾米·洛威尔诗集特藏室"（Amy Lowell Poetry Room）。

54 乔治·H. 帕尔默（George Herbert Palmer，1842—1933）：美国学者、藏书家。哈佛大学哲学教授。其藏书于他死后交由哈佛大学的卫斯理学院典藏。

55 "东疆"（down east）：美国对新英格兰地区的俗称，尤指缅因州（地处美国最东端的一州）。

56 乔治·帕尔默从十九世纪九〇年代起以白话散文体翻译的《荷马奥德赛》（*The Odessey of Homer*）由马萨诸塞州剑桥大学出版社于一八八四年印行，此后多次再版，成为二十世纪前半叶最普及的英文译本。

◎乔治·帕尔默，Charles Hopkinson 绘（1926）

57 "When 'Omer smote 'is blooming lyre,"：引自吉卜林诗集《柳营歌集》（*Barrack-Room Ballads*，1892）的序诗首句："When 'Omer smote 'is blooming lyre，/ He'd 'eard men sing by land an' sea; / An' what he thought 'e might require，/ 'E went an' took—the same as we!"

58 "Ex dono authoris"：（拉丁文）意为"作者亲赠"（a gift from the author）。

59 艾丽丝·弗里曼·帕尔默（Alice Freeman Palmer，1855—1902）：美国教育家。乔治·帕尔默的第二任妻子；一八八一年至一八八七年担任（马萨诸塞州）卫斯理学院（Wellesley College）校长。

60 河畔印书馆（Riverside Press）：美国著名的精致出版社。亨利·奥斯卡·霍顿（Henry Oscar Houghton，1823—1895）于一八五二年在马萨诸塞州剑桥濒临查尔斯河（Charles River）的一幢古宅内设立，实际主导社务者为布鲁斯·罗杰斯（参见本卷Ⅲ译注61）。一八八〇年乔治·米夫林（George Mifflin）入伙；为了因应日益扩张的学生图书市场，两人于是在波士顿组成霍顿－米夫林出版公司。一九七九年，河畔出版公司（Riverside Publishing Company）并入霍顿－米夫林出版公司，至一九一一年歇业为止，前后仅出版约六十种限量出版品。

61 亚历山大·史密斯·科克伦（Alexander Smith Cochran，1874—1929）：美国工业界巨子、藏书家。一九一一年他出资在母校（耶鲁大学）成立"伊丽莎白文化社"（Elizabethan Club）并捐赠自己的部分藏品给该社团。他生前的藏书活动十分低调、鲜为人知，直到他该批维多利亚珍品捐给耶鲁大学，世人才大开眼界。巴特利特与波拉德在《一五〇四年至一七〇九年间印行的剧作四开本普查》（*A Census Plays in Quarto 1540—1709*）一书中将该批藏品的重要性排名为全国第三（仅次于福尔杰与亨廷顿）。

62 阿尔弗雷德·C. 查平（Alfred Clark Chapin，1848—1936）：美国律师、藏书家。其藏书于他死后交由母校威廉斯学院（Williams College）典藏。

63 威廉·L. 克莱门茨（William Lawrence Clements，1861—1934）：美国铁路机具制造商、藏书家。年轻时赴湖湾市（Bay City）参与家族企业，一八九五年接掌公司。克莱门茨受到一名爱书的商界友人 Aaron Cooke 的影响，对藏书开始感到兴趣；一九〇三年 Cooke 健康情形欠佳，便将若干产业与一批美国学藏书售予克莱门茨；克莱门茨后来继续透过几位高明书商，并购若干批藏书，其中包括 Newbols Edgar 与哈斯等人的珍贵善本、手稿。一九〇九年克莱门茨受聘接掌故乡母校密歇根大学教务部，他特别注重校内总图书馆的业务，并陆续将自己的收藏迁往该校储藏，后来更另辟"克莱门茨美洲关系图书馆"（参见本章译注71）。

64 理查·克拉肖（Richard Crashaw，1613—1649）：十七世纪英国学者、诗人。

65 乔治·克雷布（George Crabbe，1754—1832）：英国诗人。

66 "Have not the wisest men of all ages had their hobbyhorses, their running horses, their cockleshells, their drums, their trumpets, their fiddles, their books, or their butterflies, and as long as a man rides his hobbyhorse peacefully and quietly along the King's highway and compels neither you nor me to get up behind him, why should we complain?"：语出《项狄传》第七章。但此段引文似乎与原典意义稍有出入，该段完整原文为："I own I never could envy Didius in these kinds of fancies of his : -- But every man to his own taste. -- Did not Dr. Kunastrokius, that great man, at his leisure hours, take the greatest delight imaginable in combing of asses tails, and plucking the dead hairs out with his teeth, though he had tweezers always in his pocket ? Nay, if you come to that,

Sir，have not the wisest of men in all ages，not excepting Solomon himself，-- have they not had their HOBBY-HORSES；—— their running horses，—— their coins and their cockle-shells，their drums and their trumpets，their fiddles，their pallets，—— their maggots and their butterflies？—— and so long as a man rides his HOBBY-HORSE peaceably and quietly along the King's highway，and neither compels you or me to get up behind him，—— pray，Sir，what have either you or I to do with it？" 耐人寻味的是其中 "maggots" 居然被纽顿改成 "books"，亦漏列 "pallets"，应是故意断章取义。

67　哈里·伍斯特·史密斯（Harry Worcester Smith, 1865—1945）：美国推广狩猎运动代表性人物。他曾率领猎狐队赴英行猎；一九〇七年创立 "美国猎狐大师协会"（Masters of Foxhounds Association）。相关著作有：《纵贯爱尔兰、英格兰、威尔士与法国运动之旅》（参见下则译注）、《艾肯运动生涯》（*Life and Sport in Aiken*，1935）、《昔时南方运动家族》（*A Sporting Family of the Old South*，1936）。

68　《纵贯爱尔兰、英格兰、威尔士与法国运动之旅》（*A Sporting Tour Through Ireland*，*England*，*Wales and France in the Years 1912—1913*）：哈里·伍斯特·史密斯著。一九二五年 Columbia，SC The State Co. 出版。

69　标价目录（priced cataloge）：经某参与拍卖会的买家使用过，以笔一一写上实际拍卖成交价的拍卖目录。拍卖公司通常于拍卖结束发表最后结标结果，但现场即时登记的目录往往还会记载场上竞标过程的若干细节（譬如：曾经投标的人与金额），对仔细的收藏家（或商贾）而言都是弥足珍贵的资料。

70　摩根图书馆典藏了两部不同版本（一为纸本、一为羊皮纸本）的《古登堡圣经》，其中以纸本为存世二十五部之中最佳版本。而古登堡最初曾以每页四十行和每页四十一行印出两种试版。

71　指典藏威廉·L. 克莱门茨藏书的 "威廉·L. 克莱门茨美洲关系图书馆"（The William L. Clements Library of Americana at The University of Michigan），位于密歇根州安娜堡市密歇根大学内，该图书馆由底特律著名建筑师 Albert Kahn（1869—1942）设计，造型仿照意大利文艺复兴风格，于一九二三年六月十五日启用。

72　安娜堡（Ann Arbor）：美国密歇根州东南部城市。一八二四年建立聚落，一八三三年设村，一八五一年设市；一八三七年密歇根大学入驻，促成该城发展居功甚巨。

73　伦道夫·G. 亚当斯（Randolph Greenfield Adams, 1892—1951）：美国版本学家、历史学家、散文家。著作有《美国独立之政治信念》（*Political Ideas of the American Revolution*，1922）、《美国外交政策史》（*A History of the Foreign Policy of the United States*，1929）、《美国学三家》（*Three Americanist*，1939）等。一九二三年至一九五一年担任 "威廉·L. 克莱门茨美洲关系图书馆" 首任馆长。除了担任密歇根大学历史学教授之外，亚当斯生前亦是 "美国历史协会"（American Historical Association）、"美国古典学会"（American Antiquarian Society）、"格罗里埃俱乐部"、"美国版本学会"（Bibliographical Society of America）等社团的活跃成员，一九四〇年至一九四一年间担任其会长。

74　《威廉·L. 克莱门茨图书馆的来龙去脉，或一则探讨藏书巧艺的短文》（*The Whys and Wherefores of William L. Clements Library*，*or a Brief Essay on Book Collesting as a Fine Art*）：伦道夫·亚当斯论述克莱门茨图书馆源起的文章。一九二五年密歇根大学校友出版社限量印行二百部。

75　威廉·詹宁斯·布莱恩（William Jennings Bryan，1860—1925）：美国律师、政客。

76　拉斯洛普·哈珀（Larthrop Colgate Harper，1867—1950）：美国出版商。哈珀兄弟于一八一七年在纽约创立 Harper and Brother 出版公司。一九〇三年十月起哈珀是马克·吐温在美国地区的独家出版商。Fletcher Harper 于一八五〇年创办《哈珀杂志》（*Harper's Magazine*）一八五七年创办《哈珀周刊》（*Harper's Weekly*）。

77　J. 克里斯蒂安·贝伊（Jens Christian Bay，1871—1962）：丹麦裔美国版本学家。

78　指发生于一八七一年的芝加哥大火。当时十平方公里的面积（包含市中心商业心脏地区）全部夷为平地，并造成三百余人丧生，财产损失高达两亿美元。此事促成芝加哥全市得以进行大规模更新的契机。

79　约翰·梅斯菲尔德（John Edward Masefield，1878—1967）：英国诗人、剧作家、小说家。

80　《海调歌头》（*Salt Water Ballads*）：梅斯菲尔德的诗集。

81　阿尔弗雷德·爱德华·豪斯曼（Alfred Edward Housman，1859—1936）：英国学者、诗人。

◎ A.E. 豪斯曼

82　埃米莉·希拉·凯—史密斯（Emily Sheila Kaye-Smith，1887—1956）：英国小说家。

83　《迈步信徒》（*Traming Methodist*）：凯—史密斯的小说。

84　"the worst is better than none."：完整原句为 "Dictionaries are like watches; the worst is better than none, and the best cannot be expected to go quite true."。出自皮奥齐（Robina Napier 编）《约翰生大全》（*Johnsoniana*, *Anecdotes of the Late Samuel Johnson*, LL.D., London: George Bell & Sons, 1892）。

85　《科玛斯》（*Comus*）：弥尔顿的诗剧。

86　蒙田（Michel Eyquem de Montaigne，1533—1592）：十六世纪法国散文作家。

87　疑指 Bayle St. John（1822—1869）的《散文家蒙田传》（*Montaigne the Essayist: A Biography*, London: Chapman & Hall, 1858）。

III 书之为物

姑且假设现在手里捧着这本书的人全都晓得：咱们现今称之为书的东西，其原本型态是"卷轴"（rolls）——"开卷有益"的说法就是这么来的——不过，惟有真正经历过从"开卷"到"展页"这道转变过程的人，才能够体会两者之间究竟代表多么巨大的进步。书籍原先是用羊皮纸制成，然后是小牛皮纸[1]（两者差异甚小），最后才演进到纸张。有不少书籍专门探讨纸张与造纸技术，和随后诞生的印刷术以及铅铸活字的发展历程。最近就有一部很棒的书问世，哥伦比亚大学的托马斯·弗朗西斯·卡特[2]撰写的《中国印刷术的发明》，他在书中说：中国熟悉印刷术远比欧洲来得更早。然而我们现在所知道的印刷技艺，一般公认应归功于一四五○年前后古登堡所发明的那一套；总之，咱们还是从古登堡印制圣经那档事儿开始谈起。

每回只要那部书在市场上出现，就会引发一场大骚动；最近一笔成交纪录发生在一九二六年二月十五日，纽约安德森艺廊举办的拍卖会[3]上，一部梅尔克[4]藏本以刷新纪录的十万六千元决标。当时的买主是罗森巴赫博士，会后他旋即将那部书转售给哈克尼斯[5]先生，哈克尼斯先生则又把它捐给耶鲁大学；真是送者慷慨大方、受者颜面沾光。

此部仰之弥高的珍本有个美中不足的地方：它既没有珂罗封[6]也没有书名页；这两项印本书[7]历程上的重大发展后来才逐渐成形。要是有人问我"珂罗封"到底是什么玩意儿；而其名称又从

◎ 初期书籍的形式——卷轴

■温金·德·沃德[8] 在某部著名的善本末页印上的"卡克斯顿商标",至今始终无人能够全然破解其图案意义。缩写字母 W、C 各自代表"威廉"、"卡克斯顿"殆无疑义,但中间那道鬼画符究竟代表什么名堂?天晓得。

何而来,我会这么回答:珂罗封无非是一道注记,以印刷或手写于书末,提示该书的标题,偶尔还会列上写作者或印刷工的姓名和出版日期,简单地说:十分类似我们现在在书名页上读到的一些讯息。"珂罗封"通常还会加上一个"哈利路亚"("Alleluia")以铭谢各方襄助,让整个印制工作得以毕竟全功。至于它的名称则是源自一座位于小亚细亚的古城(据说荷马就是在那儿出生的);原委是这样子的：很久很久以前，该城由一位富有的贵族统治，他蓄养一支威震天下的骑兵劲旅，作为保卫那座城市的最后殊死战之用；就这么着，那个城的名字便被挪借来指称写完或印成一部书的最后一道手续。

大英博物馆印本书部门的前任主管，阿尔弗雷德·W. 波拉德最在行的研究项目之一就是珂罗封，他曾经就这个主题写过极为精辟的论文[9]。各位只要稍微动脑子想一想，就不难理解何以珂罗封和书名页在书中的地位会那么重要了，任何人只消看看自己家里频繁翻阅的大书——圣经、字典，甚至是电话簿——的德性，一定晓得一本又厚又重的书的前、后书页特别容易脱落散佚。经历漫长岁月的笨重古籍自然也难脱此宿命。如此一来，要一眼判断出某部古书的版本势必加倍困难。

我们自认生存在一个不断进步的年代，事实也的确如此，但是，整个世界从所谓的"黑暗时代"苏醒过来，主要还是拜印刷术的发明之赐，加上美洲的发现，全世界才得以迅速大跃进。印刷术当年在欧洲传布的过程有如野火燎原。德国、意大利、法国，以及荷兰、比利时、卢森堡等地，对于印刷的渴求甚殷；只有英国远远落后一大截，基于什么原因，且听我细说分明。早年的活字乃经由刻（cut）或铸（cast）、排印成拉丁文、希腊文与希伯来文，只有在这几种文字能够通行的国家才会生产书籍。据统计的结果，最初不到五十年的期间内（更准确的说法应再加上：在一五〇〇年以前）总共刊印了大约三万八千种书籍；我们现在统称那些书为"摇篮本"。这是一个拉丁文复合名词，其意义是摇篮或诞生地（其真正含意在不同时、地均略有差异），意即：一切事物的原初起点。虽然现在越来越多人使用另一个法文同义字 incunables，总之，这已经成为所有人都认得的欧洲文字。考虑其原本的意涵，它过去或许只局限于称呼某个（或所有）国家于一四七五年以前印制的书籍（但由于凑成整数的习惯使然，现在大家都笼统地以一五〇〇年为其分界）。一个世纪前问世、由路德维希·海恩在斯图加特出版的大部头拉丁文书籍书目是关于摇篮本这个主题最重要的一部书。他在该书目中列举大约一万六千部摇篮本书籍（后来有人另行增编了七千部），我们常常会在一些旧目录的书介中发现某书注明是否曾被列入海恩书目 [10]；海恩在部分条目前冠上星号（*）代表他本人曾亲自经眼该书。该部书目最近出了全新版本，甚至还得到德国政府的背书认可，却受世界大战战火波及而遭到搁置，面世之日至今仍遥遥无期。

摇篮本往往没有书名页或珂罗封，对于该书内容梗概、印制日期、出版地点、由何人刊行等资讯亦一概付之阙如：这也是它们之所以会那么难搞定的原因；不过学者们透过严谨地研究其使用字体、仔细观察纸张上的水印，还是能分析出其版本大概。

英国运用印刷术的时程相当迟缓，但是大家不宜因此便认定不列颠对于此项新发明缺乏兴趣或不具备相关知识；那是因为当时世界上大部分的书皆以希腊文或拉丁文印行（盖此两种文字在当年都可算是国际语文），至于意大利文、法文、德文和英文，一旦出了各自国度便寸步难行（甚至连在其国内也往往不能完全畅通无阻）。直至十四世纪，英国的宫廷以及法庭仍以法文为正式语文，甚至咱们国内的法庭里头，直到现在也还残留着古法文的蛛丝马迹。卡克斯顿首部以英文（如果勉强称之为英文的话）印行的书，是一四七一年在布鲁日（Bruges）印制的《特洛伊史集成》[11]；第二部则是相隔不久的《人生如弈》[12]（亦是首部在书中附入插图的印本书）。而他在英国本土出版的第一部书是一四七七年在威斯敏斯特印行的《先哲语录》[13]；此书是头一部在书末附上珂罗封的英文印本书，现在存放在曼彻斯特赖兰茨图书馆 [14] 中的本子，清楚地记载着印制日期——十一月十八日。虽然《特洛伊史集成》与其他几部由卡克斯顿印制的书籍风靡不少英美两国的收藏家，但

morn Be tymes / the kynge pryant assembled alle the
troians for to here the answer of Anthenor / the whiche
saydz to the kynge otherwyse than he hadz founden / ma-
kyng a longe sermone for to couere wyth hys felonnye
where he spack longe of the puyssance of the grekes &
of theyr trouthe in theyr promesses / And how they
hadz holden the trewes that they hadz maadz lyeng to
fore the Cyte. And hadz ben faythfully gouerned with
oute brekyng of them. And after spake he of the ffe-
blenes of the troians andz of the grete daungers that
they were Inne. And in thys concludedz that forthon
hit were prouffitable to seke peas andz that they come
therto. Andz saydz hyt coude not be / But yf they gaf a
grete quantyte of goldz andz sylver vnto the grekes for
to restore to them the grete domages andz losses that they
hadz in the warre / Andz after auysedz the kynge andz
the other eche in hym self / for to emploie hym in thys
thynge wyth oute ony sparynge / Andz for as moche
saydz Anthenor as J can not knowe at thys tyme alle
theyr wylle / J woldz that ye woldz late Eneas goo
wyth me vnto them for to knowe better theyr wylle
andz to thende that they beleupdz vs better / Every man
alowedz the wordes of Anthenor. Andz than wente he
andz Eneas vnto the grekes / andz wyth hem the kynge
Cassilyus.

    Han the counceyll was fynysshydz andz alle
    don / the kynge Pryant entrydz in to hys cham-
    bre and began to wepe right strongly as he that
apperceyuedz well the trayson / Andz playnedz sore
the deth of hys sones andz also the grete domage that he
Bare / Andz yet that worste is that he muste bye hys

■ 首部以英文印行的书——卡克斯顿于一四七一年在布鲁日印制的《特洛伊史集成》其中一页

◎ 克里斯托弗·弗洛绍尔

作为印本书的模范，它和欧陆出版的成品一比，却是十足的劣品。迟至一五三九年，鉴于世人对英文"大圣经"[15] 的需求甚殷，才在巴黎印制（或至少开始准备印制），而首部英文完本圣经则早在一五三五年即由弗洛绍尔[16] 在瑞士苏黎世刊印问世。

对于各位有意着手藏书或只想读点儿藏书文章的人来说，本书实在不值得花太多篇幅详述"如何辨识卡克斯顿版"。除非置身纽约罗森巴赫兄弟书店的保险库，否则我们就算想和卡克斯顿版古书不期而遇，几率也肯定不高，反正就算真给咱们碰上了，到时候光看标价就能知道它们究竟是不是真的卡克斯顿版。何况我也不打算费太多口舌泛论摇篮本。每位藏书家或许都想在不倾家荡产的前提之下购藏几部早期印刷的产物，要买到不错的古版圣经、祈祷书，或诸如此类的玩意儿，现在也都还有机会；只是现代藏书家对于中世纪的神学、法学、哲学和语言学的论著并不太感兴趣（那些老掉牙的观点其实也已然过时），而早期书籍着墨最多的正是那些主题。这年头，我们的心力都投注在所谓有人味儿的书籍上头，意即：由和我们并无多大差别的写作者所写、被和我们没有多大差别的阅读者所读的书。

距今一百年前，搜书之道和现在大不相同：当时这种消遣几乎只有上流绅士能够独享（所谓绅士，大抵是用来指称成天游手好闲、无所事事的人）。他或许曾经接受过正统教育、阅读拉丁文、希腊文不费吹灰之力，而那种人往往会认为花太多时间、脑筋在英文书上头有失其身份、地位，但是卡克斯顿版和他的嫡传弟子所印行的本子则又另当别论。

看官，窃问您的手上可有迪布丁的《十日谈书目解题》[17]？那是一部大部头的三卷本，通常以旧式的直纹红色摩洛哥羊皮精心装帧，一度被奉为绅士书房不可或缺的书籍之一。时至今日，那部书——嗯，虽然还不至于被视为"鸡肋"，然亦不远矣。其内文颇不堪卒

The thyrd chapitre of the first tractate treteth Wherfore the playe was founden and maade   Capitulo iij

The causes Wherfore this playe was founden ben iij
¶ The first was for to correcte and repreue the kyng for whan this kyng enylmerdach sawe this playe / And the pawns knyghtes and gentilmen of his court playe wyth the phylosopher, he merueylled gretly of the beaulte and nouellte of the playe . And desired to playe agaynst the philosopher! The philosopher ansWerd and sayd to hym that hit myght not be doon / but yf he first lernyd the play The kyng sayd hit was reson and that he Wold put hym to the payn to lerne hit /   Than the phylosopher began to

◎ 罗克斯堡公爵

读，不过排印得又细又小、密密麻麻的注释（主要集中在第三卷）却结结实实地令它历久不衰。翻到第四十九页，读读那段长篇累牍的"罗克斯堡之役"（故作幽默的作者以此称呼那场藏书史上重要非凡的拍卖会）——罗克斯堡藏书拍卖会。那段公案其实只消用大家以肉眼就能看清楚的字体印成一本小册子便已算仁至义尽，像迪布丁那样巨细靡遗、诘屈聱牙地冗长赘述未免也太啰唆。

那场拍卖会在现在早已作古的罗克斯堡公爵[18]约翰的府邸（位于圣詹姆斯广场 [St. James's Square] 北面）餐厅内举行。迪布丁将当天（一八一二年六月十七日）的惨烈战况描述得活灵活现，仿佛本人亲眼目击似的——当时他的确在场。重头戏是一部一四七一年版《十日谈》[19]，当场教两个贵族争得不可开交。一开始，某位乡绅先以一百几尼投标开启战端；接着，有人喊价五百；斯宾塞伯爵立刻加码到一千；布兰德福德侯爵见状又往上加了十几尼。每回只要斯宾塞伯爵一投标，侯爵大人就——不慌不忙地——再添个十几尼，最后，伯爵的出价已经飙到令人咋舌的两千两百五十几尼，侯爵照例再加码十几尼；就此落槌成交。这时伯爵大人上前道："在下甘拜下风。"旋即向侯爵深深一鞠躬。布兰德福德侯爵赶紧说："我俩的情谊仍然依旧。"同时伸出手。败阵的伯爵则补了一句："正是。"诚可谓藏书道上一段高人交手的佳话[20]，不过我这里要讲的重点是：当年每个出席那场拍卖会的人再怎么想像力丰富也万万料想不到，时至今日，一部莎士比亚的第一对开本或第一四开本居然能引起大家极为热烈的兴趣；而鼎鼎大名的《十日谈》在各重要拍卖会上的成交金额却区区可数。

我越讲越偏离主题了。回头继续讲印本书：初期印本书的字体、油墨、纸张以及我们称之为"版式"[21]的一切元素，其臻近完美的进步之快，足令任何考察过其他技艺、科技发展的人大呼匪夷所思。珂罗封不多时便被书名页取代；最早一部有书名页的英文书，据说是约莫一四八六年由卡克斯顿同时代的马克林人威廉[22]印制的《防疫抗瘟必备且实用之便利随身小册》(*A Passing Godle Lityll Boke Necessarye snd Behovefull agenst the Pestilens*)。书名页自此迅速发展；木刻纹饰图框广受重用，框内原本只刊出书名，后来偶尔也印上出版者的商标。当时有一些出版商的标志非常漂亮，连现今的出版社也无法望其项背。那些印刷者的标志原本皆印在书末珂罗封的下方；后来全移到书名页上当成装饰，在书名的底下亮相，从此位置底定并一路延续至今。

过了一段时日之后，大家发现又粗又宽的木制榫接图框[23]不但一不小心就会印歪，木版亦不堪长久使用，因此铜刻雕版书名页便顺势取而代之，从雕版书名页往前再跨那么一步（非常顺理成章的一步）便出现了雕版扉画。早在十六世纪之初，即使丢勒[24]、荷尔拜因这些数一数二的大师也无法长期甘心委身屈就于制作书名页图框（据说亨利八世"大圣经"的书名页便是出自荷尔拜因手笔），而一般公认登峰造极的雕版书名页则出现在安特卫普的普兰廷—莫雷图斯出版社[25]的出版物上。对于爱书人来说，这个难能可贵的古

◎克里斯托弗·普兰廷的标志：
"印刷工之王克里斯托弗·普兰廷，一五八八年"（"Christopher Plantin, king of printers, 1588"）

老出版社（现在仍留存着，但成了一座出版博物馆）一直都是全世界最有意思的场所。

话说回来，书名页上的数据也并非全然可靠。须知：昔年的编纂者、印刷工恒常处于命在旦夕的状态；当权者对于知识的散播总是心怀芥蒂——他们宁可让老百姓只晓得他们该信仰的事。因此，许多书籍于刊印当时常常会使用假名以掩饰作者的真实身份，历史上这种鱼目混珠的例子屡见不鲜。所谓"马修圣经"其实是死于玛丽女王统治之下的约翰·罗杰斯的作品[26]；而某部于共和时期[27]刊行的书籍，书名页上甚至赫然出现"本书于天国印制，有责购者自负"这么一段文字。

早年书籍于印制过程之中，书名页和肖像的图版都是一再重复使用；任何人只要蓄了一脸浓密的大胡子，就被拿来权充某位哲学家的肖像，而且同一帧肖像还会被张冠李戴好几回，甚至在同一部书上频频出现。某位墨西哥市的未具名读者很好心地来函指出：至少有其他三部书重复套用"爱德华六世祈祷书"（一五四九年版）书名页的图框纹饰，其中之一是一五五四年在墨西哥市印行的《亚里士多德言论集成》[28]；在此正好可以顺道一提：新大陆最早一家印书坊就是设立于墨西哥市[29]。

■《威廉·彭斯皈依传》的书名页

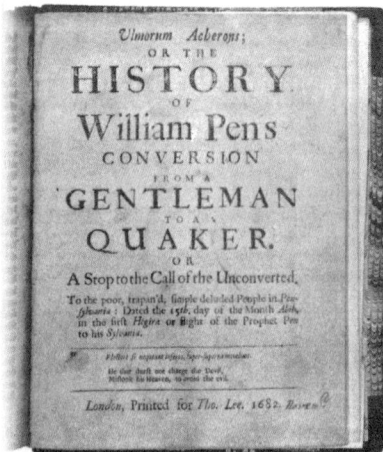

我并不熟悉英国以外地区印制书名页的情况，无法在此侈言畅谈欧陆出版的古书上头各式各样光怪陆离的书名页，但是仅仅英国一地，此类令人喷饭的书名页亦不在少数。我临时想到的一部书就很适合拿出来讲一讲：不只因为它的出版年份（一六四二年，其中数字6印反了）成了一九四二年，更绝的是上头居然标示"于大战[30]爆发后在英国印行"。那部书的标题是《惨遭当前战火夺去心上人以及长年违逆己愿独守空闺且守身如玉的贞节烈女之控诉》[31]。

在鉴别古籍时，若不是靠"浮水印"这玩意儿频频扮演吃重角色的话，没有人还能够长年孜孜不倦地钻研古书，要是少了它，古书的考据可就难上加难了。奇怪得很，《大英百科全书》里头居然只字未提及这个玩意儿。浮水印是在造纸的过程中，植进纸张中的一枚印行标示（或一个花体字母，有时是日期、商标，或是一方徽章）。将那组图案（通常是以线条构成）安置在筛子内的纸浆中，等到纸张成形，它便隐身其中了。由于图案的纹路比周围的纸张稍稍薄了一点点，只要把纸拿高就能透过光线清楚地看出来。

考察造纸术的发展，不管是研究其制造流程或是查验浮水印，都是一件十分引人入胜的事。这年头大概找不到比俄亥俄州奇利科西（Chillicothe）的达德·亨特[32] 对造纸术更在行的人了。他曾经写过一部名为《古代造纸术》[33]（现在已成为珍本）的迷人书，深入探讨此项技艺，并一一考据古代各造纸坊的浮水印。同时，亨特先生也是全国（或许也是全世界）最乐于此道的书籍制造师。他述及自己以及他的工作：

◎ 达德·亨特

> 我在充斥纸张、铅字、印墨的环境中长大，记忆中的年幼时光，我总是目不转睛盯着父亲组排铅字，操作一架老式手工印刷机进行印刷作业。两百种书就在我仰头望着印刷机的当儿源源印出。至今仍无人能够超越十五、十六世纪意大利书籍印刷工匠的技艺：他们所使用的纸张，即使经过四百年之后，仍显现出现代造纸术难以企及的丰富色泽、肌理（只要看看古登堡圣经的纸页即可见一斑）。我后来前往意大利学习造纸技艺；然后转赴维也纳，在全世界最古老的一所平面美术机构中学造字美工，接着到伦敦的皇家工艺学院（Royal Technical College）研习装帧加工[34]。回国后，我以赤手空拳盖了一间小小的水车

Arts and Crafts Tall

ᎯᎯᏰᏰᏟᏟᎠᎠᎬᎬᎰᏀᎻᎻᎥᎫᎫᏦᏦᏞᏞᎷᎷᏁᏁ
ᎾᎾᏢᏢᏆᏒᏒᎦᎦᎢᎢᏌᏌᎥᏉᏔᏔᏒᏓᎩᎩᏃᏃ

Arts and Crafts Hunter

ABCDEFGHILMNORSTU
abcdefghijklmnopqrstuwy
åéîøü¥123456789ÅÑÇ?

Arts and Crafts Ornaments 2

◎达德·亨特设计的字体与纹饰

房，房顶覆上我在自家小农地植栽的麦草，然后在这间小水车房里安装完全仿造自十五世纪造纸匠使用的设备。那具嘎吱作响的木造水车，便是用来将麻屑、棉絮捣成纸浆，供我一叶一叶抄制纯手工纸张。接下来，我开设了一家小规模的铸字坊，而且，里头的每件工具、器械均完全仿照四百年前的作坊，我便如此雕出一个接一个字模、逐一浇灌铸成铅字、再翻制型版。若值水量充沛足以转动水车的日子，我一天大约能抄出七十五张纸。若逢枯水期，我便进行造字。在所有的作业过程之中，最教我津津乐道的莫过于造纸与制作浮水印。

使用那些机具、纸筛、铸模、铅字、型版所制成的两部书籍，现在典藏在华盛顿特区的史密森学会（Smithsonian Institution），储放那些书的展示柜上的牌子如此写道："此乃印刷史上首度由个人从头到尾独力制造完成的书。"有人为文论及这位伟人时，如此形容他：虽则此君永远无缘致富得贵，然而凭借其无与伦比的卓越贡献，他的名字已足以在书籍制造史上独占一页。

在我们从印刷纸叶谈到装帧造本之前，还有好几件与印本书相关的事项值得在此一提。我们之前已经提过珂罗封和书名页；但漏说了半书名（偶尔也称为简书名）。半书名的功用在于扼要点出标题，让人一望可知该书梗概。半书名通常会置放在页面的上半部，而它的背后页面总是保留空白。实际上现在每一部书都有半书名，要是少了它，一部书就不能算完整；而且，除非是稀罕得不得了的书，否则没有任何藏书家肯收购一部原该有却缺了半书名页的本子。唯有仔细地审核帖序 [35]、相互对照不同的本子，或善加利用编修完善的版本书目，才能够得知哪些书原该有半书名页。大家须谨记：藏书之道乃"道可道非常道"也。并不是每个人都得拥有约翰生的首版《志业徒劳》[36]；没有那部书，日子照样可以过得规矩、起劲（就算无法太开心）；但是一旦能够收藏此书，人生便百无遗憾了。这部出版于一七四九年的书，原本就没有半书名页，不过他于一七四四年出版的《萨维奇传》[37]则有半书名页。这些小地方大家不可不察，必须一一搞清楚。

我刚刚用了一个字眼——"帖序"。所谓帖序，是为了让装订工能够准确无误地排列整本书页的一项标记措施。据威廉·布莱茨[38]所言，帖序的发明并非始于印本书时代：对抄写员或排字工人在排放正确页序来说，帖序均同样不可或缺，因为，在每道步骤进行中时时保持正确无误的顺序，不管书页是以手写或用器印都不能忽略，其功能非仅止于让装订工有排序页面的线索而已。最早期的书籍，帖序都是徒手写在印制完成的每一页下方角落；据说摆在温莎（Windsor）的皇家图书馆里头那部书口未裁的卡克斯顿《特洛伊史集成》可资明证；但是过了一段时间之后，印刷时一并印上帖序成为普遍做法，布莱茨进一步将印刷帖序定义为"隐匿印在特定页数，用以判别个别书帖（偶或称为折帖或书叠）[39]的符码或记号"。时至今日，它们还具备另一个更形重要的功能：让细心的版本学家能够根据这些记号，考察一部书里头是否缺页、甚至明确查出缺了哪几页。

考据一部书（尤其是古书）绝不是一桩轻松的勾当，而考据书籍的工作则必须——实际上也只能——交给具备真才实学的版本学家才能够胜任。我举一个例子来说明为什么非得（尽其可能地）搜求保持出版原貌（纸板或布面简装）的书不可。前些日子，我的朋友杰弗里·凯恩斯问我为什么不将手边那几部原装的简·奥斯汀本子一一校对、考证一番。我老实回答他：我可没本事干那种活儿，但是我正打算找梅布尔·扎恩代劳。我把那批书一股脑送到她那儿，另外还跟人家借了一套"装帧套书"（也是首版）一并交给她去考据——你猜结果怎么着？我那几部原装本一个错误也没有；而"装帧套书"却没有任何一本是从头到尾完全不出错的。我从来没有想过要自己动手从事版本考证工作，那是大可交给别人去操烦的许多事情之一。那是藏书道上的苦差事，活像清理猎枪，你若要硬着头皮自己干，其结果难保不枪支走火——尤其是在还没装填子弹的情况下——顺道格毙身旁哪个倒霉鬼。

好啦，这会儿咱们这本书已经规规矩矩印出来了、印张[40]——折叠妥当，里头的错误也逐一校正、书叠（或，按照英国人的说法——折帖）排列得工工整整，可以送到装订工那儿进行装帧了吗？嗯，没问题。到目前为止，我们自己几乎什么也没干，只是（粗略地）厘清几个经常会用到、能帮助咱们在藏书之道上走得更平顺一些的字眼。

早期的书籍都很巨大，大得不像话，但是全世界对于该如何称呼比较大或硕大无朋的书却始终莫衷一是。"对开"（folio）、"特大对开"（elephant folio）、"超大开"（double elephant）、与"图籍对开"（atlas folio）等名词均含糊不清，全都是表示"大"——但到底有多大呢？最好还是得将几英寸高、几英寸宽（或学欧洲人，用"公分"）清清楚楚地写出来，才能让人一目了然。

不久前，我在一本英国期刊上读到：现在已经到了召集全世界的造纸商齐聚一堂、共同商讨出纸张统一尺寸的时候了；那么一来，一张纸对折两次便成四开（quarto），折叠四次则为八开（octavo），以此类推，才能有个放诸四海皆准的尺寸标准。这种呼吁说穿了诚属无稽。硬性规定的方式压根就行不通，因为不管未来抑或过去，一张纸的尺寸取决于许多客观因素，光举其中三项就够了：制造当时、当地的外在环境条件，造纸者本身技术的良窳、以及预设的用途为何。各造纸商之间竞争激烈，总有人会为了抢生意而削价求售；何况他们的本业只是制造纸张，犯不着为一本书正名、决定大小，书只要能印妥装订好就没有他的事了。不成，若我们打算要统一开本（即尺寸大小）的名称好让大家一看便知的话，那么，每个出版商都必须先有共识：今后要将所有大大小小、参差不齐的书籍——分别定名为——（不管叫做啥，总之无论怎么折、怎么叠都有规则可循）；经过一段时间（势必是一段漫长的时间）之后，我们现在滥用的各种混账称呼才会慢慢销声匿迹。

　　某位住在英国埃塞斯特（Exester）地方的编目员为了要让一名住在芝加哥的顾客看得懂目录，嘿，他居然突发奇想，将某一部书形容为"小型大八开（small foolscap octavo）"；我的天，这一大堆乱七八糟狗咬尾巴的名称到底是什么跟什么嘛，"八开"、"菊八开"和"正八开"究竟有什么不同？在"四开"的前头画蛇添足冠上大、小根本是白搭；我们需要更多字词——必要的话，新造亦无妨——借由统一称呼某特定尺寸、特定开本，让它们各安其位——就像咱们规规矩矩在账簿上填表格一般——好让大家都能一目了然。

　　莎士比亚笔下的某个角色有这么一句台词："吾足足可写满好几册对开本。"[41] 如果我没记错的话，那家伙当时正诗兴大发，打算提笔写十四行诗。当时把一首十四行诗印在折叠一次（即对开）的纸页上完全不成问题，因为它的大小就和你现在读的这本书差不了多少；但是，现在对开大的页面上若是只印上一首十四行诗，那还能看吗？

　　以国内现况而言，要为书籍开本正名的困难度甚至比在英国更高，因为我们频繁地根据他们所编写的目录购书，但是他们比较不常（或根本不）利用咱们的目录买书，而且我们使用的术语与他们大相径庭。以我们来说，十二开（12mo）约略等于一册寻常小说大小——即七英寸半高、五英寸宽；而一册八开（8vo）的书大小约合九英寸半高、六英寸半宽。我手上正好有一册（编得极好的）目录——这是和我有老交情的书商朋友詹姆斯·特里加斯基斯寄来

■ 接背装

的，里头有一部连体书（或称为接背装 [dos-á-dos]）——将一册袖珍新约全书和一册祈祷书并装在一块儿，头尾相连，这种装帧形式很难形诸笔墨但并不罕见。目录上说它是十二开。我晓得他们所描述的开本是何等短小精悍，因为我手头上就有一部和它一模一样的书。它是以白色绸缎装帧，镶缀着繁复的彩丝和金属线。要是哪个藏书菜鸟依照目录上的说明订购那部书，等收到时一看竟然如此小不拉叽（只有四英寸高、两英寸宽）的本子，一定会大呼受骗。但这也不能怪特里加斯基斯，他只不过是采用英国普遍的术语罢了，因为这部大有问题的书乃来自哈斯旧藏，几年前曾经在伯灵顿美术俱乐部（Burlington Fine Arts Club）举办的书籍装帧展中亮过相，而我碰巧看过当时的简介上写成十二开。光开本的名称就有那么多种分歧的说法，要定于一尊势必困难重重。[42]

照这么说来，诸位出版者不妨记取约翰生博士的谆谆教诲："阁下，没有人能伏案长读一册对开本。书籍毕竟还是得让人能携到火炉边、捧在手中展读方为受用。"

现在，咱们该来关心一下印刷了。我想大家都同意，早年人们印刷书籍时皆刻意把内文印得看起来就像是以手执笔写成的一模一样（要不然，你以为他们还能怎么办？）。但是过没多久，大家就恍然大悟，原来他们正在读的每一个字、每一行都是印出来的，并不是手写的。印本书被视为奇迹的日子并不长；印刷作坊如雨后春笋到处冒出来，而五花八门（不管其内容圣洁正经或下流低俗）的书本也源源不绝刊印问世；顶尖的艺术家陆续投入字体设计的行列，设计出不再以手写体为范板，而是具备个别风格的字体。探讨这门艺术的书籍一大堆，载满几卡车也不成问题，有些字体曼妙非凡，有些则匠心独运；此外，我也见过某些字体教人光看就一肚子火，因为我始终认为：爽朗可读乃印刷字体最应该具备的首要条件。

在这个世界上，万事万物并非全都一个劲儿沿着直线演进，而是周而复始地交替轮转，印刷亦是如此。许多早于一五〇〇年刊印的书籍，其漂亮程度比起后代的书不遑多让，甚或有过之而无不及。我认为，国人对于从古到今字体设计的惊人演进历程并不真正了解或打心底佩服；这倒也不能责备大家，因为除非上规模庞大的公共图书馆，否则我们根本就难得见识到好东西（不过话说回来，就算在冷冰冰、硬梆梆的博物馆地板上逛得腿酸脚麻，再怎么拼了老命死盯着玻璃柜里的玩意儿，我也常常看不出什么所以然来）。因此我觉得，摆在朋友家里书桌上、或你自己的书房里头随便哪一部稀松平常的书，都要比那些供奉在庙堂上的无价珍本来得有意思多了，现今，把图书馆搞得活像帝王陵寝的例子比比皆是。世界上有林林总总、各式各样的藏书机构：其中经营得最上轨道的首推大英博物馆；至于办得最糟糕的（无疑也是最大的）则非巴黎国家图书馆莫属。

不过这篇文章要谈的是书本，并非图书馆。一般而言，早年的英文印本书都印得极差；就连其中最颠倒众生、价值不菲的卡克斯顿版，也是其貌不扬。至于世上数一数二的善本——莎士比亚第一对开本，那更是丑得可以（里头的错误百出就更甭提了）。

自从所谓的"第一对开本"问世后的五十年间，印刷技艺有了长足进展；接着又开始走下坡；就在书籍逐渐印得一塌糊涂之际，约翰·巴斯克维尔[43]适时现身江湖，再度为这项技艺注入生气活水。我不敢在这儿巨细靡遗地介绍这位伟大的印刷工匠生平，以免落人口实，说我趁机灌水充篇幅。但由他印行的维吉尔[44]、弥尔顿等人的著作，套句麦考莱的话：其雍容美貌足令全欧洲的图书馆学者为之惊艳不已[45]，还有，他的袖珍本贺拉斯[46]也不该漏掉。若用这年

◎约翰·巴斯克维尔, James Millar 绘（1774）

头的流行说法：巴斯克维尔着实让伯明翰（Birmingham）在地图上熠熠发光；他所设计的字体秀逸雅丽，而他对于纸张、印墨等重要元素也非常讲究。

在英国，成绩仅次于巴斯克维尔的要算是创立声名远播的奇斯维克出版社[47]的两位查尔斯·惠廷厄姆[48]（两人是伯侄关系）的产品，该出版社至今依然运作不辍。既然为文探讨印刷，必定不能漏掉成立于一四六八年、仍持续不断成长茁壮（直至今日登峰造极）的伟大的牛津大学出版社——全仰赖吾友汉弗莱·米尔福德[49]与 R. W. 查普曼[50]的英明领导。

我们这会儿总算聊到——非仅印刷匠，而是集诗人、艺术家、制器匠、社运人士、最后身兼印刷工于一身的——威廉·莫里斯了。时至一八九〇年代，印刷技艺再度从高峰跌落谷底；正亟须一位像莫里斯这样的狂热分子来振衰起蔽。他的成就非凡：终其一生孜孜不倦，一八九〇年，他成立了克尔姆斯科特出版社[51]，直到他去世（一八九六年）之前，该出版社为印刷技艺指引出新的方向，也让他的大名得以永垂不朽。针对莫里斯复兴印刷工艺一事，我向他致上最高敬意；不过私底下，我个人对于他的作品却没啥好感。他在自著的《克尔姆斯科特出版社成立宗旨》[52]中如是说："当我着手进行书籍刷印时，心中便抱定目标，期许自己生产尽善尽美出版品，同时，这些书籍将必须利于阅读而绝不能只是令人目眩，或因行字编排不当以致造成读者的理解困难。"按照他自己的说法，我却认为他做的并不成功。他的书一点儿都不利阅读，而且非常令人目眩。书页和只用来观赏的图画不同——书页是用来读的。毕竟，书页内文编排的首要条件便是能供人阅读，而我认为，没有人能够长时间展读克尔姆斯科特出版社的书而不会心浮气躁。反而是莫里斯的追随者和徒子徒孙，在这方面的手

◎ 克尔姆斯科特的商标

■美不胜收的书页——莫里斯的克尔姆斯科特版《乔叟作品集》其中一页

法都比这位大师来得更高明；但是莫里斯的作品的价值并不因此稍减。他以其丰沛的美术造诣从事书籍创作，自行设计出许多种字体和为数甚夥的装饰字母、图框和一大堆玩意儿；而他在印刷上最重大的成就便是《乔叟作品集》[53]。果真如此吗？专家们对此看法颇为分歧。我听过某位古书爱好者将它与拉丁俗文圣经相提并论，我能够了解他的意思为何。不管从哪一方面来看，没有比一四九三年科布格尔[54]印行的《纽伦堡年代记》[55]更精美的书了；其实，它并没有比莫里斯的作品更精美，但是，《纽伦堡年代记》的美乃浑然天成，而莫里斯的《乔叟作品集》却是百般造作。这岂不就跟现在的情况——我们让这部新作品动辄卖得上千元，却听任另一部较旧也更稀有的书却只能值半价——完全一个样儿吗？别管价钱，实际拿那两部书一比就高下立判了。

如此诋毁莫里斯我并不引以为乐，但是抱歉得很，我还没全部说完，在此我必须举出另一位与莫里斯相隔大西洋两岸、在同一个领域（硬将他们归为同领域的话）分庭抗礼、但作品更朴实无华的杰出人士。没错，我指的就是缅因州波特兰的托马斯·莫舍尔。

将这两位深刻影响当代图书的人摆在一起比较着实有趣，威廉·莫里斯与托马斯·莫舍尔两人的出版事业双双于同一年（一八九〇年）各自展开。距今将近四十年前，我买了克尔姆斯科特出版社的首部出版品《金光闪闪之平野阡陌》[56]（几乎一上市就买了）。我当时是向 E.D. 诺思[57]买的，他当时还在斯克里布纳书店工作。我之所以买那部书倒不是因为它长得漂亮，而是我觉得那是一部很有意思的书。那部书当时一炮而红：它被誉为一项非凡的成就。至于莫舍尔的第一部书（天晓得是什么书）出版的时候却闷声不响。就我所知，他根本没发布任何消息；他只是（以其有限的资源，盖九〇年代[58]初期，缅因州波特兰的条件还相当贫乏）埋首投入工作——继续印制字体漂亮、版式美观，利于阅读且方便取拿的书；

Secunda etas mūdi   Foliū   XI

Ecunda etas mūdi principiū a Noe habuit post diluuiū:qd fuit vniuersale p totū Anno sexcē
tesimo vite Noe a pncipio aūt mundi bm he. Millesimosexingentesimoquinquagesimosexto.
Sed bm.lxx. interptes quos Beda et ysido. approbāt bis mille ducenti τ.xlij. τ durat vsq̃
ad abraham bm he.2 9 2.annis. Sed bm.lxx.8 4 2.annis. Ante diluuiū vo p.1 0 0.annos
Dominus apparuit Noe id ē quingentesimo anno vite Noe.

Oe diuini honoris et iusticie amator fi
lius Lamech. ingenio mitis τ integer in
uenit grā coram dno. Cū cogitatio bo
minū pna erat ad malū. Omni tpe omes in vrā
rectā reducere satagebat. Cūq̃ instaret finis vni
uerse carnis precepit ei dūs vt faceret arcam de li
gnis leuigatis bituminatā intus et extra. que sit
trecētor cubitoz geometror longitudinis. Oro
sius τ post eū Augusti. τ Hugo. Cubitū geome
tricū sex cubitos visuales facere dicūt: quā pticas
noiant. Sit itaq̃ trecētoz pticaz lōgitudis: qn
qnginta latitudinis τ triginta altitudinis.i. a fun
to vsq̃ ad tabulatū sb tignis. Et i cubito cōsum
mab illā. In q̃ mānsiūculas cenacla fenestrā τ osti
um i latere deorsum facies. Noe igit post cētus τ
xx.ános ad arcā fabricatā. q̃ p solatio vite erant
necēria cōportauit. Cūctorūq̃ aialm ad buādā ge
nus eor masclos sil τ feminas pariter introduxit.
Ipe deniq̃ τ filiy ei vxor τ vxores filioz primo
die mēs aprili ingressus ē. Facto diluuio ciu dns
oēm carnē deleuit. Noe cū suis saluat ē. Stetit
q̃ arca sup altissimos mōtes armenie. Qui loc
egressor vocal. Egressi deo grās egerūt. Et alta
re facto: deo sacrificabant.

Oe signū federis qd w inter me et vos τ ad
omnē aniā. Gn.ix.

Rcus pluuialis siue Iris licet dicatur bfe sex
vel quatuor colores. tñ duos colores pncipa
liter habet. q̃ duo iudicia repñtant. aq̃us diluuius
ꝓteritū figurat ne ampliꝰ timeaᵗ.igneus fururū iu
diciū signat per ignem vt certitudinaliter expecteᵗ
Illo diluuij Anno prima seculi etas terminata ē
ab Adā vsq̃ ad diluuiū inclusiue.Etas scda ince
pit q̃ τ ad abraze natiuitatē vsq̃ perdurat.
Oe vna cū filijs τ vxore ac filiorū vxorib er
archa egresso: ꝓsetim altare edificatoq̃ cūcti
pecorꝰ volatilibusq̃ mūdis bolocausta dno ob
tulit. Et eor odorē suauitat odoratᵗ est dns. Pro
pter qd eidem dns benedixit ac filijs suis dicens.

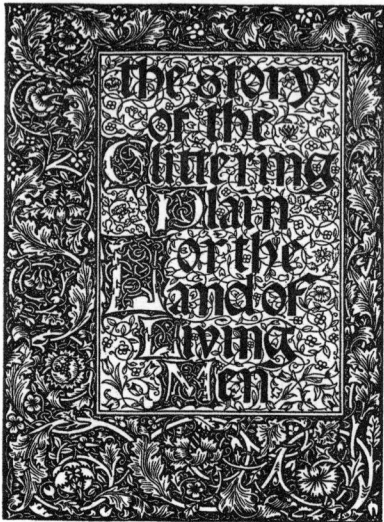

◎《金光闪闪之平野阡陌》

甚至，他的书还有一个伟大的优点：每一部出版品的价格都订得十分平易近人。莫舍尔从不会一面空谈什么平民技艺、普及美术等高调，一面却又拼命制造只有超级有钱佬才买得起的书；相反地，他始终兢兢业业贯彻其品味、美感并脚踏实地实践其初衷，光这一点就足以令他鹤立鸡群；虽然他自己并不动手印书，但是他脑筋好、理想又高；随着时间的推演，他逐渐取得所需的资源（最精美的字体、纸张、油墨），让那些材料在这位艺术家（他当之无愧）的手中发热发光。

在我写稿的桌面上，这会儿就摆着两册战前发行的莫舍尔目录（他以前每年固定出版一册）。其中一册的发行日期是一九〇六年：只有六十八页的薄册子；深蓝色的封面上印着满版墨绿色图案，只在左上角套印朱红色的莫舍尔丛书和发行日期。虽然我还是称它为目录，但它实在不容小觑：它简直就是一部文学选集。另一册四年后发行的目录更漂亮：此时它已是一本厚达八十页的小书；封面以深浅不同的古雅玫瑰色调印成。所有用来免费送人的目录小册，绝对找不到能比它更简单大方的了。不过我要特别强调：其历久不衰的迷人美感才是它最了不起的地方。我相信，不管过去抑或未来，没有第二个人能为读者、爱书人提供如此开心的精美产品。他自广袤、浩繁的文学星空中精挑细选最美的诗句、辞藻灌溉其产品，光看目录上的描述的字体、开本、装帧，就已令人忍不住要提笔写信向他买书了（因为他的出版品仅供邮购）。

偶尔（不常，或应该说：还不够常）会有人亲赴波特兰想光顾他的店（或作坊、事务所）却遍寻不着。当他的大名正如日中天、广披四海的时候，那人[59]千里迢迢跑到波特兰，先在旅馆订好房间，询问柜台人员上哪儿可以找到鼎鼎大名的 T. B. 莫舍尔。柜台人员坦承自己从未听过那个名字，但很乐意帮客人打听打听；过了好一阵子，柜台人员上前回报：全馆上上下下他全问过了，可就是没人晓得这么一号人物；他甚至还说：倘若此人果真待过波特兰，那么他一定早就作古了。先知是绝不会就这么被埋没的，大家等着瞧好了。

莫舍尔的书还具备一项你在别处找不到的长处，那就是它们的文学品位极高。尽管我心里很清楚许多人之所以买他的书，只因为那些书均出自莫舍尔印行（而那些人从来不曾后悔过），但我从不认为他费那么多工夫印制的书籍只是为了卖钱。他挑书的眼光和他实际操持事业的知识一样精准、万无一失，他让历代、各国最好的文学名著大受欢迎（虽说大受欢迎，但即使在这个人口数千万的国家，也只能卖出一百部。然而，大量出版那一套并非他的作风）。

简洁（或者也可说成：可读性）是他自始至终最执著的原则。不论开本大或小、采用何种装帧，大家只消瞄一眼，便能够认出莫舍尔的书籍（直到后来许多国内印刷者、出版社开始或多或少地抄袭他的风格）。莫里斯身后有一堆美国徒子徒孙——拉奇[60]、罗杰斯[61]、纳什[62]、厄普代克[63]、古迪[64]——但是，那些人（姑且可称为商业出版家）从莫舍尔身上吸取的养分也不少，正是这批人将书籍的品味传播至全国；的确，我觉得所有的从事书籍印刷的人亏欠莫舍尔的和亏欠莫里斯的一样多。或许莫舍尔自认非常平民化；要是晓得后世人们会称呼他为书界贵族，他一定会笑得前俯后仰；不过从他的精神、技法层面来看，称他贵族的确一点也不为过。吾辈所有热爱书籍的人，不管是在自己的内心或对外的说法，都该对托马斯·伯德·莫舍尔表达最深的敬意和感激。我自己就毫不迟疑地对他赞不绝口。我从没当面见过他，自始至终也只收到过他的一封信，大约十年前，我曾在

© 莫舍尔出版品目录

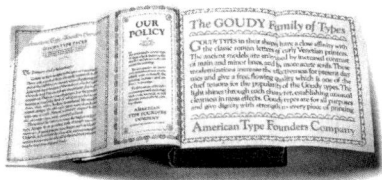

© 弗雷德里克·古迪印行的字体范例目录（1923）

《大西洋月刊》上写过几句话，盛赞他致力制作精致图书的义举。我很庆幸自己当时写了那几句话；我很高兴能够趁他还在人间的时候说出那些话；如果等他去世后，我才把真心话讲出来，那就只不过是锦上添花罢了。

目前有诸多人士为广告行业效力，其中有几位堪称国内顶尖的写作高手。曾经有一则香烟广告是这么写的："所有上好的香烟里头皆含有少许土耳其烟草，然而〇〇〇（某品牌的香烟）则是整根百分之百土耳其烟草。"我不妨借花献佛，姑且剽用那句广告文案：所有印刷精良的书籍都含有莫舍尔的成分，但是莫舍尔的书则是浑身上下印得最好的书。布鲁斯·罗杰斯曾经于某个晚上在格罗里埃俱乐部举办的纪念莫舍尔演讲会上说："我希望当初能在他手下工作。"这是一句大方的赞美，不过布鲁斯·罗杰斯有其功绩，自然敢放心大胆说出那种话。但是，我担心还是有点儿危险——因为莫舍尔是出版者而不是印刷工，而且，作为一名出版者，他付给人家的版税实在少得可怜——他为爱书人作出的贡献终究还是会被世人遗忘。

人比人，气死人。反正荣耀足够他们所有人雨露均沾。如今两人皆已过世，但是他们的手艺仍然存留于后世；而在英国与我国两地，现在也不光只有独独一位至高无上的大师，而是拥有许许多多杰出的印刷坊——本来就应该如此。假如你想要印一部印制精美的书，不是交给这家印就只能交给另一家，那实在太没道理了。现在优秀的印刷坊所在多有。好比说：负责承印这本书的费城爱德华·斯特恩公司[65]，他们虽然从未摆出一副"艺术印刷者"的高姿态来标榜自己，但是他们的成品又好又扎实，你现在拿的这本书便是明证。他们印制这本书时所运用的技术——"充珂罗版法"[66]——让印制"半色阶"（"half-tone"）插图不再需要涂上厚厚一层又丑又臭的涂料。各位手中这本书乃是率先使用此项新技术的开路前锋，其成果必然将对往后的出版业造成深远的影响。我想起丁尼生的两句诗：

> 人人如今都能种出繁花，
>
> 只因大家都有种子在手。[67]

  而这颗印书的种子，正是由威廉·莫里斯在英国、托马斯·伯德·莫舍尔在我国亲手所种下的。

【译注】

1　羊皮纸、小牛皮纸（parchment、vellum）：以植物纤维制作的纸张发明前的书写材料，两者皆以槌打皮革（使其变薄并增强韧性）制成。

2　托马斯·弗朗西斯·卡特（Thomas Francis Carter，1882—1925）：美国汉学家。一九〇六年（〔清〕光绪三十二年）与友人进行环球之旅途经中国，意外地脱队羁留当地三个月以学习中文；一九一〇年携眷重返中国，一住十年，并在当地兴办学校。返美后，他于一九二四年担任哥伦比亚大学中文系主任兼教授。自初访中国起，他便以向西方世界阐扬东方文明为一生职志，其中最重要的功绩应算是他考察许多中外文献，归结出印刷术（以及纸、火药与罗盘等所谓"四大发明"）乃由中国人发明，并于文艺复兴初期辗转传播到欧州，促成宗教改革、教育普及、封建制度瓦解等效应。集其理论大成的便是《中国印刷术的发明及其西传》（*The Invention of Printing in China and Its Spread Westward*）一书（首版于一九二五年问世，旋即受到学术界高度重视，作者本人于该书出版后几天即病逝）。然而，现代印刷是否能够远溯及中国；或欧洲的印刷技术是否的确源于中国，近年来由于新的史料陆续出土，使卡特"欧洲的印刷术与中国印刷术有实质关联"的说法成为太过一厢情愿的假设，卡特的论点亦逐渐受到西方学者质疑；至于东方人（尤其是中国人）倒是乐于忽视新事实，长期拥抱卡特的论据。中译本《中国印刷术的发明和它的西传》于一九三八年问世（文言文节译本，刘麟译，上海商务印书馆）；白话文全译本于一九五七年出版（吴泽炎译，上海商务印书馆）；目前可见之中译本为台湾商务印书馆根据一九五五年哥伦比亚大学教授富略特（L. Carrington Goodrich）辑注的修订本所出版的中译本（《汉译世界名著》之一，一九六八年，胡志伟译）。

3　指 R. B. 亚当（参见第二卷III译注 11）藏品拍卖会。

4　梅尔克（Melk）：位于奥地利多瑙河畔崖边的修道院。

© 梅尔克修道院

5　爱德华·S. 哈克尼斯（Edward S. Harkness，1874—1940）：美国石油大亨、慈善家、藏书家。经营"标准石油公司"（Standard Oil）致富，第一次世界大战后，哈克尼斯斥资兴建许多医院并赞助博物馆，受妻子玛丽的影响，哈克尼斯开始搜罗古籍。一九二六年哈克尼斯委托罗森巴赫在 R. B. 亚当藏品拍卖会上标得纸本"梅尔克本"《古登堡圣经》，当时哈克尼斯的指定上限原仅七万五千元（参见本卷第IV译注 56）。他的母亲安娜·M. 哈克尼斯（Anna M. Harkness，1837—1926）曾遗赠三百万美金给他的母校耶鲁大学兴建"哈克尼斯纪念四合院"（Harkness Memorial Quadrangle，一九二一年落成）。除了耶鲁大学之外，他的藏书还分别捐赠给纽约公共图书馆与国会图书馆。

6　珂罗封（colophon）：书尾题署。此传统做法可溯至抄本书（manuscript books）时代，莱昂内尔·卡森（Lionel Casson）在其著作《藏书考》（*Libraries in the Ancient World*，中文版，张曌菲译，新新闻二〇〇三年出版）甚至推及泥版时期。原为书籍缮写完毕时由作者、誊写者在最后一页署名或写下若干简短说明，主要包括制作者姓名、成书（印制或抄写）地点、完全日期等事项；进入印刷时代之后，成为印刷工注明该版使用何种字体、纸张、印量等事项，有时会加印作坊（或出版单位）商标（device）。"珂罗封"一词的语源除了纽顿在文中的略述，在此引用 Geofferey Ashall Glaister 编纂的《书籍百科全书》（*Encyclopedia of the Book*）补充说明如下：此词原为爱奥尼亚（Ionia）某城市名，来自古希腊文 Colophonians（意为"骁勇战士"），Colophonians 在战役中担任前锋部队，以期能制敌机先，伊拉斯谟挪用为著述完毕用语"Colophonem adidi"（意为"吾于此已毕竟全功"），后来便被用来指称书籍制造完成的最后总结语；另外，根据约翰·卡特（John Carter）编纂的《藏书入门》（*ABC for Book Collectors*）的解释：此词乃希腊文"顶点"（summit）的意思。十六世纪初叶伊始，印本书上开始设置书名页，也吸纳了珂罗封的太半功能（如出版者、印行时、地等元素），现代出版的版权页更将其仅存的版本说明功用取代殆尽，目前仅在欧陆出版的书籍以及少数比较讲究的英文出版品中尚保留此做法。中文传统出版世界中亦有雷同措施，称为"牌记"或"墨围"、"木记"、"碑牌"、"书牌"等，出现的位置并不统一，通常都在正文前（序文或目录之后）。此处考量纽顿原文刊登时，这个字眼在西方读者眼中仍属陌生字词，乃因循若干早期前辈的译法，以其发音译为"珂罗封"。中文名称"尾署"由来不详，或许源自日文"奥付"。

7 印本书（printed books）：意义一如字面所示，即：以印刷技术制成的书籍；为"写/抄本"、"绘本书"（illuminated books）的相对词。

◎中国古籍的"珂罗封"——"牌记"

8 温金·德·沃德（Wynkyn de Worde, ?—1535）：法裔英国印刷工匠，卡克斯顿（参见第一卷Ⅰ译注34）的助手及继承人。沃德印行的书籍品数达七千部以上。

9 应指阿尔弗雷德·W. 波拉德（参见第三卷Ⅱ译注19）于一九〇五年在芝加哥发表的论文《珂罗封研究》（*An Essay on Colophons*）。

10 路德维希·F. T. 海恩（Ludwig F. T. Hain, 1781—1836）编纂的《迄一五〇〇年刊印之古籍书目钩沉》（*Repertorium bibliographicum, in quo Libri Omnes ab Arte Typographica inventa usque ad annum MD, Typis Erpressi ordine alphabetico vel simpliciter enumerantur Vel adcuratlus recensentuy*）四卷，一八二六年至一八三八年于斯图加特由 J. F. Cotta 出版，收录一万六千三百一十部摇篮本条目（该批古书现藏慕尼黑巴伐利亚国立图书馆）。英国版本学家 WalterArthur Copinger（1847—1910）于一八九五年至一九〇二年出版补编三卷，增录七千部（有题解的仅六千六百一十九部）摇篮本条目。至于纽顿指称因战争受阻的书目应为一九〇五年至一九一四年在慕尼黑出版、在海恩书目的基础上再增列一千九百二十一部摇篮本条目的增订版。

11 《特洛伊史集成》（*The Recuyell of the Historyes of Troye*）：卡克斯顿印行的英译本中世纪骑士小说。原著者是 Raoul LeFevre。成书约于一四六九年。

12 《人生如弈》（*The Game and Playe of Chesse*）：Jacobus de Cessolis 著。英文首版由卡克斯顿约于一四七四年或一四七五年印行。伦敦著名出版商艾略特·斯托克（Elliot Stock）于一八八三年发行复刻版，书前附 William E.A. Axon 撰写的导读。

13 《先哲语录》（*The Dictes and Sayings of the Philosophers*）：第一部明确注记出版日期（一四七七年十一月）的卡克斯顿出版品。内容收录印度、希腊、古罗马等古代贤人的名句格言，是当时普遍的书籍类型。此书问世四百年之后（一八七七年），艾略特·斯托克发行复刻版，书前附有专攻卡克斯顿有成的印工威廉·布莱茨（William Blades, 1824—1890）撰写的序文；一九七四年在伦敦、纽约两地再度翻印出版以纪念此一在英格兰的首部印本书。

14 参见第三卷Ⅰ译注63。

15 参见第三卷Ⅰ中关于"大圣经"（Great Bible）的说明。

16 克里斯托弗·弗洛绍尔（Christopher Froschover〔Froschover 应为古代拼法，现今拼作 Froschauer〕，操业期间 1521—1564）：日耳曼裔瑞士印刷工匠。出生于巴伐利亚的新堡（Neuburg），一五一九年获得苏黎世公民权并在当地设立印坊，成为该地区首屈一指的印刷作坊。现知

最早的弗洛绍尔印本是一五二一年的两部伊拉斯谟的德文译本；一五二九年他印制了首部德文圣经全译本（史称 Froschauerbibel）。在他去世前至少以德文、拉丁文或英文印行了二十七种圣经完本、十五种新约全书。

17 《十日谈书目解题》（*Bibliographical Decameron; or，Ten Days Pleasant Discourse upon Illuminated Manuscripts*）三卷：迪布丁（参见第一卷 I 译注 6）编纂，一八一七年伦敦 W. Bulmer and Co. 印行。

18 罗克斯堡公爵三世（third Duke of Roxburghe），即约翰·克尔（John Ker，1740—1804）：十八世纪英国贵族、藏书家。收藏大量中世纪抄、绘本与卡克斯顿版图书，并于一八一二年与当时富有的藏书家组成"罗克斯堡俱乐部"（Roxburghe Club）复刻出版若干书刊。

19 此部《十日谈》（*Decameron*）为克里斯托弗·瓦达弗尔（Christopher Valdarfer，操业期间 1470—1480）于一四七一年在威尼斯印制。此书在罗克斯堡拍卖会上决标后，迪布丁对成交价咋舌之余下了这样的结论："薄伽丘本人从沉睡五百年中诧然惊醒。"（Boccaccio himself startled from his slumber of five hundred years.）该笔单部印本书的成交价纪录保持数十年，直到一八八四年才被 J. 皮尔庞特·摩根以美金两万四千七百元向夸里奇购买一部一四五九年版的"美因兹诗篇"（Mainz Psalm）打破。此书现藏约翰·赖兰茨图书馆。

20 罗克斯堡公爵藏书拍卖会于一八一二年五月十八日起至一九一四年七月四日之间断断续续举行（前后共计四十二天），迪布丁在《十日谈书目解题》形容该场拍卖会为"远近驰名的罗克斯堡战役"（the far-famed Roxboughe Fight）。对于该场拍卖会的热烈情况有兴趣的读者，现在或许不容易找到《十日谈书目解题》，但可参阅巴斯贝恩根据迪布丁在现场"观战"的记载，写下详细且极精彩的描述（见《一任疯雅》第一部第三章，第 114—116 页）。

21 版式（format）：广义乃指书籍的开本、形状、用纸、字体以及一切装帧型式（即美国俗称的"get up"）；狭义则单指书籍的开本大小。

22 马克林人威廉（William de Machlinia，操业期间 1482—1490）：十五世纪伦敦印刷工匠。因出身自佛兰德的马克林（Mechlin）地方而得名。

23 榫接图框（mortised frames or borders）：由于活字已广泛用于印刷，昔时以手绘或雕版的装饰图框为了因应各种开本，印刷所通常会准备各种宽度、长度的木刻框条，依据各种不同开本拼成合适尺寸的图框，再另行套印。

24 阿尔布莱希特·丢勒（Albrecht Dürer，1471—1528）：德国画家。

25 普兰延－莫雷图斯出版社（Plantin-Moretus Press）：十六世纪法国出版商。由装订工、印刷工暨出版商克里斯托弗·普兰廷（Christopher Plantin，c.1520—1589）创立，其女婿约翰·莫雷图斯（原名 Jan Moerentorf、拉丁名 Johannes Moretus，1543—1610）后来加入。普兰廷初期在康城（Caen）皇家印刷工罗伯特·马塞二世（Robert Macé II）手下担任学徒，在巴黎短暂停留之后，于一五四八年迁往当时欧洲的出版中心安特卫普。他先从事皮箱制造和装帧的工作，一五五五年正式以印刷为业。一五六二年，他出版第一部出版品：意、法文对照的乔凡尼·布鲁托（Giovanni Bruto）的《*La institutione di una nata nobilmente*》。他最重要的作品则是一五六九年至一五七二年印行的八卷本《多语圣经》（*Biblia regia*）。一五七〇年起，他在出版品中引进大量的铜雕版插画（之前的书籍插图普遍以木刻方式印制）。莫雷图斯起初在出版社职掌营业与会计的工作，后来亦加入经营阵容。此出版社后来由莫雷图斯的儿子

◎阿尔布莱希特·丢勒自画像，绘于二十六岁

Balthasar（1574—1641）与 Jan（1576—1618）继承，并致力延续普兰廷所定下的品质基准。一六〇八年至一六四〇年间，鲁本斯还曾与他们签约担任扉画制作师。此出版社一直开业至一八六七年，莫雷图斯家族转而经营其他事业为止（最后一部成品的出版日期是一八六六年），原使用的硬件则于同年以成立"普兰廷－莫雷图斯博物馆"保存下来。

26　罗杰斯在"马修圣经"上挂名"托马斯·马修"。参见第三卷 I "马太圣经"段。

27　（英国）共和时期（Commonwealth）：英国内战（参见本章译注 30）后，由"护国公"奥立佛·克伦威尔（参见第三卷 I 译注 40）于一六四九年至一六五三年的短暂政体时期。其间虽未能平息内部的政治纷争，但对外用兵平定了苏格兰与爱尔兰，并击溃西班牙与荷兰的海军。虽然表面上称为共和，但实际大权仍由克伦威尔一人独揽，由于他对内实行清教徒式的高压统治，人民渐感不耐，趁克伦威尔一死便又将前国王（查理一世，被克伦威尔斩首）流亡在外的儿子迎回英国，登基为查理二世，英国史上短暂、名不副实的共和政体于焉告终。

28　《亚里士多德言论集成》（*Dialectica of Aristotel*）：一五五四年由 Juan Pablos（参见下则译注）在墨西哥市（the City of Mexcico）印行。其书名页上刊印的书名应为 *Dialectica resolutio cum textu of Aristotelio*。

29　一五三九年，当美洲大部分的欧洲殖民地还仰赖母国输入书籍、尚未普遍重视就地印刷的时候，一名意大利裔印刷工 Juan Pablos 受命带领一批助手横渡大西洋，抵达当时受西班牙管辖的"新西班牙"（今墨西哥境内），并在墨西哥市设立印刷坊。由于此举有利于传播天主教教义，故受到西班牙驻墨西哥大主教 Juan de Zumárraga 与总督 Mendoza 的极力支持。该印坊共出品的第一部书籍为《牧教手册》（*Manuel de Aultos*，1540），此书被认定为首部在美洲完成全部印刷过程的书。

30　大战（Great War）：指发生于一六四二年至一六四六年以及一六四八年的英国内战，因信奉罗马天主教的英王查理一世镇压清教徒，导致国会分劣裂成"保皇党"（Cavaliers）与"圆颅党"（Roundheads，即清教徒）两派连年相互讨伐（带领"圆颅党"的克伦威尔便在此时崛起，战后成立共和政体）。要是纽顿写这篇文章的时候（第一次世界大战尚未发生），知道他竟一语成谶，"一九四二年"英国果真处于"（第二次世界）大战爆发后"，必定会觉得造化弄人吧。

31　《烈女控诉》（*The Virgins Complaint, for the losse of their Sweet-Hearts by these present Wars. And their own long solicitude snd keeping their Virginities against their Wills*）：中文读者或许会对西洋古书的冗长书名感到纳闷，其实，初期书籍并无明确的书名页制度，往往都是由兼具序文意义的长篇大论，详述内容、源由、作者的整篇引介文章，我们今天习惯的简短书名乃经年累月、慢慢演化而来。

32　达德·亨特（Dard Hunter，1883—1966）：美国书籍制造师、出版家。出生于俄亥俄州斯托本维尔（Steubenville）。年轻时在维也纳修习书籍设计，并为当地一家出版社制作数部书籍，一九一一年转赴伦敦学习造纸术。返美后成为该领域的泰斗。一九三八年成立"达德·亨特纸张博物馆"（Dard Hunter Paper Museum）。重要著作包括《美国的手工造纸》（*Papermaking by Hand in America*，1950）等。可参见其回忆录《伴纸过一生》（*My Life with Paper*，New York，Knopf，1958）。

33　《古代造纸术》（*Old Papermaking*）：疑指亨特于一九三二年出版的《中国与日本的古代造纸术》（*Old Papermaking in China and Japan*）。

34　装帧加工（toolmaking 或 tooling）：手制书籍工作的一环。主要是指全书的基本装帧完成后，以各式工具在封面施加装饰的手续，包括压纹、压字、烫金等。

35 帖序（signatures，或称"帖码"）：指印制完成的印张（参见译注 40）经过折叠成为"折帖"
   或"书叠"（参见译注 39）。由于一部书籍往往须要用好几叠组成全部内页，为避免折帖次序
   错乱，于印制时便在印张上固定位置（最后会露在外面的折线处）加印"帖序"，通常是数字
   或字母或小墨块，当装订工组装折帖时不用翻读内页，仅看外头的帖序便可装订无误。

36 《志业徒劳》（*Vanity of Human Wishes*，*being the Tenth Satire of Juvenal imitated*）：约翰生博士
   的讽刺诗集。一七四九年出版。

37 《理查德·萨维奇传》（*Life of Mr. Richard Savages*）：约翰生博士为英国诗人理查德·萨维奇
   （Richard Savage，？—1743）著作的传记作品。一七四四年出版。

38 威廉·布莱茨（William Blades，1824—1890）：伦敦印刷工、藏书家。曾与友人开设 Blades,
   East & Blades 印刷坊。他钻研版本学问甚深，曾写过为数甚多的相关论著，其中最著名的
   是《书的敌人》（*The Enemies of Books*，1880），台湾可见的中译本是《书的礼赞》（叶灵凤
   译，北京三联，一九九八年）或《书的敌人》（同书繁体字版，扬智文化，二〇〇二年）。
   顺道一提，前述两种中文版内容相同（仅章节次序不一），除了《书的敌人》之外，另收
   录藏书文章七篇，其中若干篇章译自威廉·塔格（William Targ）编选的文集《爱书人狂欢
   会》（*Carrousel for Bibliophiles: A Treasury of Tales*，*Narratives*，*Songs*，*Epigrams and Sundry
   Curious Studies Relating to a Noble Theme*，1947），原书收录四十六篇关于藏书、爱书的各类
   诗、文；塔格另一部同类选集为《爱书人大杂烩》（*Bouillabaisse for Bibliophiles: A Treasury
   of Bookish Lore*，*Wit & Wisdom*，*Tales*，*Poetry & Narratives & Certain Curious Studies of
   Interest to Bookmen & Collectors*，1955）。虽然同样主题的选集目前市面上颇多，但我个人认
   为塔格选编的这两部书择录最精，有兴趣读更多二十世纪中期以前藏书文章的读者不妨找来
   读（《爱书人狂欢会》有一九六七年重印的 Scarecrow 版，国外旧书店应不难找到）。

39 折帖、书叠（quires、gatherings）：一张印张（a sheet）折叠而成一个折帖，数个折帖合订成
   一册（a volume）。

40 印张（sheet）：版本学用语。未折未裁，供印刷的全开大纸。折印妥折叠后即成一帖（或一迭）。

41 "吾将可写满好几册对开本。"（"I am for whole volumes in folio."）：语出莎士比亚喜剧《爱
   的徒劳》（*Love's Labor's Lost*）第一幕第二景最后一句剧中要角 Adriano de Armado 的台词
   "Devise，wit; write，pen; for I am for whole volumes in folio." 藉以形容自己诗兴大发。

42 虽然自机器造纸蔚为主流以来，纸张尺寸因工业因素而趋于统一，但各不同国家对书籍开本
   的标示法仍互有歧异。以下试举英美两国现行较符合各自工业规则且较常见的书籍开本：
   （由小到大排列，单位为英寸）

   ◆英国 菊八开（Post Octavo/Pott 8）：$6^{1}/_{4} \times 4$、大八开（Foolscap Octavo/F'cap 8）：$6^{3}/_{4} \times 4^{1}/_{4}$、
   长八开（Crown Octavo/Cr. 8）：$7^{1}/_{2} \times 5$、大菊八开（Large Post Octavo/L. Post 8）：$8^{1}/_{4} \times 5^{1}/_{4}$、
   正八开（Demy Octavo/Dy 8）：$8^{3}/_{4} \times 5$、中八开（Medium Octavo/Med. 8）：$9 \times 5^{3}/_{4}$、
   皇八开（Royal Octavo/Roy. 8）：$10 \times 6^{1}/_{4}$、超皇八开（Super Royal Octavo/SuR 8）：$10 \times 6^{3}/_{4}$
   超大八开（Imperial Octavo/Imp. 8）：$11 \times 7^{1}/_{2}$、大四开（Foolscape Quarto/F'cap 4）：$8^{1}/_{2} \times 6^{3}/_{4}$
   长四开（Crown Quarto/Cr. 4）：$10 \times 7^{1}/_{2}$、大菊四开（Large Post Quarto /L. Post 4）：$10^{1}/_{2} \times 8^{1}/_{4}$
   正四开（Demy Quarto /Dy 4）：$11^{1}/_{4} \times 8^{3}/_{4}$、中四开（Medium Quarto /Med. 4）：$11^{1}/_{2} \times 9$
   皇四开（Royal Quarto /Roy. 4）：$12^{1}/_{2} \times 10$、大对开（Foolscape Folio/F'cap fol）：$13^{1}/_{2} \times 8^{1}/_{2}$

◆美国　三十六开（Thirtysixmo/36mo）：$4 \times 3^{1}/_{3}$（英英寸）

中三十二开（Medium Thirtytwomo/Med. 32mo）：$4^{3}/_{4} \times 3$

中二十四开（Medium Twemtyfourmo/Med. 24mo）：$5^{1}/_{2} \times 3^{5}/_{8}$

中十八开（Medium Eighteenmo/Med. 18mo）：$6^{2}/_{3} \times 4$

中十六开（Medium Sixteenmo/Med. 16mo）：$6^{3}/_{4} \times 4^{1}/_{2}$

方八开（Cap Octavo/Cap 8vo）：$7 \times 7^{1}/_{4}$

十二开（Duodecimo/12mo）：$7^{1}/_{2} \times 4^{1}/_{2}$

长八开（Crown Octavo/Cr.8vo）：$7^{1}/_{2} \times 5$

菊八开（Post Octavo）：$7^{1}/_{2} \times 5^{1}/_{2}$

中十二开（Medium Duodecimo/Med. 12mo）：$7^{2}/_{3} \times 5^{1}/_{8}$

正八开（Demy Octavo/Dy. 8vo）：$8 \times 5^{1}/_{2}$

小四开（Small Quarto/S. 4to）：$8^{1}/_{2} \times 7$

广四开（Broad Quarto）：$8^{1}/_{2} \times 7$

中四开（Midium Quarto/Med. 4to）：$9^{1}/_{2} \times 6$

皇八开（Royal Octavo/Roy. 8vo）：$10 \times 6^{1}/_{2}$

超皇八开（Super Royal Octavo）：$10^{1}/_{2} \times 7$

超大四开（Imperial Quarto/Imp. 4to）：11×15

超大八开（Imperial Octavo/Imp. 8vo）：$11^{1}/_{2} \times 8^{1}/_{4}$

43　约翰·巴斯克维尔（John Baskerville, 1706—1775）英国伯明翰地方铸字匠、印刷工。一七五一／二年成立自己的印刷坊，第一部成品（维吉尔著作）于一七五七年问世。

44　维吉尔（Virgil, BC70—BC19）：罗马时代拉丁诗人。

45　"astonished all the librarians of Europe by their beauty."：语出十九世纪英国历史学家麦考莱勋爵（Lord Thomas Babington Macaulay, 1800—1859）论及巴斯克维尔印刷的圣经。

46　贺拉斯（Horace, BC65—BC8）：罗马时代拉丁诗人。

47　奇斯维克出版社（Chiswick Press）：英国老字号出版社。首部标注"奇斯维克出版社"的出版品于一八一一年问世。

◎惠廷厄姆印坊商标

48　查尔斯·惠廷厄姆（Charles Whittingham）：英国印刷工匠。一七七九年左右老查尔斯·惠廷厄姆（1767—1840）只是一名地方印刷工并往来伯明翰、伦敦打零工，一七八九年他在伦敦费特巷（Fetter Lane）成立作坊。他自好友威廉·卡斯隆三世（William Caslon III）手中购得大量铅字，除了部分转售其他印刷工之外，他于一七九五年与一七九六年各出版了字形样品目录，同时他亦是首位以"印度纸"（India paper，即东方棉纸）印制书籍的人。后来由查尔斯·惠廷厄姆二世（1795—1876）继承家业。

49　汉弗莱·米尔福德（Humphrey Milford）：英国出版商。牛津大学出版社成立乐谱部门创始人。

50　R. W. 查普曼（R. W. Chapman, 1866—1942）：英国学者。以研究、辑注约翰生、简·奥斯汀等人的著作闻名。

51　克尔姆斯科特出版社（Kelmscott Press）：威廉·莫里斯（参见第二卷Ⅲ译注 51）于一八九一年在哈默史密斯（Hammersmith）自宅创办的私人出版社。至一八九八年为止，该出版社共生产五十三部书籍（总印量为一万八千册）。克尔姆斯科特出版社的出版品贯彻了莫里斯个人的美学观，对于纸张、字体、版式乃至于装帧、绘饰，无不以最高标准一一讲究。

52　《克尔姆斯科特出版社成立宗旨》（*Aims in Founding the Kelmscott Press*）：写于一八九五年，一八九八年出版，仅印行五百二十五部。克尔姆斯科特出版社最后一部出版品。

53　《乔叟作品集》（*The Works of Geoffrey Chaucer.* Printed in Chaucer and Troy types，in red and black，with woodcut boarders，initials and woodcut illustrations designed by Sir Edward Burne-Jones）：一八九六年克尔姆斯科特出版社出版，仅印行四百二十五部，其中四十八部以白色猪皮精装。此书被誉为"史上最美丽的书"。

54　安东·科布格尔（Anton Koburger，1440—1513）：十五世纪纽伦堡地方印刷工匠、企业家。他于一四七〇年左右开办印刷事业。主要印行圣经、哲学和学术论著，书籍远销至布达佩斯、科隆、法兰克福、里昂、巴黎、维也纳和华沙等地。一四九三年问世的《纽伦堡年代记》是他最闻名的出版品之一，其中精美的木刻版画插图为印刷史上的里程碑。

55　《纽伦堡年代记》（*Nuremberg Chronicle*）：由纽伦堡医师兼藏书家哈特曼·舍德尔（Hartmann Schedel，1440—1514）编纂，一四九三年出版拉丁文版（Liber Cronicarum）与德文版（Die Weltchronik）。书中有一千八百零九幅插图（其实总数仅六百四十五幅，但其中若干幅图版经巧妙地重复使用）由 Michael Wolgemut（或 Wohlgemuth）与 Whihelm Pleydenwurff 绘制的木刻版画插图，是当时德文书最极致的成果。我最近在某古书商目录上看到手工上彩的零叶售价高达美金一千五百元。

56　《金光闪闪之平野阡陌，或长生不老之国度》（*The Story of Glittering Plain，or The Land of Living Men*）：威廉·莫里斯自著。克尔姆斯科特出版社的创业作，一八九一年出版，仅印行二百部。

57　E. D. 诺思：即恩斯特·德雷塞尔·诺思（参见第一卷Ⅱ译注 36）。

58　九〇年代：指一八九〇年代。

59　我猜测此人应该就是纽顿自己。

60　威廉·埃德温·拉奇（William Edwin Rudge）：美国印刷坊主人、出版商。曾印行达德的《十八世纪以来之装帧》（*Papermaking Through Eighteen Centuries*）。

61　布鲁斯·罗杰斯（Bruce Rogers，1870—1957）：美国书籍装帧家、印刷工匠、造字师。一八九〇年自普渡大学毕业，初期从事报纸插图绘制工作；一八九三年开始为《现代艺术》（*Modern Art*）杂志设计书名页。由他设计的第一部书是一八九五年由莫舍尔印行的 G.W. Russell 诗集，曾担任剑桥与哈佛两所大学出版社的印刷顾问。

62　即约翰·亨利·纳什：参见第三卷Ⅰ译注 105。

63　丹尼尔·贝克莱·厄普代克（Daniel Berkeley Updike，1860—1941）：美国印刷工匠、字体史学家。一八八〇年至一八九三年任职于霍顿－米夫林出版公司（一八九二年起转调河滨印书馆）；一八九三年在波士顿成立"欢乐山出版社"（Merrymount Press），以"to do common work well"为宗旨。一九二二年根据他在哈佛大学讲授字体与印刷课程的教材出版《印刷版面：其历史、形制与用法》（*Printing Types: Their History，Forms and Use*）。

64 弗雷德里克·W. 古迪（Frederic William Goudy，1865—1947）：美国字体设计家。一九〇三年在伊利诺州创立村庄出版社（Village Press），后移籍纽约州。一九一八年创办期刊《字体艺术》（*Ars Typograhica*）。

65 本中译本所采用的《搜书之道》为一九三〇年伦敦乔治·劳特利奇父子出版公司（George Routledge and Sons，Ltd.）的版本，但印制工作则是在美国完成，由爱德华·斯特恩公司（Edward Stern & Company）承印。

66 "充珂罗版"（aquatone process）：一种以照相制版的平版印刷技术。

67 "Most can raise the flowers now, / For all have got the seed."：引自丁尼生诗作"植花诗"（Flowers）第五段末两句。

IV　拍卖场风云

　　有许多顺口溜、歇后语可供咱们拿来形容身边的家伙是个怎么样的人。我现在马上就说一句："什么人玩什么鸟。"可是，一个人若是想了解自个儿的为人，只要瞧瞧自己在拍卖会场上究竟是啥德行便能思过半矣；只是结果往往无法尽如人意。

　　我头一回参加的拍卖会是在某位熟人的自宅内举行的，我当时频频喊价压过一个讨厌鬼，结果标得好几件根本派不上用场的东西，包括一口脏兮兮、全身上下一大堆毛病的冰柜，和一座大得塞不进卧房（我买的时候早就了然于胸）的四脚大床。于是，我终于恍然大悟：原来我是一个心狠手辣、贪得无厌的家伙。至于内人对那口冰柜发表的高见，实在不合适在此一一细表。就在此刻，我一抬起头仿佛还能瞧见那座原本刻满了花果雕饰、床头板则是盘根错节的镂空藤蔓花纹（我们现在鄙称为"早期维多利亚风格"）、早在几年前就被五马分尸的庞然黑桃木古床。我后来自己花钱雇了一名黑人将那台有故障的冰柜扛走（顺道送给他），连床一块儿标来的床单，因为某些不得已的理由，放了一把火给烧了个一干二净。至于那张四脚大床（简直就是一头又大又丑的怪物），我们还得延请木匠带着锯子到家里，总算才把它大卸八块送进屋子里头，结果，我们平白添了一堆绝顶豪华、无比昂贵的生火干柴。时至今日，每当我又碰到某个可怜虫（这种人还真是不少）硬着头皮跟我竞标某件我丝毫不需要的东西，我依旧按捺不住心中的歹念，甭等拍卖官卖力敲边鼓、陪笑脸，我也会自动自发催促自己走向那万劫不复之境。对我来说，拍卖会正如一团熊熊烈火，而我就是那只蒙着头往里扑的飞蛾——勇往直前奋不顾身！

拍卖会（不管拍卖的东西是被哪个地方法院裁定抵押的某段铁路经营权，还是从深色丝绒帷幕之间、聚光灯下款款现身的一幅织毯）乍看之下——纯就理论而言——无非是为了要让商品价格尽可能地符合买卖双方期待的公道方法；但实际上，众买家注意[1]：许多事情却似乎无法全然符合咱们的一厢情愿。昔时拍卖会开场前，拍卖官会摇铃昭告大众，但是假使他存心图利某位特定买家，他就会把铃儿藏在裤兜里头轻轻地晃，不教其他人听见（故意让大家搞不清楚拍卖会什么时候开始、什么时候结束），然后草草决标。那该怎么办？你又如何防患那种"偷吃步"和其他五花八门的作弊伎俩？"把戏行行有"[2]，拍卖这一行特别多：关于这一点我最清楚不过了，我在那里头缴过的学费可不算少哪。

多亏约翰·劳勒（他曾经在老字号的索斯比担任编目主笔一阵子）不吝赐告，咱们才得以知晓最早的书籍拍卖会是啥模样。劳勒凭借无比的耐性和罕见的丰富知识，编纂了一部关于拍卖会的小书[3]，我们从书中得知英国头一个拍卖商名叫威廉·库珀（William Cooper），他于一六七六年在小不列颠[4]的鹈鹕巷内开了一爿书铺。小不列颠就是伦敦圣巴多罗买医院后头那片胡同。库柏在他所发行的第一本目录里头的前言如是说："以拍卖或卖给喊价最高者的方式贩卖书籍，在英国始终是一件非比寻常的事，然而此种对买卖两造皆有利的商业行为在其他国家早已行之有年……我谨冀盼此举能不受众方家捐弃。"此段声明登载于拉扎勒斯·西曼[5]博士（当年伦敦城内动见观瞻的神学家）的藏品拍卖会目录上，一万五千零二十本书总共卖了大约三千英镑。那个天下承平的年代实在教咱们无从挑剔——有道是："承平岁月转眼过；黄金年代逝不返。"（"those halcyon days, that golden age is gone."）——当年只花十九先令就能买到一部约翰·艾略特[6]的"印地安圣经",而一四八八年版的荷马史诗则索价区区九先令。

若库柏算头一位拍卖商,而米林顿[7]堪称早期拍卖商之中最重要的一位,那么,最耐人寻味的则非约翰·邓顿[8]莫属(此人集作家、印刷工、书商、拍卖商与旅行家于一身)。他出生于一六五九年,其自传《约翰·邓顿不堪回首的一生》颇值得一读。所有人的一生不也都是不堪回首吗?已故的克莱蒙·肖特[9](除了担任《天下事》[10]的编辑,他生前亦是一名狂热的藏书家)是头一个提醒我特别留意那部奇书的人,现在还晓得那部书的人已经不多了。邓顿本人对女色和书香的兴趣同时开窍——在他十四岁那一年——并且从此和那两样玩意儿难舍难分、如胶似漆。他宣称自己印行的书籍总数超过六百种,这自然是吹牛不打草稿;不过他出版过的书籍不在少数也是不争的事实,就算他不曾在英国本土举办过任何一场拍卖会,他在爱尔兰倒是办过好几回。当老家的图书业日渐低迷,他毅然决然地抛下妻子伊丽莎白[11](他总是肉麻兮兮地昵称她"小伊儿"),远渡重洋到波士顿另起炉灶。"老婆这玩意儿,相见不如怀念"是他老挂在嘴边的名言之一——从此之后,许多男人皆不由自主奉这句教诲为圭臬。他在波士顿(根据他自己的说法,那儿有人欠他五百英镑)颇受当地人接纳,接着他转赴当时还是一片粗砾的新英格兰,在当地一一走访荜路蓝缕以启山林的哲人贤士。不过他显然没讨回那笔债款(要不然就是他一拿到后马上花了个精光),因为当他一返回故乡便旋即遭到通缉,为了躲避警方追捕,他足不出户窝在家里几乎整整一年,最后,他逃往荷兰和现在的德国境内。不过那码事已超出本文探讨之列。

一七六四年,亨利·菲尔丁的藏书交付拍卖;许多部经他亲手眉批的本子皆只得款区区几先令,而五大册亲笔书写的法律文件也才卖了十三先令而已。而稍早几年前,这位小说家和安德鲁·米勒[12]

之间的一纸《汤姆·琼斯》版权合约则以一千英镑出头成交，和前面那几笔成交价格相比简直有如天壤之别，如今，心甘情愿付三千元给查尔斯·塞斯勒，只为购置一部纸板原装、书口未裁的不朽名著《汤姆·琼斯》的人比比皆是，要是让菲尔丁知道居然有这么一天，他又会作何感想呢？

我们省略其他无关紧要的拍卖会，直接跳到一七八一年，托珀姆·博克莱尔[13]脱手卖掉傲世群伦的藏书那会儿。那场拍卖会的目录[14]现在就摆在我的面前；里头列出超过三万册"囊括多种语文、涵盖各门类之科学与高雅文学等"图书。值得一提的是：博克莱尔乃查理二世的曾曾孙，据族谱所载，他系出内尔·格温[15]之后；正由于他拥有过人的学识、风采，加上脑筋灵活，约翰生博士才会和他做朋友，甚至随他和贝内特·兰登[16]结伴进行鲍斯威尔笔下那趟著名的出游[17]。我忒爱那段故事：话说两名刚在附近酒肆吃饱喝足的酩酊醉汉，半夜三更到约翰生博士家门口捶门敲窗，将一代鸿儒自梦中惊醒。害约翰生还以为是强梁上门，赶紧抄起一根沉甸甸的拨火棒下楼应战，不意竟是好友不速造访，接着才搞清楚他们特来邀他一道夜游，博士此时亦心血来潮，便速速着装，三人于是又蹦又跳地"踏上征途"。他们先逛到科芬园[18]，约翰生还自告奋勇要帮果菜贩子卸货，惹得众人频频敬谢不敏；接着他们又晃进一家酒馆，畅饮一巡主教[19]；然后雇了一艘小船在河上泛舟，最后有人提议去找姑娘，但约翰生临阵却步，还数落他们重色轻友，丢下他不管，满脑子光想着要去和不三不四又"腹笥甚窘"的姑娘厮混。[20]

博克莱尔过世时年仅四十，约翰生因为好友骤逝郁郁寡欢了好一阵子，他当时写了一封信给鲍斯威尔，其中写道："呜呼，亲爱的博克莱尔，他的聪慧、他的胡闹、他的机敏、他的恶毒、他的乐观逗趣与条理分明，如今俱亡矣：而他人势必难以企及。"[21]几年前，我意外淘到好几部博克莱尔前藏本和一册登记成交价的拍卖目录，令我欣喜若狂。自某人书房中流出的藏书总能拉近我们与藏家本人的距离；我当场觉得自己仿佛正同他们一伙人在河上泛槎夜游哩。据说，那批藏书被送到拍卖场前，前后总共花了四十九天才处理妥当，但是，由于目录编写得极为粗鲁潦草、漫无章法（英国现今的拍卖目录依旧延袭此一弊病），想从里头找到某一部书，恐怕也得耗费同样长的时间。

我接下来要谈的是"已故鸿儒法学博士约翰生先生藏书，由克里斯蒂（Christie）先生，将于一七八五年二月十六日，及随后三日，假位于大马路的大厅进行拍卖"目录里的那批藏书。我手上这一册目录原为约翰生博士的朋友奥格尔索普[22]将军本人所藏；在他遗物拍卖会上被古典学者塞缪尔·莱森斯[23]买下，后来辗转成为杰出的约翰生研究学者兼收藏家格兰特上校（Colonel Grant）的藏书，一九〇〇年五月在他的藏品拍卖会上，这册目录以二十五英镑十先令成交。

早在好几年前我就央人印一册约翰生博士藏书拍卖目录的复刻本[24]——不是用我自藏的本子复印，而是向别人（我的朋友拉尔夫·艾沙姆[25]上校）借来印的。艾沙姆的目录来头虽然比不上我的本子那么值得炫耀，但是比我的有意思多了，因为他的本子不仅一一登记每一部书的成交价，还详细地写上每位得标买主的姓名。我当时为了介绍这本薄薄的目录，还特地写了一篇题记，若各位不嫌弃的话，可否容我在此引录几段？该段题记是我在约翰生博士高夫广场故居的阁楼（即博士纂修词典的房间）里头写的。

约翰生博士藏书目录！

吾辈藏书，皆终将难免步此后尘。故人耗尽光阴、金钱，以及精力——死而后已。趁故人新坟未干之际，其遗嘱执行人依嘱将一度隶属故人之书籍径付敲槌拍卖。处置故人藏书，自

A

CATALOGUE

OF THE VALUABLE

Library of Books,

Of the late learned

SAMUEL JOHNSON,

Efq; LL. D.

DECEASED;

Which will be Sold by Auction,

(By ORDER of the EXECUTORS)

By Mr. CHRISTIE,

At his Great Room in Pall Mall,

On WEDNESDAY, FEBRUARY 16, 1785,

AND THREE FOLLOWING DAYS.

To be Viewed on Monday and Tuefday preceding the
Sale, which will begin each Day at 12 o'Clock.

Catalogues may be had as above.

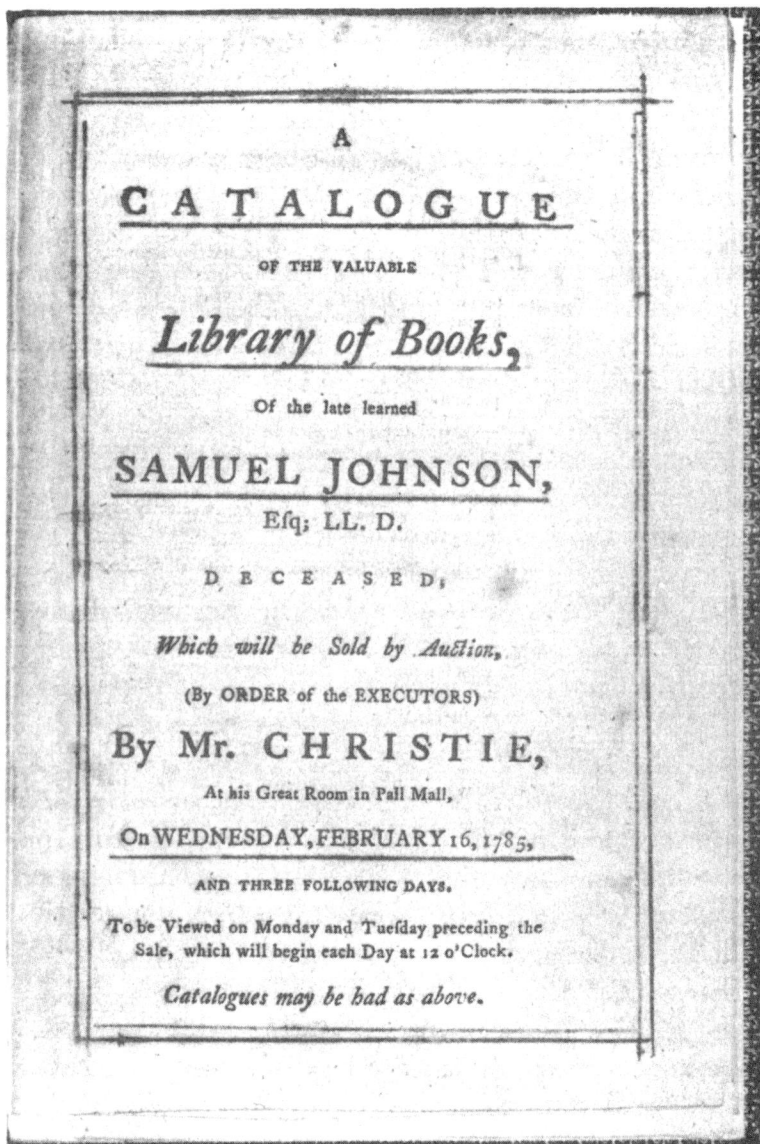

■克里斯蒂举办的"约翰生藏书拍卖会"目录

然亦该如同处置他的"遗体"一般恭敬虔诚，差可符应故人藏书风貌也。

　　诸位光临拍卖会的人士之中，有多少人会将每回目录妥善保留？而不在会后即丢者或许仅寥寥数人；更遑论能起意以笔一一详实记下各品卖价、得标者名氏，而事后悉心保存留待吾辈得以观睹者仅区区一二人耳。想必无人能称此乃编写空前最糟的书籍拍卖目录，据闻，主持纽约安德森艺廊的米歇尔·肯纳利仅稍一过目便叨叨诟病不已——此说大可毋需在意：且让我们为这批书的品目说明并未"言过其实"额手称庆。

　　该次付诸拍卖的书籍数量并不多：共约三千册。此批藏书去向为何？而那部落款"此乃亲爱的泰蒂之书"赫然在目的本子又花落何方？各位必然知晓，泰蒂乃约翰生博士之妻也[26]。又何书耶？至于那部卖得区区一英镑二先令的莎士比亚第一对开本，其品相如何？想必不甚佳善；或许书主的眉批适足以害之！何书乏人问津？该部伯顿氏《忧郁之剖析》[27]果真为博士用以充当闹钟，令他较平日早两个钟头起床的本子？而我所庋藏的本子——我的本子乃完整如新的首版——却一如鸦片，教我立即沉沉昏睡[28]：此乃我何以仍保留至今之原因也。

　　博士生前聚书品类甚为驳杂。他对待书籍的方式亦颇难教人恭维，众所皆知，他只着眼于"生吞活剥书中精髓"[29]。当他某次欲向加里克（此君对于版本、装帧忒是讲究）商借某书未果，因而大为不悦[30]。然而，他总能对藏书后进提供绝佳建言，一如他在其他林林总总事物上的贡献。

　　暂且让我们放任想象力驰骋，幻想此批藏书经过漫漫一百四十年，如今再度聚首、在纽约米歇尔·肯纳利的安德森艺廊重新面市，而原本成套出售的品目亦一一拆散且悉心编写书介——肯君自然当仁不让非亲自执笔不可——妥适登载于

In an Auction Room
(Letter of John Keats to Fanny Brawne,
Anderson Galleries, March 15, 1920

How about this lot? said the auctioneer;
One hundred, may I say, just for a start?
Between the plum-red curtains, drawn apart,
A written sheet was held .... And strange to hear
(Dealer, would I were steadfast as thou art)
The cold quick bids. (Against you in the rear!)
The crimson salon, in a glow more clear
Burned bloodlike purple as the poet's heart.

Song that outgrew the singer! Bitter Love
That broke the proud hot heart it held in thrall —
Poor script, where still those tragic passions move —
Eight hundred bid: fair warning: the last call:
The soul of Adonais, like a star .. . ..
Sold for eight hundred dollars — Doctor R!

◎莫利即席诗作"拍卖场即景"（原载《书目面面观》，收录于"版本学与'伪'版本学"）

目录之中。其竞标场面势必万分激烈！成交书价亦必将无比高昂！而"满堂"宾客又将是何等摩顶放踵景象？小克·莫利亦必再谱一首"拍卖场现形记"[31]，而我亦将倾家荡产：倘能如此岂不大快人心。有幸得见此批藏书当初"完璧"（"disseverated"）（引加布里埃尔·韦尔斯语）之姿，我至感欣喜。

我接下来要谈的最后一册旧目录是小詹姆斯·鲍斯威尔[32]藏品拍卖会的目录。传记作家詹姆斯·鲍斯威尔卒于一七九五年。大家都晓得这位老兄积藏东西的本事堪称一流，为了准备《约翰生传》的撰写工作，他囤积了数量惊人的信件、日记、琳琅满目的各种资料，而他一开始就打定主意要将那批文件永久保存下来，储放在奥金莱克（Auchinleck）祖宅的档案室里头；不过根据某个传奇性的说法：鲍斯威尔一过世，他的全部（或将近全部）文件便旋即遭到销毁。每位研究约翰生的专家学者——举凡克罗克[33]、希尔与莱斯利·斯蒂芬爵士，甚至是无懈可击的学者 R.W. 查普曼——似乎全都赞同这种说法；但是后来，有意思的玩意儿又接二连三陆续流入市场；其中若干件还出现在他的儿子的藏书拍卖会："由索斯比先生于一八二五年在河滨区威灵顿街的拍卖堂举行"。那场拍卖会的目录现在就搁在我的面前，不过，由于这册目录的排序方式是依照书籍开本的大小（一种很陈旧的编目方式），让人很难查到某部特定品目。再者，品目说明上光写着"劝世诗十册"（其中许多条说明都像这样），说了等于没说。既然有专家伯克贝克·希尔撑腰，咱们大可请鲍斯威尔的后代吃一顿排头，他们竟敢如此漫不经心，枉费他们的先祖和伟大的词典学者过从甚密的一段交情，着实可恶。传记作家鲍斯威尔殁后，乔舒亚·雷诺兹为约翰生所绘制的精美肖像立刻被束之高阁，而一百年后，当希尔本人要求造访奥金莱克时却遭到悍然拒绝。他后来在一篇有趣的文章中叙述那段原委：当鲍斯威尔的女儿[34]得知他添加了若干新资料、正准备出版一部被她名之为"又来一个画蛇添足的约翰生传"（引希尔转述鲍斯威尔女儿的用语）的时候，她马上写了一封信去兴师问罪，质问他手上的东西是打从哪儿弄来的。

话说到这里，我正好可以顺道提提一两年前大量鲍斯威尔史料意外出现在都柏林那档事儿，话说当时拉尔夫·艾沙姆费了好大一番讨价还价的工夫后买下那批东西，他允诺等他好好地消化、编辑之后，便会将它们付样。我很想将整段有趣的出土过程从头到尾细说分明，但是我毕竟不是当事人，我只够资格在这儿说：那批史料诚然是过去多年以来，文学史上最重要的一笔大发现。

旧目录这玩意儿实在教人血脉贲张。雷诺茨画的约翰生肖像（因鲍斯威尔亡故而失宠，后人将它自起居室中取走的那一幅），后来在鲍斯威尔儿子的伦敦拍卖会上以七十六英镑又十三先令卖出；而鲍斯威尔自己的肖像，全长三又四分之一（我纳闷单位究竟是什么），则卖得十一英镑六。那场拍卖会总共卖了大约一百五十件约翰生相关品目；无疑地，其中大部分原先都是归在小鲍斯威尔名下的财产（如今全装点了我的朋友——水牛城的 R.B. 亚当——的书房），不过我始终没有耐性一一追查其他品目各自流落何方。或许有人想知道由约翰生一个人从头到尾徒手写成的词典"刍议"[35]草稿原件（当时以区区十七先令六便士成交）现在的下落；它是被一个姓"索普（Thorpe）"的大户给标走的；看到那七件祈祷文抄本一口气以九几尼成交也颇令人玩味，其中一件抄本，以及一部首版《约翰生传》（上头还有一道落款："赠予詹姆斯·鲍斯威尔[36]君，挚爱您的父亲暨本书作者"），最后则辗转入藏"橡树丘"。在鲍斯威尔的拍卖会上，那部书的成交价是一英镑又十六先令，过了十年，当约翰·默里（就是出版拜伦诗集的那个默里）[37]购买这部书的时候（他后来还为它补配插图），付了两英镑十先令（我有白纸黑字的证明）[38]！

■ "橡树丘" 藏书室

　　还是回头谈拍卖会吧。就我所知，所有关于拍卖成交价这个
主题，最引人入胜的一部书就是一九〇一年出版、由已故的威
廉·哈里斯·阿诺德编写的《书籍、尺牍交易账》。首先我必须说
明：阿诺德先生终其一生都不是多么有钱的人，他只是不管做任
何事都非常精明罢了。约莫在一八九五年前后，他下定决心要在
明确的规范（即，购买时必须考量财力许可）、前提（当他想脱手
时必须有利可图）之下，开始认真、有系统地购藏所有的古籍善
本；可是据他本人告诉我，他最大的获利其实是搜求过程之中所
得到的喜悦。他从按部就班研究各书店和拍卖会的目录入手；从
此他日以继夜埋首搜书且乐此不疲，这样子过了六年之后，就像
开始一样，他戛然歇手并一口气出清他的藏书："当然是透过拍卖
喽，要不然怎么晓得谁肯出最高价？"他之前买的都是英国和美
国出版的首版书，事后他将这一趟走来的结果编成两部极精彩的
书（如今皆已成为珍本），标题依序各是：《书籍、尺牍交易账》
和《（美国作家）首版书交易账》[39]，由牙买加的马里恩印书馆[40]
印行。那两部书由当时纽约的光鲜拍卖公司——班氏公司[41]经销，

分别在一九〇一年的冬春两季上市。我先前说过阿诺德先生绝顶精明：此言的确不假，不过，要是他当初没卖掉那批藏书（纵使过后没多久他便又开始买书藏书，而且这一回直到他过世都没再脱手），那他可就精明加三级了。我写这篇文章的时候，他的两部《交易账》就搁在案前。这两部书都是规规矩矩地将各拍卖目录复印下来，印得非常精美，朱墨套印的买价和黑色的拍卖成交价，以栏目对照，一笔一笔全部列得清清楚楚。如果您的太座哪天又数落您花钱买书连命也不要的时候，您不妨将这本书捧到她的面前，保证能教她立刻三缄其口、从此不再唠叨。您瞧瞧：阿诺德购买英国作家的书，总共花费 \$10,066.05——共卖得 \$19,743.50；从名单上随便挑一个美国作家，当初的买价是 \$3,508.16——卖价则是 \$7,363.17。光是获利总金额就高达 \$13,532.46 之谱，虽然他一开始并非着眼于搜罗之乐、亦无关厚植文化，而是以获利为初衷，然而其结局也确实够感天动地了。

这年头有不少公司大张旗鼓地为公债做广告（推销那玩意儿可不简单，因为大家连手边原有的都想拿去兑现），"保证让投资人二十年（或其他或长或短的期限）不虞亏损。"任何一名兢兢业业的书店商大可依样画葫芦，也拿同一句话来自夸，向老客人们保证绝不害他们亏本。没有其他勾当能像藏书之道如此稳当，鱼与熊掌皆能得兼。

阿诺德先生的书目乃依照姓氏字母顺序排列（恰如咱们美国许多目录的惯用编法），列在最前头的是 "W.L. 安德鲁斯[42] 著；《书籍装帧技艺史略》（*A Short Historical Sketch of the Art of Book Binding*）"当时他买那部书花了一块半，后来以三十四元卖出：真可谓开张大吉。列在《交易账》里的前九部都是"安德鲁斯"的书，全部花费加起来总共是九十一元，得款则高达三百九十元。"安德鲁斯"的书在当时可说试流行；换成今天，它们可就值不了那么多了——盖藏书和所有的事物一样，也是风水轮流转哪。阿诺德先生在济慈的书上头的投资表现也同样亮丽。一部有诗人亲笔落款——"致吾亲爱的乔万尼（Giovanni），期盼你的双目早日复原得以轻松愉快地展读此书"——的《济慈诗集》签赠本，他买的时候花了七十一元，卖掉时得款五百元；若是留到今天，它会值多少钱呢？就在我才刚刚写下前面这几句话的当儿，一部纸板原装、上头没有任何落款、"书背破裂，有局部缺损"的本子，昨天晚上在美国艺术协会举办的拍卖会上以惊人的三千三百元落槌成交，等到你读到这篇文章的时候，或许它的价格早就不晓得又飘到哪儿去了。阿诺德先生当初以二十八元买的小牛皮装帧《汤姆·琼斯》，则只以三十三元卖出；此乃因为那部书在当年还不算太稀罕，不过换在今天，开价五百元都不算过分。十八世纪文艺正逐渐受到它们应得的重视。

　　还有一部摩洛哥羊皮装帧、装前刷金[43]、"现知存世孤本"的哥尔斯密《荒村》（一七七〇年版），当时标明为"第二"版。明眼人一看就看得出来，那句"现知存世孤本"显然参考过怀斯[44]的说法——假使现在还能找得到那套价值连城的目录[45]的话，便能在里头发现版本一模一样的本子，我酌录几句怀斯目录的品目说明："首版，私家印行；该版本的来历至今仍存有疑点：倘若珀西主教[46]的注解可信的话，此书可能在一七六九年末即以小册子形式印行。此四开版本则迟至一七七〇年五月才又出现。至于十二开（高七英寸、宽四又二分之一英寸）的本子至今只能追查出五部存世。"想当然尔，当时怀斯手上那部八成是书口未裁的本子。阿诺德先生当初花了三十三元买到那件小玩意儿，后来卖了一百九十元。几年前我以三十英镑向伦敦某书商购得一部，而最近市场上有个本子还卖了四百五十元。阿诺德先生曾以大约十五元买到一部纸板原装、书口未裁的约翰生博士自藏本《词典》；后来以七十六元卖出；几年后我从 A. J. 鲍登手中买来的本子只花了三十八元。

一提到鲍登的名字，我的思绪一下子跳回到许多年前：此人生前是个非比寻常的厉害角色。他原籍英国，当年他做好万全的准备来到我国。他学富五车、记性过人且分毫不差，而且还具备雄心壮志、极其高明的手腕，不过他却有一个很要命的毛病：每回当你急着找他的时候，偏偏遍寻不着他的下落。虽然大家对于他的专业判断皆深信不疑，但是没有人敢（全然放心大胆地）委托他代为投标；因此他往往只能一个人唱独角戏——还屡屡唱得有声有色哩。

一部花五块钱买来的书，他只要花三两下工夫便能以五十元脱手掉，然后跑去喝一杯，接着继续再接再厉——我是指喝酒，不是作买卖。他最成功的一次出击是一八九〇年在费城，当我初识他的时候。那一年有一场华盛顿家族里头某名后代的家当拍卖会，品目包括一部玛莎·华盛顿[47]自用圣经。由于某些阴错阳差，目录上原本漏编了那部圣经，只好等到开拍时当场宣布：那部书也要列入拍卖，保留底价临时订为七百五十元。鲍登以七百五十元投出第一标，由于无其他人竞标，那部书于是便以底价落槌卖给他，所有在场的人都不禁莞尔窃笑，他见状便站起身并道出一番慷慨激昂的陈辞。他说：虽然身为英国人，但是他依稀犹记得华盛顿也曾经对祖国作出一番杰出贡献；他认为在场的其他书商好心肯将那部书留给他着实可歌可泣，让他得以一介英国人的身份，珍藏华盛顿家族的家用圣经，还说他估计那部书起码有五千元的价值！等到他离开拍卖场之前，现场争先恐后向要他买那部圣经的人已经喊价到一千八百元，但是他坚持低于五千绝对不卖——后来果然从芝加哥的 C. F. 贡特尔[48]手里赚到他开的价码。

我非常喜欢鲍登，我曾经接过他的许多来信，也向他买过不少书。他的眼光锐利独到，教人既无从批驳也毋庸置疑。乔治·D. 史密斯在霍氏藏品拍卖会上便曾经大量倚赖他的专业知识，史密斯在拍卖会进行中怂恿我去叫鲍登审慎下标，不过我觉得我不够格对他讲那种话。我最近一回见到他是在他去世前不久的某一天下午；我们先在第五大道碰头，然后一块儿沿街闲逛，他当时已经有点儿醉醺醺——吐出满腹牢骚——而我倒还好。我每思及这位书籍世界的老好人，总会想到他曾经驳斥某位道貌岸然的业界人士的一句话（那位老兄对他说：论长相、谈吐、甚至气味，他怎么看就怎么不像是个卖书的）"嘻，我说白兄[49]呀，"鲍登回嘴道，"你真想知道我怎会跑来干这一行？还不是他奶奶的那副假正经调调教我实在看不下去啦。"

眼见某件特殊的东西在各藏家之间辗转易手实在是一件颇有意思的事儿。我手边有一封很好玩的信，是当年哥尔斯密写给加里克的，信文提及他的《委屈求全》首度公演的情形。我和这封信的邂逅是若干年前在伦敦举行的那场名闻遐迩的莫里森手稿藏品拍卖会上。它后来从伦敦飘洋过海远渡巴黎，接到又回到伦敦，最后终于觅得现在的归宿——"橡树丘"藏书室，它这一回又会在我这待多久呢？[50]

我没打算要巨细靡遗地一一详述霍氏拍卖会之前在国内举行的每一场重要拍卖会，不过，追述一八六四年春天在纽约举行的约翰·艾伦拍卖会应该还蛮有意思的。艾伦原本预估他的书大约能卖个一万出头应该不成问题；结果一场拍卖下来，那批书的成交总额直逼三万八千元大关，虽然当时正值内战如火如荼期间，拍卖会进行中还因大街上兵荒马乱、鼓笛喧嚣而不得不被迫数度中断。那场拍卖会的重头戏是艾伦早些年昏了头（据其友人所言）以两百一十元重金购置的一部"艾略特圣经"；那部书在会中以八百二十五元成交，而他的基尔马诺克版《彭斯集》则卖得一百零六元。我还记得早些年到处都听得到人们津津乐道一八七九年三月举行的乔治·布林利藏品拍卖会，我当时还在波特-科茨书店的文具部门工作（由于老板认为我没有慧根，所以老是进不了图书部）。那场拍

Dear Sir

I ask you many pardons for the trouble I gave
you of yesterday. Upon more mature deliberation
and the advice of a sensible friend I begin to
think it indelicate in me to throw upon you the
odium of confirming Mr. Colman's sentence. I therefore
request you will send my play by my servant
back, for having been assured of having it acted at
the other house, tho' I confess yours in every respect
more to my wish, yet it would be folly in me to
forego an advantage which lies in my power of
appealing from Mr. Colman's opinion to the judgement
of the town. I entreat if not too late, you will keep
this affair a secret for some time. I am Dear Sir
your very humble servant
Oliver Goldsmith.

■ 一封有意思的信——哥尔斯密写给加里克，提及《委屈求全》首度公演的事宜

卖会共拍卖两千七百件品目，总成交金额高达五万元；光想想那些书若是在今天能卖好几百万元就够教人口水直流了。其中大多数都是美洲学的书，否则也不可能会受到那么多的青睐。

话说回来，一九一一年四月二十四日由安德森艺廊举办的霍氏藏品拍卖会该算是纪录保持者了——但随时都有被取代的可能。亨利·E. 亨廷顿先生就是靠那场拍卖会一炮而红，跃升成为全球首屈一指的藏书名家。当时乔治·D. 史密斯先生的名声正如日中天，而罗森巴赫先生则仍名不见经传。在座无虚席的拍卖大厅里，乔治

稳坐在最前面一排座椅，身旁就是亨廷顿先生，鲍登则是挨着另一边；哈里·威德纳和我就坐在他们几位的后头。亨廷顿先生曾经告诉我：他已在西岸城市买下几块面积广大的房地产，不远处动土施工的大型火车站也是由他投资兴建；只要哪儿有"地皮"出售，他便不计代价买下来——绝不啰唆。他在霍氏拍卖会上大手笔买书的恢宏气势也如出一辙，而他当时付出的那几笔价码，现在看起来简直低得离谱。

我在国内、国外参加过许多拍卖会，其中我最最喜欢的还是纽约拍卖场的气氛而非伦敦拍卖场。凡是重要的拍卖会，不管由安德森艺廊抑或美国艺术协会举办，都是一桩大事；那些拍卖会通常都在晚餐时间过后开始，一大群人身穿体面晚礼服、携带女伴前来参加。三四十位书商们，表面上似乎互相都已经事先谈妥了，但其实台面下的较劲非常激烈。他们的同行情谊纯粹只是表面工夫：人家可全是为了买书才上那儿去的。反观伦敦的拍卖会，会场的布置摆设似乎就和那些常去光顾的人一样——全是一副寒酸模样：那儿虽然看不到呼朋引伴的虚伪客套、连寒暄问暖的表面热络也没有，不过每次的落槌成交却（极有）可能是大家事先套好招的拍卖形式——全然是咱们国人压根搞不明白的诡计。成交流程简直不堪闻问（也鲜少有人去闻问）；乡下的拍卖会全都是那么干的；在伦敦举行的重要拍卖会亦屡见不鲜。

拍卖会以如此行礼如仪的方式运作。一群共同参与拍卖会多年、彼此间互相熟识的书商（或画商、家具商、银器商等等）齐聚会场，这个人包办某些特定等级的货、那个人包办另外某些特定等级的货，整场拍卖会便如此这般以此类推；现场丝毫嗅不出一丁点儿拼搏较劲的烟硝味儿。等台面上的拍卖会一结束，另一场旋即登场，这场拍卖会更教外人插不了手，各书商揽标下来的书籍这时重新洗牌转售，其价格则以高于原先的成交价，按照某种行之有年的行规分配给在场的人。常常会看到某人只要到会场转一圈便能平白赚到一大笔钱；他根本连一本书都甭买。而且，哪个不长眼的门外汉要是阴错阳差跑进拍卖会场插花，那些业者包准教他吃不完兜着走，如果他硬着头皮投标，就算他最后如愿得标，成交价格保证会令他这辈子只要一想起来就顿足捶胸。

屡屡可见某人越洋委托英国的大书商下标，事后却旋即在报纸上看到那部书以等同于或远低于他所投标的价格成交，他八成会对自己居然没能得标感到大惑不解。报纸上刊登的价格全是唬人的；其实在场外的交易中，那部书卖得的价格比他们所声称的成交价高出甚多，连拿那部书出来卖的人也被蒙在鼓里，他拿到的钱或许还不到整批藏书价值的一半[51]。霍氏遗产的处置权人之所以决定将他的大批藏书留在纽约进行拍卖，就是为了要避免可能发生的人为操作，要是哪个"有钱的美国佬"不信邪，偏偏要把藏书送往伦敦拍卖，大概就只能任凭宰割了，君不见一九〇七年由索斯比举办的范·安特卫普拍卖会就是个血淋淋的现成例子。

我的案前现在就摆着一册登记成交结果的范·安特卫普拍卖会目录，当书价纷纷蒸蒸日上且漫天要价的当儿，那批数量虽不多但件件皆属精品的藏书付之拍卖，只消稍微细读一下目录，便可看出当年那些书的下场有多么凄惨了。里头有一部签赠本《济慈诗集》只卖了九英镑（阿诺德曾以七十一元购得一个本子，六年前以五百元脱手卖出）；而弥尔顿的《科玛斯》居然还卖不到八百英镑（现在的行情高达两万五千元）！一定有人会主张：只要大家从今天开始都老实行事，便能终结那种见不得人的运作方式，但是，英国长年陋习积重难返，要彻底根除唯有透过立法一途。此事现在倒是露出一线曙光。就在前几天，达林勋爵[52]（就是咱们多年来很耳熟的"达林青天大人（Mr. Justice Darling）"）才刚刚提出一项法案送交议会审议，计划订定法条明确禁止任何回避公开竞标的私下交易协

◎查尔斯·达林，Leslie Ward（Spy）绘

商，而会后一切台面下的书籍买卖均属违法，所有参与该交易的人也将被课以最高一百英镑的罚锾或处六个月的刑期（情节重大者可两罚并施）。在审议法案的过程中，某位拍卖商同业公会的代表出面陈情，声称该项暗盘交易形式乃众多行业普遍采行的商业行为，拍卖商很难自外于主流云云。他毫不讳言：要禁绝业者私下买卖着实有其困难，若通过该法案势必会相当程度抑制圈内的经济活力。当然啦，对私下交易勾当最深恶痛绝的莫过于拍卖商自己了，因为他们的获利端赖商品（不管是什么商品）的售出价格高低而定。场外拍卖的习惯乃源自古老的行会（guild）或同业公会约定俗成的行规：若没在业界长久打滚混迹，就甭想进来分一杯羹。

拍卖场上的传奇始终无人形诸笔墨，未来八成也不容易看得到；那里头有太多诡谲刺激直教人无从招架；恐怕连《斗篷女内莉》[53] 也要相形失色。无价珍品卖不了几个子儿——当然，不是每每如此，只是偶尔。不久前在伦敦举行的一场重要的拍卖会上，查令十字路的约瑟夫花了三英镑标到一扎乐谱，后来以二十五英镑转售给吉尔德福德（Guildford）的索普。谁会料到那叠玩意儿里头居然夹着一册雪莱的大作——《玛格丽特·尼科尔森遗稿残篇》[54]？当然没有人料得到，可是它偏偏就躲在那儿，经过数度易手，短短几个星期之后，加布里埃尔·韦尔斯在纽约以八千元脱手。

难不成是某个拍卖公司内部的员工手脚不干净，心知肚明那件宝贝的真正价值，先偷偷将它"塞入"整落看起来毫无价值的乐谱里头，再内神通外鬼让某个事前串通好的人不费吹灰之力以低价得标？我希望实情并非如此，不过那起事件毕竟惹出极大的风波，害得法院巷的"霍奇森先生父子公司"[55] 不得不赶紧投书到《书客杂志》极力撇清关系，严正声明该公司完全没有经手过那件东西。

在国内参加拍卖会有三条路可走。你可以自行投标——此举风险颇高，因为一旦碰到某件抢手的东西，整个拍卖场里头每个人都会想尽办法将你除之而后快。或者你也可以委托主办单位代你下标——这个做法也很蠢。我最近听说某场拍卖会上就发生这么一桩蠢事。那场拍卖会的目录上有四本版本相同但编号各自独立的书。我的一位朋友将投标权交给拍卖公司，并告知对方……姑且就说八块钱好了，他打算以八元为上限标购第三本；结果一开出来，第一本卖了三元；第二本卖了两块半；第三本八元；第四本则又以三元决标。我的朋友还为此写信去兴师问罪，拍卖公司回了他一封信，开门见山就告诉他：何以会出现这种巧合，他们也说不上来。光用膝盖想也知道嘛。

第三条路（也是最好的途径）便是找一位可靠的书商代你投标。不过这说起来容易，实际执行可没那么简单：得同时动用脑筋和胆识才能行得通。你必须先打准主意，挑一个最有得标相的书商；然后上门告诉他"帮我买下某某书"而你打算最高出到什么价格。打这儿起就得运用一点儿技巧了：那位书商或许会说："用这个价钱买到应该不成问题。"或者（当其他顾客已经向他开出更高的价码）他会明白告诉你："想用那个数字去买八成没指望。"或者，他会很干脆地满口答应："放心交给我来办吧。"或者，他会说……天晓得他会说啥，反正什么情况都可能发生。拍卖会这勾当活像天气——教人摸不准。股票市场要是大涨，绩优股一定也会跟着上扬；如果股市低迷或暴跌（这种事也不是没发生过），股价亦必然会随之下跌（少数几档不管什么时候都差不了多少的牛皮股除外）。最好的情形不外乎你不仅挑对了投标代理人，事后也没赖掉该付给人家的一成佣金。我经常看到有人因为挑错书商而平白让白花花的钞票就那么飞了；我还看过某人为了省下那一万元佣金，眼睁睁将《古登堡圣经》拱手让人。这事发生在安德森艺廊，时间是一九二六年二月十五日"约莫晚间十点半"。

那是历史性的一刻。话说R.B.亚当藏品拍卖会头一场的压轴好戏正要上场，此时整个拍卖大厅万头攒动、水泄不通；大家都睁大眼睛等着，要亲眼目睹某位大户将不惜以天价标下那部大名鼎鼎的书 [56]（他打算拿去敬献给圣约翰大教堂 [Cathedral of St. John the Devine]）。结果他的顶礼供养宏愿终究没能达成。怎么搞的？某位顶精明的藏书家曾经自罗森巴赫博士手中购得一部，花了大约六万五千元——真是便宜得没话说。没有人晓得当天是否有人委托罗博士代为投标，不过我倒是很笃定他铁定会（不计代价）出手抢标。这时，那部书终于在众目睽睽之下隆重登场；台上的肯纳利先生先扼要地讲了几句开场白——对那部书实在用不着太多废话。那部书以五万元起标。"小罗"按兵不动，场上只见加布里埃尔·韦尔斯和那位"大户"（请容我在此姑隐其名，仅以他的大名字母缩写"C. R. M."称之）捉对厮杀。韦尔斯在七万五大关前败下阵来，C. R. M. 还以为他投出七万六千元已经稳操胜券了呢，怎料罗博士尊口一开就是："八万。"那口气仿佛周告在场所有的人："大家甭玩了。"C.R.M. 见状仍不肯服输，再喊出八万五。拍卖场风云再起，价格就那么两千、五千地继续往上飙，最后罗博士使出撒手锏：十万六千元。竞标才总算就此打住。C.R.M. 就那么硬生生被打落凡间与我为伍——都无缘一亲该书芳泽。

　　当台上响起落槌声的那一刻，整个拍卖大厅也旋即骚动起来。从来没有任何一部书能卖到那么高的价码；罗博士究竟是纯粹为他自己买的，还是他早就找好了买主？大伙儿东猜西想莫衷一是，结果所有人（一如往常）全猜错了。过了几天之后，安杰尔 [57] 校长宣布：哈克尼斯太太慷慨捐赠《古登堡圣经》乙部，令耶鲁大学图书馆从此蓬荜生辉。罗博士完全凭借平日料事如神的本事下标。他没拿半毛钱佣金；当时哈克尼斯太太也还远在加州呢；但是罗博士即刻拍了一封电报通知她得标结果，就在硝烟犹未止息之际，那部书早已银货两讫了。C.R.M. 当初若不斤斤计较那区区一成佣金，乖乖地将投标权交给罗博士，那部书必然十拿九稳，甚至只花七万五到八万元之间的价码就入袋了哩。这就是一桩不会投标的惨痛教训。

近年来，许多人纷纷着了魔似地热中搜罗巴顿·格威纳特[58]的签名，此人乃《独立宣言》的联署人之一。搜集"联署签名"的人比其他收藏家更加艰辛；他们必须上穷碧落下黄泉苦苦追寻巴顿·格威纳特，才能够凑齐完整的"联署签名"收藏。格威纳特当年自英渡海来美、在佐治亚落脚、以经商维生。一七七〇年他买了一块农地，改行务农度日。他在殖民者圈子内颇为活跃，还被推举为"立法委员"，甚至当上代表，出席"大陆议会"[59]并参与签订《独立宣言》。当他忙着革命抗暴大业的时候，他的田产被英军没收并且惨遭捣毁殆尽，不过直到一七七七年他才真正倒了大楣。他原本心存野心，想在军中谋个参谋将军的官衔，不料横遭一个姓麦金托什[60]的军官从中作梗：他从此视麦金托什为不共戴天的寇雠，还下了战帖要和姓麦的一决生死，一七七七年五月十五日清晨两人相约决斗。结果两个人双双中枪挂彩；麦金托什后来康复生还，但格威纳特却伤重不治白白丢掉一条小命——享年四十有五。

为何格威纳特的签名会如此稀罕？这是美国史上难解的悬案之一。照理说，格威纳特在我国居住十二年以上；何况他还做过买卖，一定签过许多文件、收据和一大堆拉拉杂杂的东西，更甭提他肯定也写过信，可是直到目前为止，他的签名只出土四十枚，而且其中只有一枚仍附在完整的信函上。最清楚这整件事情的人非罗博士莫属。一九二四年十一月，著名的托马斯（Thomas）藏品拍卖会在费城举行，当罗博士一举打破纪录，以一万四千元标得那枚令人费解的签名的时候，我就坐在他的身旁。当我正打算开口恭贺他又买到一件好东西时，他对我说："其实我在纽约的店里头还有一枚格威纳特签名，我原本开价一万元。愿不愿意帮我一个忙？你去打电话告诉大家，现在不管多少钱我都不卖了。打从这会儿起，我

◎ 纽约安德森艺廊举办的拍卖会，左侧倒数第二排两名回头看镜头的与会者即罗森巴赫与纽顿（原载罗森巴赫《书与竞标客》）

要开价两万元。"他后来果真开出那个价码，还真的让他给卖成了，若干年后他又花了两万二买到另一枚[61]（马迪根[62]当场以些微差距败阵饮恨）。十年前当曼宁（Manning）上校花费四千六百元买下一枚格威纳特签名的时候，大家还笑他简直头壳坏掉，时至今日，专家们皆异口同声：今后五年之内，那玩意儿就算开价五万元都算便宜。一大群人殚思竭虑、破费伤财只为凑齐"联署签名"，首版莎士比亚或其他一大堆玩意儿还不是照样凑不齐？"联署签名"的价格之所以能够居高不下——正因为其中独独缺了格威纳特的签名。我自己早就看开了，与其汲汲营营搜求能补齐收藏的东西，还不如回头认真过日子。我没有任何收藏能凑得齐。我应该开心自己能拥有"一八六五年版《艾丽丝》[63]"，就算无缘购藏，我也该以手上有"一九〇三年版《君王豪杰》[64]"或哥尔斯密亲笔信函或《金银岛》地图而感到心满意足了。对于荤素不忌、来者不拒的收藏者来说，其他刺激兴奋的玩意儿还多的是。

任何一场盛大的拍卖会一结束，一大堆生意人（不管经营哪一行）恐怕就有得手忙脚乱了。大家纷纷走告：前一晚哪件东西的价码又创了如何新高。有道是：女人稍加犹疑嫁不到郎，男人脚步略慢全盘皆输⁶⁵。

　　以上这篇文章写好之后闲置多年；我在文中所提及的每一笔成交价格，如今看起来都实在很驴，依此类推，今天的价格再过个几年再看也会很蠢。这全是供需法则从中作祟——需求不断增加而供给却日益减少——所致。才不过几年光景，我们便看到巴顿·格威纳特的一枚签名攀上五万一千元的高价！就在几个星期前，罗博士（在伦敦）花了一万四千四百英镑买下《艾丽丝》手稿，当时立刻引发英国人群情激愤。他们大声疾呼："那批手稿绝对不能离开英国。"于是乎，小罗便以原价卖给该国政府，还允诺另外再捐赠一千英镑！小罗真是好说话！他简直就是当今全世界最了不起的书商；虽然我大可指证历历，但是我宁可套一句约翰生博士说过的话："吾宁要毋需证明的说法。"（"I expect some statement to be accepted without proof."）当然啦，他的死对头们肯定不会同意。

　　一九二五年四月，乔治·巴尔·麦卡岑⁶⁶脱售他所收藏的哈代、吉卜林、史蒂文森精品。近来市面上几乎看不到任何哈代的好东西流通了，如今此位维多利亚时代的伟人葬在西敏寺诗人墓园（Poet's Corner of Westminster Abbey）的尸骨俱已成灰，再费神推敲哪件好东西价值如何皆无多大用处，但是在所有的哈代作品之中，有两部或许堪称他的重要作品与扛鼎之作。前者是哈代的处女作《孤注一掷》，出版于一八七一年、鲜红色布面装帧，约翰·C.埃克尔提及该书时，曾经表示："今日欲觅得书品尚可的本子几近无望，寻常可见的本子则往往经过大刀阔斧的整饬。封面污损、更别提衬页遭到拆换、书脊经过修复、强化，皆为现今可见之三卷本寻常样貌。多年以来，在我国拍卖场上唯一出现的《孤注一掷》乃

■哈代《孤注一掷》
首版书名页

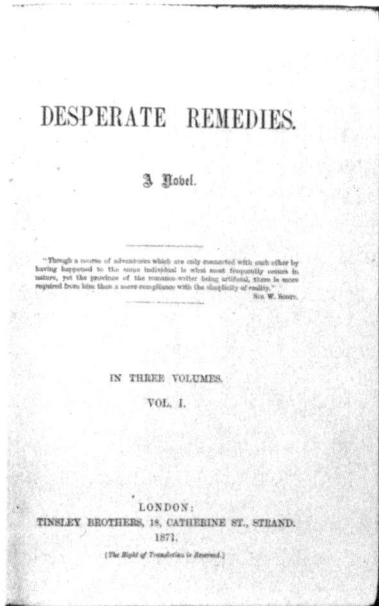

DESPERATE REMEDIES.

A Novel.

"Through a course of adventures which are only connected with each other by having happened to the same individual is what most frequently occurs in nature, yet the province of the romance-writer being artificial, there is more required from him than a mere compliance with the simplicity of reality."
Sir W. Scott.

IN THREE VOLUMES.

VOL. I.

LONDON:
TINSLEY BROTHERS, 18, CATHERINE ST., STRAND.
1871.

[The Right of Translation is Reserved.]

麦卡岑所藏善本。该本'附贴'[67]了两封作者写的信，其中一封如此写道：'最初几册乃原以绿色布面装帧，于一八七一年复活节前后发行。该版本几乎无人问津……我认为，剩余印张以其他颜色装帧是为了让此书能重获生机。'"直到目前为止，还没有人看过绿色布面装帧的本子。拍卖会上那部三卷本后来以二千一百美金成交。某西部书商最近开价二千七百五十美元兜售一个本子，而纽约的甘农[68]最近才刚刚卖给保罗·海德·邦纳[69]一部善本，据悉索价超过四千美金，其实那部书有值一万美元的潜力。

■《君王豪杰》书名页

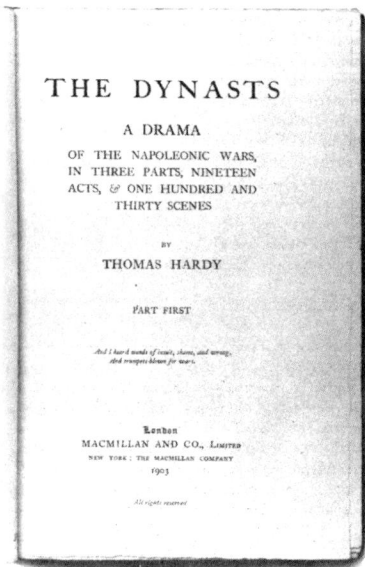

THE DYNASTS

A DRAMA
OF THE NAPOLEONIC WARS,
IN THREE PARTS, NINETEEN
ACTS, & ONE HUNDRED AND
THIRTY SCENES

BY
THOMAS HARDY

PART FIRST

And I heard words of insult, shame, and wrong,
dark trumpets blown for wars.

London
MACMILLAN AND CO., Limited
NEW YORK : THE MACMILLAN COMPANY
1903

All rights reserved

至于哈代的扛鼎之作则是《君王豪杰》。普遍认定为首版的第一卷虽然标明一九〇四年印制，但是少数（极少数）几个本子上头的出版日期则是一九〇三年。麦卡岑藏本就是印着一九〇三年的本子，而且那个本子里还有签赠题词："托马斯·哈代敬呈阿尔杰农·C.斯温伯恩"。一年前，罗森巴赫博士以两千一百元帮我的朋友兼竞争对手巴顿·W.柯里[70]标下一部没有落款的本子。直至今日，那个本子的价码或许也能赶上极佳的签赠本（好比麦卡岑的本子），达一万元之谱。

早在三十年前我便开始搜集哈代的作品，当时只要花十或十五元就能买得到签赠本呢！不过这就算是给上了岁数的老头儿一丁点儿补偿罢。

至于吉卜林，我们就更万无一失了。就在前不久（一九二八年一月十六日），纽约的美国艺术协会举办了一场吉卜林藏品拍卖会，会中屡创令人啧啧称奇的成交价——话说回来，有哪笔成交价不令人啧啧称奇的呢。那场拍卖会上没看到《史密斯当局》[71]的踪影，但是几个星期前有个本子卖了一万四千元，再往前推一年，我的朋友埃利斯·艾姆斯·巴拉德只花四千六百元便买得一部。我听说巴拉德的藏书之精在国内，甚至英国都无人能出其右。

假使凭借过往的经验（要不然还能凭借什么呢？）便能断言未来情势的话，我们不难得出一个推论：书本这玩意儿，似乎随时都能迅速脱手（不管是透过拍卖会或其他任何方式），何况好书永远不嫌"重复"。我自己就曾因一时失察卖掉几本书——几年前在纽约的"落难藏书家"藏品拍卖会上，虽然为我赚进一笔还算不少的金钱，但是每回只要一想起那些书从此海角天涯各一方，我心里头就难过。说真格的，中意的书至少都得摆两部在书架上，这样子才够资格称自己为正港藏书家。英国大藏书家希伯[72]生前坚决主张每部书都不可少于三部，但我老觉得那样子稍嫌过火了点。

【译注】

1 "买家须知"（caveat emptor）：商业买卖用语。此拉丁文警语（或英文"let the buyer beware"）常出现在拍卖目录前，敬告买家须先留意拍卖品条件、状况，一旦购买，责任自负，也可解为：出价无悔大丈夫。

2 "There are tricks in all trades."：意大利古谚。

3 《十七世纪英国书籍拍卖会》（*Book Auctions in England in the Seventeenth Century [1676—1700] with a Chronological List of the Auctions of the Period*），约翰·劳勒著，一八九八年伦敦 Elliot Stock 出版。

4 小不列颠（Little Britain）：位于伦敦城内的蜿蜒狭小巷弄街区。名称来自十六世纪前世代在此落户的布列塔尼公爵（Dukes Brittany）氏族。约莫一五七五年至一七二五年期间，此处曾是许多书商聚集的区域。多塞特伯爵（Earl Dorset, Thomas Sackville, 1536—1608）曾在此地逛书店时发现《失乐园》，书铺老板告以该书根本卖不出去，还求求多塞特伯爵帮忙拿去扔掉；弥尔顿本人于一六六二年亦曾居住此地；一七一二年，三岁的约翰生博士被家人带到伦敦时便借宿在书商 Nicholson 住处；本杰明·富兰克林一七二四年亦曾住在此地；另有许多名人都和此地沾带或深或浅的关联。小不列颠或鹈鹕巷（Pelican Court）现在均已沧海桑田不复可见。

5 拉扎勒斯·西曼（Lazarus Seaman, ?—1675）：十七世纪英国神学家。目前有记录可考的最早一场在英国境内举办的书籍拍卖会是一六七六年十月三十一日起一连八天的拉扎勒斯·西曼藏品拍卖会（由书商威廉·库珀在伦敦举行）。

6 约翰·艾略特（John Eliot, 1604—1690）：十七世纪美洲殖民地传教士。参见第一卷Ⅲ译注 74。

◎约翰·艾略特

7 爱德华·米林顿（Edward Millington, ?—1703）：十七世纪英国书商。

8 约翰·邓顿（John A. Dunton, 1659—1733）：英国出版商、书商。十五岁起在 Thomas Parkhurst 的书店当学徒，一六八四年自行创业；一六九一年至一六九七年印行《雅典人周刊》（*Athenian Gazette*，后来更名为 *Athenian Mercury*）。其自传《约翰·邓顿不堪回首的一生》（*The Life and Errors of John Dunton*, 1705）写成于约一七〇三年。

◎ 约翰·邓顿自画像（1705）

9 克莱蒙·肖特（Clement King Shorter, 1857—1926）：英国记者、文学评论家。一八九三年至一九〇〇年参与《札记》（*Sketch*）编务；一九〇〇年至一九二六年担任《天下事》编辑。他的文史论著包括《夏洛蒂·勃朗特交游录》（*Charlotte Brontë and her Circle*, 1896）、《维多利亚文艺六十年》（*Sixty Years of Victorian Literature*, 1897）、《拿破仑的旅伴》（*Napoleon's Fellow Travellers*, 1909）等。

10 《天下事》（*Sphere*）：英国时事期刊。以印刷精美、报道翔实著称，发行于一九〇〇年至一九六四年。此刊物对于"欧洲大战"（"the Great European War"，即第一次世界大战）的图文记述被大英图书馆视为重要史料。

11 闺名伊丽莎白·安斯利（Elizabeth M. Annesley, 1657—?）。

12 安德鲁·米勒（Andrew Millar, 1707—1768）：十八世纪英国出版商。一七二九年在伦敦河滨道开业，除了出版之外还兼营零售。米勒本人的文学品味并不算高深，但是他善于雇用具备文学长才的员工，更不吝于付出优于当时行情的稿酬购买秀异文稿。"我佩服米勒，"约翰生博士尝曰，"他提升了文学的价码。"（见《约翰生传》，一七五五年五月段）。米勒以一百零五英镑向汤姆逊买下《四季诗咏》（参见第一卷 I 译注 128）；一百英镑买菲尔丁的《汤姆·琼斯》；一千英镑买《阿米莉娅》（*Amelia*）；他同时也是助印约翰生英语词典的共同出资书商之一，他本人亦负责该书的印务，一路监督印刷流程直至全书大功告成。

13　托珀姆·博克莱尔（Topham Beauclerk, 1739—1780）：十八世纪英国学者、约翰生的至友。

14　此目录列于纽顿殁后的藏书拍卖会的目录中：《博克莱尔藏书》（*Bibliotheca Beauclerkiana*,
　　A Catalogue of the Large and Valuable Library of the late Honourable Topham Beauclerk），
　　一七八一年伦敦出版。

◎ 托珀姆·博克莱尔, Francis Cotes 绘 (1756)

15　内尔·格温（Nell Gwyn, 1650—1687）：英国女伶。出生于赫里福德（Hereford），本名为埃莉诺（Eleanor），幼年时在伦敦德鲁里巷的皇家剧院一带叫卖柑橘。演员查尔斯·哈特（Charles Hart）将她纳为情妇，并安排她于一六四四年首度登台。由于唱作俱佳且舞姿曼妙，她成为当时颇受欢迎的演员。约一六六七年她成为多塞特（Dorset）伯爵六世查尔斯·萨克维尔（Charles Sackville）的情妇，一年多后又成为国王查理二世的情妇。她为查理二世产下二子，由于忠于国王，查理二世去世（一六八五年）前还嘱咐继位的弟弟詹姆斯二世："别让可怜的内尔受罪挨饿。"于是直到去世前她都过着优渥的日子。

◎ 内尔·格温, Simon Verelst 绘 (约 1680)

16　贝内特·兰登（Bennet Langton, 1737—1801）：十八世纪英国学者、约翰生之友。于牛津大学三一学院求学期间与博克莱尔结为好友。他与约翰生博士的友谊亦十分坚实，一七八八年继约翰生之后成为皇家学院的古典学者。

17　指某日半夜，带有几分醉意的博克莱尔与兰登晃到约翰生家将他吵醒，然后三人结伴在伦敦城内彻夜游荡的一段放浪形骸经历。

18　科芬园（Covent Garden）：昔时伦敦的花果菜蔬的集散批发市场。今日市场规模稍减，成为著名购物商圈及观光景点。

19　主教（Bishop）：一种调和辛辣香料和甜酒（通常使用产于葡萄牙东北部的波特酒）的烈酒。约翰生嗜饮的酒类饮料。

20　纽顿此处的记述与鲍斯威尔原书略有出入，根据《约翰生传》的记载：三人游河之后，兰登因先前已与几位年轻女士约好共进早餐，便一人先行离去，反倒是约翰生与博克莱尔玩兴犹浓，约翰生眼见兰登存心掉队便将他训了一顿。而兰登前去会晤的并非真如约翰生所称"不三不四的蠢姑娘"（wretched un-idea'd girls），这应该只是约翰生心有不甘之余的气话。后来，加里克知悉三人在外头厮混一整晚，立刻对约翰生说："吾耳闻汝等一行人竟夜冶游。此事恐会登上《纪事报》无疑。"针对此事，约翰生事后郑重其事推得一干二净："渠必不至于此。盖其太座绝不会批准也。"（"He durst not do such a thing. His wife would not let him!"——约翰生常常以第三人称指自己。）见《约翰生传》（一七五二年段）。

◎ 奥格尔索普在约翰生藏书拍卖会上聚精会神的模样, Samuel Ireland (? — 1800) 版刻 (1785)

21　语出约翰生于一七八○年四月八日写给鲍斯威尔的信。见《约翰生传》。

22　詹姆斯·爱德华·奥格尔索普（James Edward Oglethorpe, 1696—1785）：十八世纪英国军官、政客、美洲佐治亚殖民地设立者。一七三二年他伙同其他英国移民，获准在佐治亚建立殖民地，由于他在当地禁止蓄奴而引发广大民怨。一七四三年他返回英国，成为国会议员。奥格尔索普是约翰生晚年旧识，曾亲自参加二月十八日那场拍卖会；奥格尔索普本人于四个月后逝世。

◎ 塞缪尔·莱森斯，William Daniell 绘

23 塞缪尔·莱森斯（Samuel Lysons，1763—1819）：英国古典学者、收藏家。

24 指一九二五年纽顿商借艾沙姆藏本（——注明成交价、得标者的目录），委托书商复刻出版（限量印行二百五十部）的《约翰生博士藏书拍卖会目录》（*Sale Catalogue of Dr. Johnson's Library*，New York: Edmond Byrne Hackett）用以分赠友人。书后附一篇纽顿的介绍专文（长达十一页）。

25 拉尔夫·艾沙姆（Ralph Heyward Isham，1890—1955）：美国金融家、收藏家。艾沙姆于一九二七年费尽心力、不顾家族反对声浪，斥资购入整批鲍斯威尔相关历史文件，随后委交母校耶鲁大学，由 Frederick A. Pottle 等人编成许多册"耶鲁版私藏史料"（Yale Editions of the Private Papers）。

26 泰蒂（Tetty）：指约翰生夫人伊丽莎白（Elizabeth，1689—1752，原姓 Jervis）。伊丽莎白原适绸缎商人亨利·波特（Henry Porter），两人育有二子一女，约翰生博士于一七三三年在伯明翰结识波特夫妻。波特死后不久，约翰生便于一七三五年（当时他二十五岁）迎娶大他二十多岁的伊丽莎白进门，他的朋友们背地里形容她为"犹卖风韵的半老徐娘"（"antiquated coquette"）。对于这桩在当时颇惊世骇俗的老少配，托珀姆·博克莱尔（参见译注 13）曾捉狭地模仿约翰生的语气说："阁下，此乃一桩心心相印、两情相悦之爱情结合也（a love match 'on both sides'）。"（见《约翰生传》，一七三五年段）。但两人婚后感情至深，约翰生照顾波特母女无微不至。伊丽莎白去世时，约翰生哀恸逾恒。约翰生对伊丽莎白一往情深，屡屡以自创的小名"泰蒂"或"泰西"（Tetsey）昵称伊丽莎白（盖伊丽莎白的惯用昵称应为"贝蒂"或"贝西"），相对身材壮硕、老近半百、又抽烟又酗酒的伊丽莎白着实唐突，此肉麻行径常被当时在约翰生私塾受教的学生引为笑柄（见《约翰生传》，一七三六年段）。

27 《忧郁之剖析》（*The Anatomy of Melancholy*，*What it is. With all the Kindes，Causes，Symptomes，Prognostickes，and severall Cures of it. Philosophically，medicinally，Historically，open and cut up*）：十七世纪英国学者罗伯特·伯顿（Robert Burton，1577—1640）的哲学论著。一六二一年牛津首版。

◎ 首版《忧郁之剖析》书名页

28 鲍斯威尔曾在《约翰生传》中描述："他（约翰生）尝曰：伯顿《忧郁之剖析》乃是唯一曾经令他违逆己愿，提前一个时辰振作起身的书。"（"Burton's Anatomy of Melancholy, he said, was the only book that ever took him out of bed two hours sooner than he wished to rise."）见《约翰生传》（一七七〇年段）。但纽顿则在"伯顿《剖析》拉杂谈"（"Burton's 'Antomy' and Other"，原为《蝴蝶页》第九章，译本未收）中直言："唯有此书能令人违逆己愿，提前一个时辰昏沉入睡。"

29 语出莱斯利·斯蒂芬（参见第一卷 I 译注 4）《英国文人列传》系列中的《塞缪尔·约翰生卷》第一章"童年暨早年时期"："他嗜书极婪。生吞活剥其精髓，而非拘泥于按部就班。"（"He gorged books. He tore the hearts out of them，but did not study systematically."）

30 以藏书的观点来说，约翰生可说是极度糟蹋书籍（用力翻页以致书脊断折、随手将书扔掷在地板上）。约翰生曾对鲍斯威尔表示他苦于无人愿意提供善本供他校雠研究，鲍斯威尔坦白

告诉他：大家（鲍斯威尔特别以加里克为例说明）原本很欢迎博士能够大驾光临、使用他们的藏书，但是一想到他对待书本如此粗鲁且漫不经心，才不敢将手上的好书借给他（见《约翰生传》，一七七二年段）。

31 "拍卖场现形记"（"What Am I Bid? Said the Auctioneer"）：一九三六年宾夕法尼亚大学以"罗森巴赫版本学基金会（Rosenbach Fellow in Bibliography，一九三〇年成立，首任会长为克里斯托弗·莫利）系列"为名，出版纽顿的演说讲稿"版本学与伪版本学"。书中收录三篇讲稿的题目分别为："版本学与'伪'版本学"（"Bibliography and pseudo-Bibliography"）、"书目面面观"（"Books Catalogues"）、"散文与散文家"（"Essay and Essayists"）。在"书目面面观"文后附了一首莫利的诗作，内容记述一九二〇年三月十五日安德森艺廊举行的拍卖会（Walter T. Wallace 藏品拍卖会，纽顿与莫利当时联袂参加）的情景；当一份济慈（写给 Fanny Brawne）的情书进行竞标时，莫利即席写下打油诗"拍卖场即景"（"In an Auction Room"）："How about this lot? / said the auctioneer; / One hundred, may I say, just for a start? / Between the plum-red curtains, drawn apart, / A written sheet was held…. And strange to hear / (Dealer, would I were steadfast as thou art) / The cold quick bids. Against you in the rear! / The crimson salon, in a glow more clear / Burned bloodlike purple as the poet's heart, // Song that outgrew the singer! Bitter Love / That broke the proud hot heart it held in thrall-- / Poor script, where still Prose tragic passions move-- / Eight hundred bid: fair warning: the last call: / The soul of Adonais, like a star.... / Sold for eight hundred dollars--Doctor R!)；另外，在《洋相百出话藏书》之中的"当仁不让何罪之有"，纽顿亦援引过这首诗。顺道一提：该批济慈情书流入市场的始作俑者是 Fanny Brawne 的儿子 Herbert Lindon，他在母亲死后将该批信函交付拍卖（索斯比，一八八五年）。当时亲莅拍卖会现场的王尔德也曾写下一首诗："目睹济慈情书付拍卖"（"On the sale by auction of Keats's love letters"）。

32 小詹姆斯·鲍斯威尔（James Boswell, Junior, 1778—1822）：詹姆斯·鲍斯威尔的四子。鲍斯威尔膝下育有三女（参见本章译注 34）四子，次子为 Alexander（1775—1822）。

33 约翰·威尔逊·克罗克（John Wilson Croker，1780—1857）：爱尔兰裔英国学者、评论家、政治家。一八〇七年至一八三二年担任国会议员，平日亦舞文弄墨，长期投稿《评论季刊》（*Quarterly Review*）；一八三一年精心编注《约翰生传》。

◎ 约翰·威尔逊·克罗克大理石半身像，Francis Chantrey 爵士（1781—1841）雕刻

34 鲍斯威尔的三个女儿，分别为 Veronica（1773—?）、Euphemia（1774—?）、Elizabeth（1780—1814）。

35 "刍议"（Plan）：指"英语词典编辑刍议"（Plan of a Dictionary of the English Language）。一七四五年至一七四六年间，约翰生博士的文学活动几乎完全停顿，一九四七年他决定编纂一部词典，当时听从书商建议，写成一份计划书题献给当时受朝廷宠信的切斯特菲尔德伯爵菲利普·多默（Philip Dormer, Earl Chesterfield，1694—1773），据约翰生对鲍斯威尔形容：此举无非"便宜行事"；编纂词典期间，切斯特菲尔德伯爵反应始终冷淡、未曾多加闻问，使约翰生颇为不悦；切斯特菲尔德伯爵虽然趁词典出版前夕在报刊撰文推荐，但已难清除两人芥蒂；约翰生甚至写了一封措辞优雅有礼但态度严峻的信，要"衮衮大人，毋庸溢美"。

36 鲍斯威尔的同名儿子（参见本章译注 32）。

37 约翰·默里（John Murray）：苏格兰裔英国著名出版世家。由约翰·默里（1737—?）创业于一七六八年，传衍七代（皆名"约翰·默里"）共两百三十四年。出版拜伦《哈罗德公子游记》（一八一六年出版，参见第二卷 I 译注 33）和其他许多作品的是第二代约翰·默里（1778—1843）。

38　纽顿在这篇文章中并未交待他后来花了多少钱购置那部《约翰生传》，据纽顿藏品拍卖会（一九四一年）目录所载，那个本子经默里配补雕版插图多达五百三十幅左右，使原本的两卷规模暴增为四卷本。除了原有鲍斯威尔致赠其子的题词之外，底下还有默里的落款（即纽顿所谓"白纸黑字的证明"）："购自罗兹氏（Rodds）目录第 503 号，一八三五年一月十三日，价二镑十先令，约翰·默里识"，同一页上还有理查·希伯（参见本章译注 72）的藏书印（印文为"Bibliotheca Heberiana"），在纽顿购藏之前，这个本子还曾由哈里·B. 史密斯（参见第一卷 XIII 译注 8）收藏过。

39　《（美国作家）首版书交易账》（*A Record of First Editions of Bryant*，*Emerson*，*Hawthorne*，*Holmes*，*Longfellow*，*Lowell*，*Thoreau*，*Whittier*，Collected by William Harris Arnold）：一九〇一年出版，限量一百二十部。

40　马里恩印书馆（Marion Press）：设籍于纽约州牙买加市的私人出版社。弗兰克·E. 霍普金斯（Frank E. Hopkins，1863—?）于一八九六年在牙买加自宅"红楼"（Red House）以其女儿之名创立。可参考由其后人编写的《马里恩印书馆研究及其出品一览》（*Merion Press*，*A Survey and a Checklist*. By Thomas，Amy Hopkins Larremore，New Castle，DE: Oak Knoll Books，1981，书目部分由 Joseph W. Rogers 编制）。

41　班氏公司（Messrs. Bangs and Company）：参见第一卷 III 译注 122。

42　即威廉·洛林·安德鲁斯（参见第一卷 II 译注 56）。

43　装前刷金（gilt on the rough）：书口未裁（参见第一卷 I 译注 93）的书，其刷金（参见第一卷 II 译注 65）的手续通常先于合订。等到将书叠缝缀组装完成后，其金口便会略呈不平整状（rough），而不像内页装订切齐书口再上金那么平滑。此种做法便称为"装前刷金"或简称"装前金"（rough gilt）。

44　即托马斯·詹姆斯·怀斯（参见第三卷 II 译注 13）。

45　指《阿什利藏书楼藏品目录：托马斯·J. 怀斯所藏印本书、稿本、亲笔信札》（*The Ashley Library Catalogue of Printed Books*，*Manuscripts and Autograph Letters collected by Tomas J. Wise*）十卷。一九二二年至一九三六年私家印行（限量二百部，不对外发行）。

46　珀西主教（Bishop Thomas Percy，1729—1811）：十八世纪英国神职人员、文学家。一七六五年编制《英文古诗残篇》（*Reliques of Ancient English Poetry*）三卷。与约翰生、哥尔斯密皆有交往。　◎ 珀西主教

47　玛莎·华盛顿（Martha Washington，1731—1802）：美国首位第一夫人。闺姓 Dandridge，一七五九年带着与先夫 Daniel Parke Custis 所生的两个孩子与乔治·华盛顿（George Washington，1729—1799）结婚。华盛顿夫人襄助夫婿革命事业甚力。　◎ 玛莎·华盛顿

48　C.F. 贡特尔（Charles Frederick Gunther，1837—1920）：德国裔芝加哥甜食商人、史料收藏家。

49　纽顿并没有点出那名书商究竟是何人，而是以"白（Blank）先生"姑隐其名，不无"空心大老倌"的双关意思。　◎ C.F. 贡特尔

50 这封由奥立佛·哥尔斯密写给戴维·加里克的亲笔信函原先在莫里森（Morrison）藏品拍卖会上被法国 Le Ganlois 的编辑兼社长阿瑟·梅耶（Arthur Mayer）标得；罗森巴赫后来在梅耶藏品拍卖会上买下；纽顿购入此函后，终其一生不曾外流、一直安居在"橡树丘"书房。

51 由于英国书籍买卖历史极为悠久，书商之间的流通亦早有一套稳定牢固的网络。相对于拍卖会这个"后生晚辈"，书商自然比较"老大"；虽然频频被纽顿斥为不光明磊落的"诡计"，其实就某方面而言，当时英国书籍拍卖的封闭形式并不无道理。由书商掌控拍卖会，可压低进货成本（因参与拍卖会的书商之间不会因相互疯狂竞标而令书价飙高），会后的场外交易则可安排某部书籍交到最适合的书商手里，至于不轻易让外人参与，则是要确保书商的生意渠道（让一般人买书皆须通过书商），这些措施都是着眼于书籍流通的效率（虽然对卖书与业外的人比较不公平）。而美国自建国（甚至早于建国）初期，以拍卖形式销售各种商品即已司空见惯，参与者自始即为一般民众，自然不易被书商完全把持。由于历史条件基础不同，因此两地的拍卖会在本质、形式上皆不一样。现今英国的拍卖会早已十分健全茁壮，早年那种完全封闭的形态也转趋开放（尤其大形拍卖会更不可能排斥外人参加），倒是日本古书界仍维持此种业内运作的方式，大部分古书拍卖会仍只开放给书商参与投标。

52 达林勋爵（Charles J. Darling，1849—1936）：英国法官。

53 《斗篷女内莉》（应为 Nellie, the Beautiful Cloak Model，纽顿原文误作 Nelly, the Beautiful Cloak Model）：一九二四年在美国上映的奇情电影。由 Emmett J. Flynn 执导。根据美国剧作家欧文·戴维斯（Owen Davis，1874—1956）一九〇六年发表的剧本改编。

◎《斗篷女内莉》剧照，右方为饰演内莉的 Claire Windsor

54 《玛格丽特·尼科尔森遗稿残篇》（The Posthumous Fragments of Margaret Nicholson; Being Poems Found Amongst the Papers of that Noted Female who Attempted the Life of the King in 1786）：雪莱与门生 Thomas Jefferson Hogg 于一八一〇年在牛津发表的叙事长诗（由玛格丽特·尼科尔森的外甥 John Fitzvictor 编辑）。玛格丽特·尼科尔森（1750—1828）原为女佣，因屡遭不幸导致心智扭曲，一七八六年八月，她混入欢迎国王回宫的人群之中，伺机行刺乔治三世不成，经枢密院（Privy Council）审理判决监禁。当时就读牛津大学的雪莱与托马斯·杰斐逊·霍格出版由尼科尔森的外甥 John Fitzvictor 编撰的此书。

55 "霍奇森先生父子公司"（Messrs. Hodgson and Son）：英国书商暨拍卖商。在伦敦开设文具书籍铺子的 Edmund Hodgson（1793—?），一八二六年与老字号书商 Robert Saunders（一八七〇年开业）合并，并于一八二八年取得经营权；一八六三年将店面迁至法院巷（Chancery Lane）115 号。一八六七年其子 Barnard Becket（1831—?）与 Henry Hill（1837—?）接掌生意；一九〇〇年再传给 Henry Hill 的儿子 John Edmund（1875—?）与 Sidney（1876—?）与。此行号于一九六七年被索斯比公司并购，但仍以"霍奇森厅"（Hodgso's Room）为名，在索斯比旗下延续其书籍拍卖业务。直到 Sidney 的儿子 Wilfrid（1915—2002，一九四七年入伙）于一九八一年退休，霍奇森家族的贩书事业才告终止。

56 参见本卷Ⅲ译注 5。

57 詹姆斯·罗兰德·安杰尔（James Rowland Angell，1869—1949）：耶鲁大学第十四任校长（任期一九二一年至一九三七年）。

58 巴顿·格威纳特（Button Gwinnett，1735—1777）：美国建国时期政治家。格威

◎詹姆斯·罗兰德·安杰尔

纳特的签名在古籍市场向来被视为珍品，一九七九年一封署名信函在纽约拍卖场
以十万美元成交，至一九八三年已增值为二十五万元。

◎ 巴顿·格威纳特

59　"大陆议会"（Continental Congress）：美国独立战争期间，由十三州推派代
　　表参与的过渡政体。一七七四年召开第一次大会，第二次则于一七七五年至
　　一七七六年间举行。一七七四年七月二日，此机构议决独立，两天后发表《独立宣言》成
　　立美利坚合众国。

60　拉克伦·麦金托什（Lachlan McIntosh，1725—1806）：美国建国时
　　期军官。原籍苏格兰。一七八四年参与大陆议会；一七七七年与
　　格威纳特决斗胜出。

◎ 拉克伦·麦金托什

61　罗森巴赫于一九二五年在安德森艺廊举办的拍卖会上以两万两千五百美元标下一纸包含格威
　　纳特签名的《独立宣言》；隔年又以两万八千五百美元向 Arthur W. Swann 夫人买到另一枚，
　　创下当时名人签名的成交价纪录。一九二七年三月十六日，他又在安德森艺廊的拍卖会买到
　　一封有格威纳特签名的一七七六年信函，这次花了五万一千元，罗森巴赫自述此事"简直乐
　　死我了"（"I was tickled to death."见《书与竞标客》）。

62　托马斯·F. 马迪根（Thomas F. Madigan，1891—1936）：专门经营手稿买卖的纽约著名书
　　商。按月发行《签名收藏快讯》（The Autograph Bulletin）；曾著《美国公众人物事典》（A
　　Biographical Index of American Public Men: A useful Hand-Book and Check List for Autograph
　　Collectors，Librarians，etc.，New York: 1916）、《伟人笔荫》（Word Shadows of the Great: The
　　Lure of Autograph Collecting，New York: Frederick A. Stokes，1930）以及其他数种关于名人签
　　名收藏的参考书与专著。

63　《艾丽丝梦游奇境》（Alice's Adventures in Wonderland）：英国作家刘易斯·卡罗尔（Lewis
　　Carroll，1832—1898，本名 Charles Lutwidge Dodgson）的童话作品。一八六五年初问世时的
　　书名是《艾丽丝地底漫游记》（Alice's Adventures Under Ground）。

64　《君王豪杰》（The Dynasts，An Epic-Drama of the War with Napoleon，I
　　three Parts，nineteen Acts and one hundred and thirty Scenes）：哈代的剧作。
　　全书共分三部，分别于一九〇三年（首刷本存世甚稀，以致一九〇四年
　　再刷本亦被当成首版对待）、一九〇六年、一九〇八年出版。

65　"The woman who hesitates is lost; the man who deliberates loses."：前一句出
　　自约瑟夫·艾迪生（Joseph Addison，1672—1719）一七一三年的剧作《加
　　图》（Cato），原句应是"The woman that deliberates is lost."后来引申成为
　　男、女都可适用的俚语。

◎ Sir John Tenniel 绘制的《艾丽丝梦游奇境》插图

66　乔治·巴尔·麦卡岑（George Barr McCutcheon，1866—1928）：美国文人、藏书
　　家、作家。麦卡岑藏品拍卖会由美国艺术协会主办，自一九二五年四月延续至
　　翌年。

◎ 乔治·巴尔·麦卡岑

67　"附贴"（"tipped-in"）：由于与内文运用不同的印刷方式，旧时书籍的插图往往
　　会另行印制，待装订时再一一贴入书页中。此做法称为"tipped-in"或"paste-in"。

68　威廉·甘农（William Gannon）：纽约书商。

69　保罗·海德·邦纳（Paul Hyde Bonner，1893—1968）：美国作家。

70　巴顿·W. 柯里（Barton W. Currie，1877—1962）：美国藏书家。曾在纽约许多报社担任记者，

后来参与《乡绅》（*Country Gentleman*）、《仕女居家月报》（参见本卷致谢词译注 2）、《大千世界》（参见第五卷 II 译注 1）等刊物的编辑工作，在写作圈交游甚广。受纽顿与罗森巴赫的影响开始涉足藏书。柯里藏书并不盲目追随其他藏书家，而是专注于自己喜欢的作家作品。他曾在自传《渔书生涯》（*Fishers of Books*）中自承他不顾纽顿、廷克等人的劝阻，对康拉德作品义无反顾并见机购入大批康拉德手稿。柯里晚年投入写作，较无暇兼顾藏书。其藏书于一九六三年五月七日由帕克—贝尼特公司拍卖，那批康拉德手稿的成交金额创下纪录。

71 《史密斯当局》（*The Smith Administration*）：吉卜林的短篇小说，一八九一年出版。

72 理查·希伯（Richard Heber，1773—1833）：十九世纪初英国极为活跃的藏书家。希伯曾对外公开表示："每位绅士庋藏的任何一部书都得储备三部，一部用来展示、一部专供翻读、一部则备以外借。"（"No gentleman can be without three copies of a book，one for show，one for use，and one for borrowers."）；因此他的藏书量迅速增长，据悉总量达十五万册以上，不得不分别储放在八幢不同的房子（地点则分布于英国与欧陆）；友人瓦尔特·司各特爵士（参见第一卷 IV 译注 14）曾赞誉他的藏书质量"超越全世界"（"superior to all others in the world"）。他死后藏书送交拍卖，单单储放在英国本土的部分就卖得五万六千英镑。

◆第五卷◆

蝴蝶页：文艺随笔

End Papers: Literary Recreations

1933

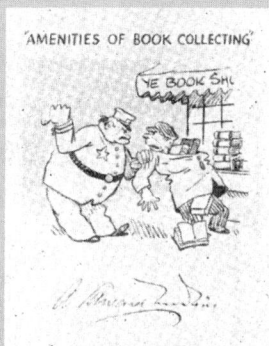

'AMENITIES OF BOOK COLLECTING'

◆ 纽顿自用藏书票之五 ◆

■ 乔扮成行猎高手的藏书家。H. J. 布拉泽斯（H. J. Brothers）绘制

§第五卷目录§

◆

谨将此书献给
阿格妮斯·雷普利尔[1]暨卡洛琳·辛克勒[2]

感谢她们愿将其卓越才智

慨然奉献给此一所谓

手足情谊之城[3]

　　"以下即将呈现在大众面前之此回拙作，令吾不仅须负隅顽抗写作者恒常遭遇之种种困顿，亦必将改变吾自身过去强加于世界的认知，值此年岁，吾或可无惧不疑，以期更有效率地投入写作。"[4]——拜伦

　　"题外漫言，毋庸辩驳，一如融雪暖阳；——乃阅读之生命与精髓！——倘将其自书中摘除，——则与捐弃全书无异；——无垠寒冬将垒垒覆埋书页矣。"[5]——斯特恩

　　笔者谨向下列各编者、出版社以及个人致上敬谢：《星期六文学评论》、《大西洋月刊》、《耶鲁评论》与《珂罗封》[6] 的编辑先进；霍顿—米夫林出版公司、哥伦比亚大学出版社、限定版俱乐部[7]；并特别感激卡洛琳·韦尔斯小姐、威廉·M. 艾尔金斯[8]先生、与休·特里加斯基斯[9]先生。铭谢诸位慨然允许我得以在此刊印这批文章。

【译注】

1　阿格尼斯·雷普利尔（Agnes Repplier，1858—1950）：美国作家。曾著《书与人》（*Books and Men*）、《珠玉集》（*Essays in Miniature*）、《费城其地其人》（*Philadelphia-The Place and the People*）等书。

◎ 阿格妮斯·雷普利尔

2　卡洛琳·辛克勒（Caroline Sinkler，1860—1949）：费城社交界、艺文圈名媛。

3　"手足情谊之城"（City of Brotherly Love）：费城的昵称。费城还有另一个昵称："回报以爱之城"（The City that Loves You Back）。

4　语出拜伦诗集《闲散时光》（*Hours of Idleness，A Series of Poems Original and Translated*，1807）首版前言首段。该书出版时拜伦年仅十九岁，仍在剑桥就读。

5　语出劳伦斯·斯特恩的小说《项狄传》第一卷第二十二章。

6　《珂罗封藏书家季刊》（*The Colophone，A Book Collectors' Quarterly*）：美国藏书刊物。此刊物历经数度改版。《珂罗封》于一九二九年由纽约品森出版社（Pynson Press）创办，创刊号于一九三〇年二月出版，直到一九三五年共发行五卷二十辑；《珂罗封革新版》（*The Colophone: The New Series*）第一卷第一号（夏季号）则于同年接续发行至一九三八年，共发行十二辑；一九三八年发行《书籍印制年刊》（*The Annual of Bookmaking*）；一九三九年发行四辑《珂罗封新画刊》（*The Colophone: New Graphic Series*）。《新珂罗封》（*The New Colophone*）则于一九四八年起复刊，至一九五〇年共出版九辑。此刊物汇集当时藏书、出版、美术、工艺等领域最顶尖的人才，先后担任编辑的包括 Elmer Adler、Burton Emmett、约翰·T. 温特里奇（参见第四卷 I 译注 16）、Alfred Standford、Frederick B. Adams, Jr. 等，而莫利、纽顿、埃克尔、古迪、格兰斯等人与其他许多位藏书家、学者皆曾列名特约编辑、撰述、顾问等职衔。（关于"珂罗封"的含义见第四卷 III 译注 6。）

7　限定版俱乐部（Limited Editions Club）：设籍于纽约的爱书社团及出版机构。乔治·麦西（George Macy，1900—1956）于一九二九年成立，致力于限量（通常每部书的印量为一千五百部）精致印行文学经典。麦西死后，其遗孀接续他的职务直至一九六八年由其子乔纳森（Jonathan Macy）继承。一九七〇年被 Boise-Cascade 公司并购，一九七九年华尔街巨子 Sidney Shiff 入主，将它转型为着重书籍艺术（livres d' artiste）效果（非指内容，而是外在形式）的出版单位，他引进许多非裔美术人才并藉由与海外版画家、设计师合作，提升出版品的艺术典藏价值。

8　威廉·M. 埃尔金斯（William McIntire Elkins，1882—1947）：费城收藏家、藏书家。曾经通过罗森巴赫买进大批"善感斋"藏书。埃尔金斯曾延请坦普尔·斯科特为他的奥立佛·哥尔斯密相关藏品编制目录（参见附录二译注 7），该书由好友纽顿作序。埃尔金斯曾限量印行（三百部）小册子《爱迪·纽顿的坐骑：A. 爱德华·纽顿逸史》（*Eddie Newton's Ride; or，The Diverting History of A. Edward Newton*，New York: The Boo Table，1934），所得用以挹注财务困窘的纽约书店，其中收录莫利诗作一首。

9　休·特里加斯基斯（Hugh M. Tregaskis）：伦敦书商詹姆斯·特里加斯基斯（参见第一卷 I 译注 131）之子。

I　藏书江山代有人出

每位收藏家八成都曾有某个（或某几个）自认兴趣盎然的人苦苦央求之下勉为其难出示收藏品的经验，可是，那些家伙说穿了只不过打算要逢人吹嘘："哦，没错，某某先生和他的收藏品我都熟得很。"要是哪位收藏家碰巧运气够好，收藏的东西是名画或画片，或任何光用眼睛瞧就能打发的玩意，他自然大可无牵无挂、轻松愉快地说："随时欢迎光临。"然后好整以暇等客人上门再把东西摆出来就行了。可是书籍这玩意，除了得从书架上一本一本抽出来之外，还得逐一详加解说其版本细节。情况完全不能相提并论。我试举一个例子好让大家更明白——关于那部薄薄的小书《柯勒·艾利斯与阿克顿·贝尔诗集》（其实是勃朗特三姊妹写的）：如果上头有"艾洛特－琼斯"的印行标示的话，那个本子约可值五六百英镑；同样一部书，要是印行标示注明的是"史密斯－埃尔德"，其价格就连十英镑都嫌太贵了。

其实，任何一位专门搜集英诗的"收藏家"对于那部小书背后的悲惨身世想必都早已了若指掌——话说夏洛特·勃朗特某日在家里翻找出一本被艾米莉写满了密密麻麻诗词的笔记本，姊妹们经过密集的讨论和数度书信往返之后，她们决定将那本由三人合写（幺妹安妮后来也加入写作阵容）的诗集册子付梓。可是却一时找不到任何出版商肯为她们冒风险，直到最后，伦敦的艾洛特和琼斯两位先生终于勉强答应代为出版，不过那笔三十来英镑的印制费用得由她们自行负担。三姊妹欣然同意，蹉跎了好一阵子之后，那部诗集终于出炉了。过了一年之后，出版商的销售回报数字居然只卖出两部。姊妹们大失所望自然不在话下，但她们对此沉重打击仍然看得很开，三人只各自拿了一两部分送好友；就在此时，史密斯一埃尔德出版社出面表示愿意接手，她们便将那批原本已经决定要送往纸厂化浆还魂的印张全数转交给他们，不多时，诗集重新问世。于是，时至今日，有"艾洛特一琼斯"印行标示的本子自然奇货可居。此外，还衍生出另外几项疑点，以装订来说，其中几个本子的封面盲纹压印呈现竖琴图案，其他几部则是几何图形；究竟哪种本子成书在先？据吾友莫里斯·L. 帕里什[1]说：该书的装帧至少有四种不同款式，其中以几何图形的本子问世最早……——你看吧，光解决掉一部书，就得费掉上头又臭又长这么大一串口舌工夫。藏书家假使打算向每位宾客们卖弄自己对藏书的深厚知识，大抵每捧出一部像样的书，他就免不了得对每个上门的访客来上一段诸如此类的解说。这些话倘若只说一遍，甚至十遍，还算是乐在其中，但如果再多讲个几趟，那可就苦不堪言了。

　　我自己就曾有过这么一个经验。有一回，我亲眼看见某人伸出一双脏手在一部上好的布莱克《纯真之歌》上头拼命磨蹭，然后信誓旦旦地对旁人嚷嚷："这些图版铁定是用石版（lithography）印的，你瞧上头的颜色被我擦掉了一些！"我当下真想一刀剁了他，不过，顾念那家伙家中尚有妻小，不得已只好饶了他的小命。后来我向一位伦敦友人提起这桩事，他便传授我一记专门对付这种人的妙招。我这位朋友专收上好的现代诗：华兹华斯、雪莱、拜伦、济慈、丁尼生、布朗宁等名家杰作——每一部都是书品绝佳的原始装帧本。每逢半生不熟的访客上门，他不拿出真正的善本，而是出示其他东西，却照样能教访客开心。他会慎重其事地从口袋里掏出一把钥匙，指着房间角落的一口书橱，煞有介事地说对客人道："诗集乃我的镇室之宝您是晓得的；瞧见那口橱子没？喏，钥匙交到您手上；敬请尽情欣赏我的珍藏，还请您多多担待。"接着要是听到谁又把书本砸到地上或看见哪个没长眼的家伙放着碟子不用，硬将茶杯直接往书本上一搁，他也丝毫面不改色，因为锁在那口橱子里的每一本书其实全是不用脑筋、花费约六便士随手买来的，一概没有赖以增值的"版记"；换句话说：那些书正是用来充当首版善本们的替死鬼。只须略施区区小计，便可令宾主两造尽欢——某某先生既能放心将藏书"骄其宾客"；粗手先生和笨脚小姐亦可饱享眼福。

不过我倒是还有另一种截然不同的经验。若干时日前，斯沃斯莫尔学院[2]的斯皮勒（Robert Ernest Spiller）教授率领一群在他门下"选修国文课"的年轻先生、小姐到我家，那些孩子们的虚心和聪颖着实令我大为吃惊；其中一位（活脱还只是个小丫头）竟然拿着鲍斯威尔的《约翰生传》考起我来了，还差点儿让我一世英名当场破攻。有鉴于此，当同一位斯皮勒教授最近又问我是否方便再带另一批学生来参观我的藏书，我便回信告诉他，凭我的能耐只许一次接待十名、顶多十二名学生，随便挑一天大伙儿方便的下午都行。不久之后，宾客们依约登门；几个人怯生生地进入我的书房，几个人频频问东问西，其他几个则团团围住斯皮勒教授在课堂上讲授过的某部书议论纷纷。谈到这里，暂且容我岔开讲几句题外话。假使我是个在学校教授英文文学的老师，我一定会倾全力灌输学生们一个观念：文学乃生命之写照；而且我会努力将文学营造得像生命本身一样生动有趣。最要不得的就是让学生误入歧途，进而一味认定某些伟大的旷世名著乃"非读不可"。要是有人问我该如何实践，我就会告诉他：将每一部伟大的书当成一位伟大的人来对待，瓦尔特·惠特曼即有此一说：

同志！见书不是书，

待书如待人，方可尽得其中真髓。[3]

　　然而不管哪部书如今多么书如其人，它势必也都经历过嗷嗷待哺的婴儿阶段；其孕生过程正如母亲怀胎分娩，剧痛难产每每不为人知。任何一部伟大的书都是历经千辛万苦方能留存至今；盖每一千部书得以存活下来，即代表另外一万部不幸夭折。是故，幸存者才更值得大家细细品味、审读其何以能抵御动荡、跨越阻挠，而屹立于这个险恶的世界于不坠。

　　回头继续谈那群小访客吧。他们刚进门时还带着那么一丝丝腼腆怕生，但没过一会儿工夫便将客套矜持全部抛诸脑后；接着有人鼓起勇气开口发问，就在我忙着回答的时候，这边又有人冷不防提出另一道问题，大家的芥蒂便在不知不觉之间冰释于无形，气氛顿时变得热络愉快起来。我从没见过那么冰雪聪明的孩子；甚至，一个小伙子还问起关于首版《抒情歌谣集》[4]的问题，直教我刮目相看。懂得问这种问题可真不简单，因为那部书或许是整个文学史上意义最深远、过程最有意思、也最令人伤脑筋的一部诗集，于是我当场话匣子一开，滔滔讲起那部书初次问世的来龙去脉：此部《抒情歌谣集》除了甫问世即被誉为英文诗史的里程碑之外，其首版印行过程的坎坷和命运多舛的勃朗特姊妹诗集相去不远。我口若悬河、缕缕细述此书如何于一七九八年由比格斯－科特尔[5]首度印行，销售量比起勃朗特的诗集好不到哪儿去，那个本子（当初科特尔付给华兹华斯三十几尼买断版权）一度也差点就被送进纸浆厂，最后科特尔决定将卖不掉的一大堆印张"原封不动"运到伦敦，侥幸蒙 J.－A. 阿奇[6]眷顾，那部书才从此步上坦途。这一连串经过，全在一七九八年那一年内发生。书中第一首诗便是"古舟子咏"（"Rime of the Ancyent Marinere"），而首版却只字完全未注明该诗乃由柯勒律治所谱写。

　　过了两年之后，书名页上印着华兹华斯大名的另一部两卷本《抒情歌谣集》堂堂问世，作者才在序文中详述了他对于诗歌本质的想法及意图。在短时间内迅速畅销的书通常也死得快；而卖得慢吞吞如老牛拖车、奄奄一息的书却能像星星之火，往往蔓延燎原直至难以想像的地步。总之，咱们现在全晓得那部两卷本的《抒情歌谣集》收录了若干开天辟地以来写得最好的几首诗。直到每个爱书人、藏书家全在心底暗忖或大声疾呼："我非拥有一部有布里斯托尔印行标示[7]的《抒情歌谣集》不可。"至于那个版本如今还剩下几部呢？我不晓得。伦敦的 T. J. 怀斯[8] 向来一言九鼎，他曾亲口告诉我：就他所知该版本存世仅余六部。好几年以前，曾经有人拿了一部向我兜售，当时索价七百五十元——唉，你没看错，正是七百五十元整。结果那个本子（我连瞧一眼的机会都没有）被辛西娅·摩根·圣约翰[9]买走；而她所珍藏的那批华兹华斯藏品（恐怕是国内有史以来最精的一批收藏）后来则由维克多·伊曼纽尔一口气捐给康乃尔大学。斯温伯恩曾盛赞该书乃"英文文学的黑色郁金香"。如今谁又说得准一个本子究竟该值多少钱呢？五千、一万元八成跑不掉，不过就算是这个价码，你也根本休想买到手里。一部伦敦印行标示的本子现在市值五百元，但有人预测未来将可上涨十倍。我所收藏的本子，已装帧，但书口未裁，附勘误表外加两页广告，其价格一度高达五英镑之谱。[10]

上头讲了一大堆，或许对读者而言略嫌枯燥，但是对一名认真钻研的莘莘学子来说，能够亲手摸到这么多曾经在世上翻云覆雨、被学术界定为一尊的书籍，必定大为雀跃。当我卖力地细说从头的时候（其实我也全是从别人那儿听来的），我察觉身旁有个女孩一直迫不及待想插嘴发问，她想问我有没有布莱克的《诗草》，还有：那部书的出版时间是否晚于且无涉及华兹华斯和蒲伯分道扬镳？"你这几个疑问的答案均是肯定的。"我这么回答她。好吧，咱们就来聊聊那部一七八三年版的《诗草》；布莱克恰如一颗耀眼流星，光热均已燃尽。而华兹华斯所创立的门派，影响力则一路延续至今。目前正逐步跻身诗人之列的马修·阿诺德受其影响尤巨。没错，我认为阿诺德赞咏莎士比亚的那首十四行诗写得极其美妙；我并不晓得那首诗流露出特别受到华兹华斯的影响，但是的确写得铿锵有力：

> 旁人饱受我们的质疑。汝却安然自在。
> 众人一问再问：汝笑而不答自在依然，
> 绝顶过人之学识……[11]

　　阿诺德写作这几句诗的时候年纪尚轻；几个星期前我才在大英博物馆看过此诗原稿。没错，用这样的句子赞美莎士比亚的确有失庄重。是的，我曾经亲自造访下斯托伊[12]，那简直是我生平所见最破败、凋敝的一座村庄。我对柯勒律治并不太感兴趣：我深受奥古斯丁·比雷尔《闲话漫谈》[13]里头的某篇文章影响，老早就对柯勒律治死心塌地。这是我在一八八五年买来的本子，而且打从那会儿起我就读过好几遍了，且让我为各位朗诵其中一段吧：

　　"当兰姆提及他的姊姊玛丽（众所周知，她在整部《伊利亚随笔》中均化身为'毕立奇（Bridget）堂姊'）时，他如是说：'吾家堂姐命中注定把那些标榜新潮哲学和理论的自由思想家、意见领袖及其信徒们当做她与我的往来对象（或许其频繁程度犹高过我自己的意愿），然而她对于那些人士的意见却始终既不辩驳亦不接纳。'[14] 其实她这个弟弟也没好到哪儿去。他终其一生只会耍嘴皮子、镇日沉缅在那些伟大的对开本之中，对周遭众好友们的意见他同样也是既不辩驳亦不接纳。对于一个不了解他的当代人来说，相较于那些高深的哲学家、思想者，他的一生简直无足轻重、百无一用。他们高谈阔论、埋首探究深奥哲理，成天大哉问：'真理为何？'（"What is Truth?"）而他呢，贪恋瓶中物、沉迷桌上牌，只关心：'王牌为何？'（"What are Trumps?"）便已心满意足。

但是对我们而言，再三仔细审视那个小圈子，彻底了解那些人的德行之后，咱们绝不至于产生那种错误的认知。在我们看来，此正恰恰驳斥所有对他的质疑（不论采用任何标准或合情合理的道德要求），明白证明兰姆的为人比起那帮人都强得多。用不着拿他与葛德文、哈兹利特[15]或劳埃德[16]之流相比；我们大可将他与身后名列庙堂的人士——比如：集'逻辑学者、玄学家、诗人'于一身的塞缪尔·泰勒·柯勒律治——等量齐观。"

接下来他还写了好几段话，但咱们只消看结语就够了："讥评某些人尚可称乐事一桩。然柯勒律治并不在此列。如果能够的话，我们自然十分乐于喜爱这位曾写出'克里斯特贝尔'[17]的作者！然而此事绝无可能。此君并不值得吾人赞佩……柯勒律治年及若冠便规划出可发扬所有美德的'大同世界'[18]。相较之下，兰姆的处境毕竟没他那么轻松惬意：他必须夜夜陪伴弱智的父亲玩牌，聆听他漫无休止的叨叨念念、指责挑剔，即便铁打的汉子，经年累月承受如此精神轰炸，包准也会志颓气丧、感官麻痹……柯勒律治娶妻生子一生平顺。而兰姆，囿于养家职责在身，则不得不始终维持单身，父亲、姐姐所带来的悲惨命运便是他的终身伴侣[19]。吾人该为他一掬同情泪乎？非也；他已得其回报——唯独体现于文学成就的厥伟回报。写得出'梦中儿'[20]的人乃是兰姆，非柯勒律治也。"[21]

我前面引用了一段不算短的文章，恰好顺理成章向大家介绍我最珍贵的一件藏品："梦中儿"手稿原件。这篇稿子写在印度楼[22]用笺上，想必查尔斯·兰姆当时正忙着和象牙、靛蓝等林林总总物资的价格数字艰苦奋战。"诚然，窃以为'梦中儿'之末段与斯特恩《项狄传》当中提及考核天使[23]那一段的确有异曲同工之妙，在在皆属遣词用字均优之上乘之作，而我确信那位受人景仰的评论家——温切斯特（C. T. Winchester）教授，必然也会同意我的看法。"

2

in watching the dace that darted to & fro in the fish pond at the bottom of the garden, with here and there a great sulky pike hanging midway down the water in silent state as if it mocked at their impertinent frinkings —— I had more pleasure in these busy-idle diversions, than in all the sweet flavors of peaches, nectarines, oranges, and such like common baits of children. Here John slyly deposited a bunch of grapes which, not unobserved by Alice, he had meditated dividing with her, back upon the plate and both seemed willing to relinquish them for the present as irrelevant.. Then in somewhat a more heightened tone I told how, though their great grandmother Field loved all her grandchildren, yet in an especial manner she might be said to love their uncle John L——, because he was so handsome and spirited a youth, and a king to the rest of us; and, instead of moping about in solitary corners, like some of us, he would mount the most mettlesome horse he could get, when but an imp no bigger than themselves, and make him carry him half over the county in a morning, and join the hunters when there were any out — & yet he loved the old great house & gardens too, but had too much spirit to be always pent up within their boundaries — and how their uncle grew up to man's estate, as brave as he was handsome, to the admiration of every body, but of their great grandmother Field most especially; — and how he used to carry me upon his back when I was a lame-footed boy — for he was a good bit older than me — many a mile when I could not walk for pain; — and how in after life he became lame-footed too, & I did not always (I fear) make allowances enough for him when he was impatient and in pain; nor remember sufficiently how considerate he had been to me when I was lame-footed; — and how when he died, though he had not been dead an hour, it seemed as if he had died a great while ago, such a distance there is betwixt life & death; — and how I bore his death as I thought pretty well at first, but afterwards it haunted & haunted me; and though I did not cry or take it to heart as some do, and as I think he would have done if I had died, yet I missed him all day long, & knew not till then how much I had loved him — I missed his kindness, & I missed his crossness, & wished him to be alive again, to be quarrelling with him (for we quarrelled sometimes) rather than not have him again, & was as uneasy without him, as he their poor uncle must have been when the doctor took off his limb. Here the children fell a crying, and asked if their little mourning which they had on was not for uncle John, and they looked up, and prayed me not to go on about their uncle, but to tell them some stories about their pretty dead mother. — Then I told how for seven long years, in hope sometimes, sometimes in despair, yet persisting ever, I courted the fair Alice W——n; and, as much as children could understand, I explained to them what coyness, & difficulty, & denial meant in maidens — when suddenly turning to Alice, the soul of the first Alice looked out at her eyes with such a reality of re-presentment, that I stood in doubt which of them stood there before me, or whose that bright hair was, — and both the children gradually grew fainter to my view, receding and still receding, till nothing at last but two mournful features were seen in the uttermost distance, which without speech impressed upon me the effects of speech, We are not of Alice, nor of thee, nor are we children at all. The children of Alice call Bartrum father. We are nothing; less than nothing, and dreams. We are only what might have been, and must wait upon the tedious shores of Lethe millions of ages before we have existence and a name" —— and immediately awaking, I found myself quietly seated in my bachelor armchair, where I had fallen asleep, with the faithful Bridget unchanged by my side — but John L (or James Elia) was gone for ever.

Elia

◎ "梦中儿" 手稿原件之第二页

"《项狄传》？喔，没错没错，那确实是一部伟大的著作。我这儿正好有一部红色皱纹摩洛哥羊皮装帧的九卷本首版。"

接着我继续说：约五十年前，我再怎么通天本领也猜不到奥古斯丁·比雷尔有一天居然会成为我的朋友。是的，我和他非常熟稔：我上回到伦敦的时候，还招待他到加里克俱乐部吃便饭。他是个硬底子的老派爱书人，我真希望终有一天自己也能成为一个硬底子老派爱书人。前几天我才刚收到他写来的信，他在信中谈到狄更斯，他写道："我对他的热爱炽烈如昔。"真是个好人。比雷尔现在已经高龄八十四岁了，镇日足不出户在坐落于切尔西（Chelsea）的自宅中闭关。他不仅身兼约翰生高夫广场故居管理委员会的委员，而且曾经是伦敦社交场合上最受欢迎的主讲者，他的言论充满机锋、睿智与慧黠，当然，其中以机锋的成分最大。

"我的约翰生藏品都摆在那帧肖像画下头，一排整都是……不，我绝不会假装自己看得懂布莱克的"预言书"[24]，而且任何人要是敢说他看得懂我都不信……《白鲸记》！你可真是问到重点了！我这儿有三卷本的英国版，一八五一年在伦敦印行，同年出版的纽约版却是单卷本。据说三卷本比单卷本更简短呢。比对两种版本的内文，找出其中的差异并一一挑出阙漏的段落，如果真有阙漏的话，必定是一桩挺有意思的事儿。不过，不管是哪种版本，英国版也好、美国版也罢，《白鲸记》都不只是单单一部书哟，而是两部：一部是你肉眼所读到的，另一部则隐藏在字里行间，就那么着，平白冒出一部既属灵又玄妙，仿佛出自斯维登堡[25]之手的著作，从某个观点来说，此书作者必然是斯维登堡的信徒无疑。麦尔维尔的确是天才作家，而且，就像绝大多数的旷世奇才一样，他在世时并未受到世人的重视。他写出这部永垂不朽的巨著时，年纪也才不过三十出头。随着此书问世，他本人却就此销声匿迹，直到一八九一年住在纽约期间，他再也没干出什么辉煌事迹——尽管他已油尽灯枯，但是他依然照亮了无数后人的道路。每一位在赫尔曼·麦尔维尔之后写作海洋题材的人，无疑全受惠于他……至于我所收藏的《匹克威克外传》——老实说我收藏了两部：一部太珍贵了不方便拿出来让大家看，至于另一部倒还……《失乐园》啊——有有有，放在另一个房间里头——《科玛斯》也摆在那儿。……唉呀呀，我没有班扬的《天路历程》；那部书可稀罕了。对，罗森巴赫博士手中有一部，我的朋友莱斯特·哈姆斯沃斯[26]爵士也有，他有两部……没错，我这儿的确有一部莎士比亚的第一对开本。我的宏愿就是要搜尽英文文学史上每一部伟大，以及绝顶伟大作品的首版书。不不不，我尚未达成；有谁敢说自己办到了？何况我现在搜集的脚步挺慢的。先把咱们现在的用词定义清楚。譬如：格雷的《挽歌》是一部伟大的诗作，但是书倒是不难找。康格列夫的《隐姓埋名》虽然相当罕见，却算不上多么伟大……我最喜欢哪位小说家啊？嗯，我还蛮喜欢狄更斯的，不过若要论我读得最勤的，那就非特罗洛普莫属啦。我最喜欢哪部小说？这个嘛，那得看天气状况而定。是的，我非常喜欢简·奥斯汀的作品。"

一群人围着我叽哩呱啦问个不停，问题一个接着一个，有的轻松易解；有的艰涩难答，就这么聊了好几个钟头，直到我瞥见斯皮勒站在一旁喜滋滋地看着我一个人疲于应答、不可开交；于是我朝他丢了一句："你当然乐啦。人家付高薪聘请你专门回答这些问题（众生闻言纷纷拍手表示赞同）；我这会儿可是不拿钱干白活哪。你倒说说看：你到底是怎么教出这批对书本如此感兴趣的年轻人呀？"

接着他便告诉我原委（这也是这篇文章的主旨所在）：好几年前，有一位现已亡故的绅士突发奇想，打算每年捐给斯沃斯莫尔学院一小笔款子——五十元，如果我记得没错的话——作为奖助学金，鼓励一名在校期间藏书成绩最卓越的学生（对象不分男女）。刚开始，压根没人把这个竞赛当一回事，而遴选优胜者的规

■吉米·哈特洛[27]生动描绘"搜书之道"的作者

则也始终不怎么严谨。后来，某位主事者筹组一个委员会负责颁发该奖项。不幸得很，随着原发起人亡故，那档事更形聊备一格，每年给奖都活像最后一届似的。就在此时，我猛然发觉：这不正是我花小钱做好事的大好机会吗？本杰明·富兰克林就常干这种勾当。他曾经在一封给友人的信中如是写道："余财力未丰，不足以屡行善事，拜此之赐，反令余智巧尽施，必藉区区小数以达致极大之功也。"我越想斯沃斯莫尔那勾当（我以前总那么称呼它）就越像那么一回事儿。只须花费区区五十元，就能让一名爱书人挺身而出（甚至前仆后继），要是富兰克林晓得天底下有这款好事，他不从棺材里爬出来抢着干才怪呢！于是我出面承接那项计划，并顺道拟妥后续方案，以免万一我哪天死了，计划就会面临停摆的命运。艾德洛特（Frank Aydelotte）校长悉心了解我的全盘擘画之后慨然接受我的提议，这桩好事就那么定了下来。

此项奖助计划若要可长可久，非得制定一套完备的规则不可。但我私下却又希望这件订规矩的差事千万别扯上我，因为本人正是一个和任何规则都不对盘的家伙。不管怎么说，若干足供评比参与角逐的学生的标准似乎还是必须一一考虑周详，于是，负责此计划的人士提出以下的构想：

> 此笔五十元奖金，每年赠予符合下列条件之学生乙名。
>
> （甲）搜集最佳（并非最多）藏书乙批，门类成色、数量多寡不拘，唯须该生所专精之范畴，举凡文史、理化、商工等科目均可。
>
> （乙）鉴于仅有极少数（即使有的话）大学生有能力购置价格昂贵的首版书，然信誉可靠之出版社所发行编辑精良之版本，往往优于重看却不堪卒读的本子。学生只须提出实证，足以说明其搜集、庋藏该批书籍所获得之乐趣即可。
>
> （丙）能够适度通过口试，并解释其何以购置某版本而舍其余版本之缘由。

假以若干年岁，此构想对于每个搜集书籍的人必能造成极大、极长久的助益与愉悦。各大学院校必定都有资金、也有人手（差别只在或多或少罢了）足以自行设立一笔类似奖助学金，每年五十元都好，一百元也行；而且这项制度还可以永无止境地持续扩展下去。在这儿我得说一句图书馆不爱听的话：没有什么能比得上自个儿家里头一排（或整墙）采光良好（不管是透过一盏灯或是一扇窗）、放满书本的书架。虽然每个人书架上头的书一定都不尽相同，讨年轻人欢心的书，上了年纪的人不见得受用，但经由阅读所获得的喜悦并无二致。若能坚守阅读的习性，并且持之以恒，（最起码）便足可令人度过阴霾、挨过惨淡。现今，我每每发现许多家财万贯的朋友脸上俱是焦虑神色，活得简直比天天泡图书馆、日日和书本相濡以沫的穷光蛋还不如。一个人要是能爱上阅读，保证他至死都能无忧无虑。

一个愉快的下午即将步入尾声：我已经有点累了，但是我的小访客们却依然个个神采奕奕。我请其中一个孩子（我忘了是哪位）将他以前写过的一篇谈论那笔奖学金的文章寄给我看，而我后来不但读得心花怒放，也更坚定了我对那笔奖学金的信心。我深深地为那个计划一开始并非由我来发起感到扼腕；那可是一桩足以名留青史的好事呀。我满口答应亲自造访斯沃斯莫尔学院并担任评审遴选这一届的得主；而且，一点儿都不花力气便从十六名入围者之中选定得奖者。得主是威廉·H. 克利夫兰（William H. Cleveland）（正是在我的书房里问我关于华兹华斯《抒情歌谣集》版本问题的那名年轻小伙子）。他的那批"藏书"里头没有半部首版或珍本。也不是成套的全集，而是经过他亲自精心挑选的一批书——总数共约百部诗集、散文、小说与传记——眼光真是丝毫不含糊。其中好几本书的末尾空白页上还自行编制了特别（不光只有人名）的索引。我自己看书的时候也常常随手写下这种注记，不过我总是写得乱七八糟而且别人看了铁定会一头雾水，克利夫兰君的索引则依字母顺序条列得一清二楚。

这年头要买到一批足登大雅之堂的书并不需要花大钱。虽能拥有量大且质精的书籍是件挺开心的事，但也不需非得如此不可，因为，正如伏尔泰所言："书籍世界如同人间——仅其中极少数成员扮演极吃重角色。"[28] 许多大出版社现在竞相推出各式各样杰出的"文库"，印刷清晰、用纸精良、装帧华美，而且开本适中，利于拿在手上展读亦便于放入口袋中携带。其中表现最突出的应属

登特 [29] 出版的"人人文库"、以及牛津大学出版社发行的"世界经典"（Wolrd's Classics）系列，从林林总总的"文库"之中，光是这两套就足以取代曩昔（我小时候）十分普及的"波恩文库"了。卡莱尔尝曰（忘了他写在哪部书里头），大学之用途乃在于训练一个人能够阅读："良书乙批乃纯正大学之本也。" [30] 如果真能亲炙一百部名著（就算打对折五十部好了），对于促进一个人一生智识活动与余暇生活必然大有裨益。大家都听过这句话：没有任何人在游乐中还强扮伪君子 [31]；此言甚是，那么一个人通过自我训练，借由阅读好书照样令自己获取乐趣，当然也不是绝无可能的事。关于这一点，我是过来人。

要是把今日乏人问津的一百部名著列成一份书单，那肯定很有意思。此举并非用以指陈那些书已毫无是处，而是它们已经达成了阶段性任务，套用培根的话来说——它们皆已被"咀嚼、消化"，并且在不知不觉之中融进我们的内在，而我们也（在不知不觉之中）融入了它们。几年前，刘易斯·欣德（Lewis Hind）在伦敦出了一部书，他在书中向读者展示，任何人如何只花费区区十二英镑，便能够买到一百部世界名著。纵使每个人所选的百部名著肯定和其他人挑的绝不会完全相同，但只要是秉着诚意良心，任何一份书单都有一定程度的参考价值。

就在我见过那群可爱的大学小朋友之后不久，我和某位有头有脸的纽约出版商共进晚餐，我在饭局中提起那桩斯沃斯莫尔计划（我现在改口这么称呼它）。他听后大表赞同，还催我以此为主题写一部小书供他出版，不过我念兹在兹的是如何将这个构想更广泛地散布出去。这也就是我将这篇稿子投给《大西洋月刊》发表的原因。出版商赞成这个构想不足为奇；因为此构想一旦被普遍认同，购书人口势必会大幅激增。出版社在商言商，必须时时以销路为念，但我并不是出版商；我所寄望的是终有一天，每个年华老去的人都能看着自己大学时代搜集的藏书，心底油然而生无限的欣慰。"正是由于这些书籍，"届时他或许会这么说，"让我由衷迷上阅读，而爱好阅读从此也成为我生命中喜悦和慰藉的泉源。"

是故，从某个角度来看，这篇文章正像一则广告——推广一个构想的广告，而任何一名老练的广告人也一定都会这么告诉你：只要构想的确够棒，推销起来就像卖帽子、鞋子一样不费吹灰之力。何况细心的读者也会扪心自问：我所被告知的构想究竟好或坏。我再重申一遍：这个构想不是我想出来的，我只不过是——套用时髦的词儿来说——推销它的人。总而言之，该项计划现在已由斯沃斯莫尔学院经办，而且，在有识之士心中，这无疑是一道强而有力的质量保证。[32]

【译注】

1 莫里斯・L. 帕里什（Morris Longstreth Parrish，1867—1944）：美国商界闻人、藏书家。出身费城书香门第。其藏书以维多利亚时代的小说家相关作品（书籍、手稿、照片与画作等）为主，殁后捐赠给母校普林斯顿大学（帕里什本人于一八八八年毕业）。

2 斯沃斯莫尔学院（Swarthmore College）：美国宾州一流私立大学。位于费城西南方邻近郊区，名列"小长春藤"（Little Ivies）名校之一。根据《美国新闻与世界报导》（*U.S. News and World Report*）二〇〇一年所公布的"最佳文理学院"（Best Liberal Arts College）评鉴结果，斯沃斯莫尔学院在全美一千三百七十三所四年制大学之中排名第二；二〇〇二年全美大学文科排名则与阿默斯特（Amherst）学院并列第一。

◎ 斯沃斯莫尔学院的新、旧校徽

3 "Camerado! This is no book，/ Who touches this touches a man,"：瓦尔特・惠特曼一八八一年的诗作"离别赋"（So Long!）起首两句。

4 《抒情歌谣集》（*Lyrical Ballads*，*with a Few Other Poems*）：华兹华斯与柯勒律治合著的诗集（内收柯勒律治仅四首诗）。首版于一七九八年问世（首刷本出自布里斯托尔比格斯一科特尔，再刷本则由 J. 与 A. 阿奇印行），此书为英诗开启全新的风貌，并被公认为英文文学浪漫主义的重要里程碑。此书于一八〇一年一月再版（世称一八〇〇年版），华兹华斯补入一篇非常重要的前言；增订（大多为华兹华斯的作品）第三版则于一八〇二年问世。

5 比格斯一科特尔（Biggs and Cottle）：十八世纪布里斯托尔（Bristol）地方的出版商（参见第一卷 II 译注 14）。

6 J — A. 阿奇（J. and A. Arch）：十八世纪伦敦出版商。

7 布里斯托尔印行标示：即比格斯一科特尔版。

8 托马斯・詹姆斯・怀斯（参见第三卷 II 译注 13）。

9 辛西雅・摩根・圣约翰（Cynthia Morgan St. John，1852—1919）：美国藏书家。年轻时即醉心华兹华斯诗作并致力搜罗相关书籍。其藏书于殁后被富商维克多・伊曼纽尔（Victor Emanuel）买下捐赠给康乃尔大学（两人皆为该校校友）。

10 纽顿收藏两部伦敦首版《抒情歌谣》（即 J. — A. 阿奇再刷本），分别为 Roderick Terry 与 Charles G. M. Gaskell 前藏本。

11 引自马修・阿诺德写于一八四四年的十四行诗"莎士比亚"（"Shakespeare"）起首三句："Others abide our question. Thou art free. / We ask and ask: Thou smilest and art still, / Out-topping knowledge. For the loftiest hill," 此诗收录在《迷途寻欢客》（*The Strayed Reveller*，*and Other Poems*，1849）中。

◎ 柯勒律治在下斯托伊的居所

12 下斯托伊（Nether Stowey）：位于英格兰索默塞特（Somerset）境内。柯勒律治曾与妻（Sara）、子（Hartley）在此处某村舍居住两年（自一七九七年七月至一七九八年九月），期间创作出《抒情歌谣集》。

13 《闲话漫谈》（*Obiter Dicta*）：奥古斯丁・比雷尔（参见第一卷 I 译注 150）散文名著，共计三卷（后世编成两部），分别出版于一八八四年、一八八七年、一九二四年。附带一提比雷尔在《闲话漫谈》的"购书之我见"（"Book Buying"）一文中对藏书的两段意见："从别人手中继承一笔藏书犹胜自行搜罗。"（"Good as it is to inherit a library，it is better to collect one."）、"藏书无法刻意营造，只能任其增长也。"（"Libraries are not made; they grow."）

14　出自兰姆《伊利亚随笔》中的"赫特福特郡的麦克利庄园"（"Mackery End in Hertfordshire"）。

15　威廉·C. 哈兹利特（William Carew Hazlitt，1778—1830）：英国评论家、散文家。

16　查尔斯·劳埃德（Charles Lloyd，1775—1839）：英国作家。一七九六年被柯勒律治收为弟子（后来成为朋友）。曾出版小说《埃德蒙·奥立佛》（Edmund Oliver，1798）。

17　"克里斯特贝尔"（"Christabel"）：柯勒律治的未完成的叙事长诗。第一部分写于一七九七年，第二部分成于一八〇〇年。描写利奥莱恩爵士（Sir Leoline）之女克里斯特贝尔。此诗被认为当时最优美的英文诗作之一。

18　"大同世界"（Pantisocracy）：柯勒律治与罗伯特·骚塞和其他几位志同道合的朋友（因受法国大革命揭橥的理念影响）于一七九四年共同构想的理想社会制度。当时一群人计划在美洲建立共产共享、自给自足、人人平等相待的完美小区，为了遂行此理想，两人发愤写作赚钱。但后来两人意见渐生分歧，加上陈义过高难以争取认同，此乌托邦家园终未能实现。

19　兰姆的父亲约翰·兰姆（John Lamb）晚年罹患痴呆症，而姊姊玛丽亦长年饱受精神方面的宿疾所苦。兰姆年轻时为了照顾父亲、姊姊，不得不格外卖力工作。由于父亲只能借玩牌才能安定情绪，所以兰姆每天下班还得陪他打纸牌，直到父亲就寝。一七九九年父亲亡故后，兰姆将姊姊从疗养院接回家中就近照料，并从此相依为命。因此种种缘故，兰姆的婚事一再蹉跎，虽曾先后有过几名爱慕的对象，但总无缘结合。

20　"梦中儿"（"Dream-Chidren: A Reverie"）：《伊利亚随笔》其中篇章。兰姆叙述自己与一双幼儿相处的情景。兰姆终生未娶，儿女承欢膝下自然纯属想像。

21　纽顿以上两段引文皆出自《闲话漫谈》（第一卷）中的"猎求真理"（"Truth-Hunting"）。

22　印度楼（India House）：兰姆当时任职的官署南海公司（South Sea House）所在的办公楼，因其内部装潢的印度风格得名。

23　考核天使（recording-angel）：《项狄传》（The Life and Opinions of Tristram Shandy，Gentleman. London: 1760—1767）第六卷第八章有一段："The accusing spirit, which flew up to heaven's chancery with the oath, blushed as he gave it in; and the recording angel as he wrote it down dropped a tear upon the word and blotted it out forever." 而"梦中儿"末段为："We are not of Alice, nor of thee, nor are we children at all. The children of Alice called Bartrum father. We are nothing; less than nothing, and dreams. We are only what might have been, and must wait upon the tedious shores of Lethe millions of ages before we have existence, and a name" ------ and immediately awaking, I found myself quietly seated in my bachelor arm-chair, where I had fallen asleep, with the faithful Bridget unchanged by my side -- but John L. (or James Elia) was gone for ever."

24　"预言诗"（The Prophetic Books）：威廉·布莱克以宗教为题材创作的系列诗画作品。包括《泰尔书》（The Book of Thel，1789）、《天国与冥府联姻》（The Marriage of Heaven and Hell，1790）、《亚美利加》（America，1793）、《至理仙书》（The Book of Urizen，1794）、《弥尔顿》（Milton，1804—1808）、《耶路撒冷》（Jerusalem，1804—1820）等。现代版本可参见 A.G.B. Russell（1879—1951）与 E.R.D. MacLagan（1879—1955）编辑的《威廉·布莱克之预言诗》（The Prophetic Books of William Blake），一九〇四年伦敦 A.H. Bullen 出版。

25　伊曼纽尔·斯维登堡（Emanuel Swedenborg，1688—1772）：十八世纪瑞典哲学家、神秘论者。

26　莱斯特·哈姆斯沃斯（Leicester Harmsworth，1870—1937）：英国藏书家。他所收藏的班扬著作于一九四七年进行拍卖。

27　吉米·哈特洛（Jimmy Hatlo 即 James Hatlo，1898—1963）：美国漫画家。

28　"It is with books as with men play a very small number play a very great part."：语出伏尔泰《哲学词典》（*Dictionnaire Philosophique*，1764）中的"书籍"（"Books"）。

29　指英国出版商 J. M. 登特父子出版公司（J. M. Dent & Sons）。约瑟夫·马拉比·登特（Joseph Malaby Dent，1849—1926）于一八八八年创立"J. M. 登特出版公司"（J. M. Dent & Company），一九〇九年儿子（Hugh 与 Jack）入伙后改称"J. M. 登特父子出版公司"。

30　"The true university being a collection of books."：引自卡莱尔的《英雄与英雄崇拜》（*On Heroes，Hero-Worship，and the Heroic in History*，1841）第五讲"文坛英雄"（"The Hero As Man Of Letters"）。原句应是："The true university these days is a collection of books."

31　"No man is a hypocrite in his pleasures."：语出约翰生（与雷诺茨爵士的对话）。见《约翰生传》（一七八四年段）。

32　此项奖学金最初由 W. W. 塞耶（W. W. Thayer）创设，但始终未成气候，后来获纽顿挹注、加以发扬光大，至今仍在斯沃斯莫尔学院运作不辍，且正式名称定为"A. 爱德华·纽顿（学生）藏书奖"（A. Edward Newton [Student] Library Prize），依然只限定大学部学生参加，但奖项增为每年五名。得奖的藏书会在校内图书馆大厅公开展示；每年参与竞逐的学生藏书均甚为有趣，其中不乏颇有创意、见地的搜罗题材、范畴。对各年度得奖的藏书有兴趣的读者，可查阅该校新闻室发行的电子周报（http://www.swarthmore.edu/Home/News/Pubs/WeeklyNews/）。

II　一吐为快还待何时

一九三〇年十一月二十一日，一位在书籍零售业摸爬滚打长达六十载的费城人去世了。此人正是埃德温·坎皮恩（Edwin B. Campion）（即众好友口中的埃德·坎皮恩）。前一两天，我刚从欧洲返国，正好有事要找罗森巴赫博士，便拨了一通电话到他的书店，接电话的劳勒先生告诉我：罗博士刚出门参加坎皮恩先生的告别式去了。"埃德·坎皮恩翘辫子啦？嘻，你别净瞎说，"我顿时提高音量，"我上回见着他的时候，他还直跟我说他一定会长命百岁呢！"劳勒回了我一句："能活到那把岁数，差不多也算长命百岁了。"我赶紧问他："告别式在哪儿举行？"等他一报出地点，我立刻挂了电话，抓起帽子、外套，跳上计程车，还好及时赶上向这位相交超过半世纪的老朋友上一炷香。最近这些年以来我和他并不常碰面：就像每对老朋友一样——逐渐疏远却浑然不觉。我将借这篇文章追述一桩约莫三年前发生在我和埃德·坎皮恩身上的轶事。

话说某天我在办公室收到这位老朋友捎来的一封信，刚开始我还觉得很纳闷，读完之后便释怀了。坎皮恩想知道什么时候方便来拜访，他有一事相求。我暗叫不妙：他该不会是要找我调头寸吧。凡是涉及金钱的事，埃德向来十分严谨。我这辈子从没借过他半个子儿，但我想大概是为朋友慷慨解囊的时候终于到了，我事先在心里琢磨："如果他打定主意向我借一千元，这个数目门儿都没有。那铁定是肉包子打狗有去无回。不过看在老交情的份上，我总该借给他两百五——那不成问题；搞不好我还能特别通融一下，把额度提高为五百元呢。"然后我便打了一通电话给他，我告诉他我的办公室在一幢大工厂的顶楼；他光要找到电梯上楼恐怕就得花掉不少工夫，若是爬楼梯，那简直会要了他的命。"干脆这么着，"我说，"明儿个正午前后我去店里找你得了。"搞不好他还会请我吃一顿便饭哩。

第二天上午，我带着一张空白支票，打算让他自个儿填上急用的数目，到了埃德·坎皮恩的店门口。他的精神好得不得了（他一向都是那副德性），见了面便告诉我一桩好事。说起我这位老朋友，他对于自己轻率潦草、粗枝大叶的个性颇感自豪——就这点来说，我自己也同样当仁不让。同时，他还自有一套机智、幽默的本事。好几年前我在《大千世界》[1]上发表过一则他在波特－科茨书店（当时费城首屈一指的顶尖行号，其叱咤风云的程度，和今日纽约的斯克里布纳书店或达顿书店差不了多少）和一位贵格教派[2]女顾客之间的趣事。我当时也在同一家书店工作，但是上司老认为我没有卖书的慧根。老板以为假以时日，我或许尚有一丝丝希望能学会贩卖笔、墨、纸张（全是我现在乐在其中的玩意儿！）的本事。我记得当时成天朝思暮想："总有一天我也能去卖书"，不过那一天始终没有到来。

波特－科茨书店是一家弥漫浓厚贵格气氛的商店，上门的男、女顾客也大多是一身贵格打扮、讲话不愠不火的人。当时，大型百货店的生意竞争来势汹汹，但是这家店竟然傻呼呼地决定正面迎战，甚至还抱定决心要给对手来个迎头痛击。话说有一天，一位雄壮威武的老太太进门要买小说——她拿不定主意该买什么，想先四处逛逛。最后，她晃到埃德·坎皮恩负责的柜台前，他当时是个挺机灵的小伙子。

"买小说吗？这位太太。那敢情好，这位太太。您读过《宾汉》[3]吗？"——那是当年最红的一部小说，而那位女士居然——"书名连听都没听过。"

◎ 首版《宾汉》

"这可是一部绝佳的好书哪，这位太太。我拍胸脯向您保证。是的，非常适合您读。价钱是一元十分。"

这儿得暂时打住，我必须先谈谈那部由哈珀兄弟出版的绝佳好书的价格——公订零售价应该是一块半。如果进货不多，折扣是"七折"；大量进货的话则为"六五折"；若单笔订购量非常大的话，便可享"六折"的进货优惠。那年头，每家书店通常都会尽量凑足一定的订购量，好能享有最高的同行折扣——每一部的成本于是成了九毛钱。照埃德的卖法，利润也就是区区那么两角。那简直是赔钱买卖：在街上卖报纸还比较有赚头。

"这可是打过折的价钱哪，这位太太；照理说外头得卖一块半……"

"您要旧一点的本子？这是新书哪，这位太太，不过我很乐意帮您将它弄得旧一点。是的，这位太太，一元十分不能再便宜了……"

"您想要别的花色？这位太太，每一本都是同样款式。这种纹路可是现在最流行的花色——大象纹（elephant's breath）……"

"送货到府？那当然……"

"唉呀呀，这位太太，今天不成；明儿个一早给您送去——我还得另外花一毛钱雇个小弟，花一个钟头到费城西区跑一趟来回……"

"明早您要去医院探望朋友？真抱歉您哪！非得等到明天不成。真对不起，今天没法子帮您送。费用？好说好说。您的大名是？"就那么着，所有的费用加起来正好是两角。

我再讲一桩，然后马上回到正题。有一年夏天，埃德·坎皮恩某日搭乘费城的街车。那年头，男士们总习惯在头上戴一顶珍珠灰的礼帽——我们全都那么做（和这年头大家时兴穿戴的那种软炌炌的玩意儿完全不可同日而语）。就那么着，坎皮恩一上车便摘下帽子搁在旁边的座位上；那时车上的座椅紧靠两侧车窗对列两排。他当时只顾埋首阅读手上的报纸，或是正忙着偷瞄某位坐在对面座椅上的妙龄女郎（他的德性我太清楚了）；反正，他没留意有个魁梧的贵格教派女士上了车，闷声不响往他摆放帽子的座位一屁股坐下去，那顶帽子当场应声而瘪。好不容易等到那位女士起身，她才捧起那顶原本漂亮神气的礼帽交还给他，声不急、气不喘地说："我好像坐到您的帽子了。"

"您他妈的早就知道您坐在我的帽子上。您说，这下子您打算怎么办？"

只见她脸上洋溢着天使般的灿烂笑容，这么答道："我正打算把它还给您。"埃德生平头一遭气得半句话也蹦不出来，只能起身、下车。每回只要我一想起埃德·坎皮恩，诸如此类的情景便会浮现在我的脑海中。好吧，现在继续言归正传。

坎皮恩启齿对我说："小纽呀，咱俩的交情算起来也有五十年了吧，我应该从来没求你帮过忙吧。"我回答："一次也没有。""喏，眼前就有这么一桩事儿，我希望你千万不要回绝。"我早料到，接下来五分钟内我就得把那张五百元支票掏出来了。他稍微停顿了一会儿，"我这就明说了吧，"他说："我想请你为 J. P. 霍恩[4]（他当时的客户之一）最近要出版的《塞维尼夫人[5]尺牍集》[6]写一篇短序。"他接着说，"我们打算在书上挂你的名字。"

我不但保住了那五百元，而且，角色对调——我只须花两个晚上开开心心地写一篇稿子，或许他还会付钱给我哩。塞维尼夫人的事迹我所知甚少，她所遗留下来的那些著名书信，四十年前，或五十年前，我也只从法文版约略读过一些，而就在去年夏天，我才在巴黎住了几个星期，还在卡纳瓦莱博物馆（Musée Carnavalet）（也就是当年夫人寄出那些信件时所居住的闻名宅邸里头消磨了好几个悠闲的早晨。我对于这个主题虽然原本了解有限，但是临时抱佛脚可一点儿也难不倒我，而且我还能趁这个机会恶补不少学问。于是我假惺惺地半推半就一番，接下了那件差事。

但事情并未就此了结。坎皮恩继续说："我就晓得你一定会答应；我事前已经先向霍恩拍胸脯了。不过咱们还是亲兄弟明算账。该付多少稿酬给你比较合适呢？"

自己人还谈这个就太见外了。"嘻，埃德，稿费就免了，"我说，"这种芝麻绿豆事儿我一向不收费；要不然我哪来这么多好差事可干。"

"那可不成，"他连忙接口道，"这笔稿费我们说什么一定得付。"

我瞧他一脸诚恳的模样，只好说："不然这么着好了：等书出版后，给我十本就行了，"（我当时以为那部书会以单卷本的形式印行）"我可以拿去送朋友。"

"我说小纽呀，你做人真是没话说，为朋友两肋插刀在所不惜。"

于是那桩事就算是敲定了。我们又闲聊一阵子，两人互褒了几句，然后我才跨出他的店门——那五百元仍好端端地搁在口袋里，并且，我心里暗自窃喜：这下子十人份的圣诞礼物有着落了。

我如期履行了那件任务（而且还乐在其中），将稿子寄出去，几个月后也看过校样，我很高兴能够顺利交差。

我记得好像过了约莫一年之久吧，有一天，一名高头大马的黑人扛着一个船舱大小的包裹走进我的办公室。"你姓纽顿？"他劈头就问。我点点头。"书！"他一咕哝完，把那包东西往地板上一摔，发出轰隆巨响。我狐疑地说："该不会是送错地方了吧？""那不干俺的事；反正这上头明明写着纽顿收。"——他拍拍屁股掉头走了。我拆开包裹一看：十套卡纳瓦莱版《塞维尼夫人尺牍集》赫然映入眼帘，每套堂堂七巨册，印刷精美、装帧华丽，"编号限量印行一千五百套"[7]，而且——每套订价五十元！

故事讲完了，我只再补充一句：任何人要是缺了这个版本的《塞维尼夫人尺牍集》，他的藏书都不能算及格。

当我站在好友灵前鞠躬致意的时候，这些林林总总的片段回忆在我脑海一幕一幕闪现。祈盼埃德在黄泉路上有天使为伴，一路平安度抵西天。我始终无法确定天使究竟是男生还是女生，不过，万一她们果真（就像许多图画上所呈现的那样）都是处女的话，那可得格外提防埃德让她们一个接一个失身。

【译注】

1　《大千世界》（*World's Work*）：瓦尔特·海因斯·佩奇（参见第二卷Ⅲ译注9）于一九○○年创办的政论刊物。

2　贵格教派（Quaker）：基督教派别之一，正式名称为"公谊会"或"教友会"（Society of Friends）。十七世纪由福克斯（George Fox，1624—1691）等人创立（正式成立于一六六七年），"贵格"（或称"震教"）名称的由来或许得自福克斯的一句教谕："聆上帝乃震慑。"（"quake in the presence of the Lord,"）由于该教派在英国本土屡遭打压，成员遂于一六八二年渡海在美洲（今宾夕法尼亚州境内）建立殖民家园。贵格教派倡导宽容、正义与和平，生活、仪式崇尚简约。教友之间并不使用"Quaker"这个俗称，而以"friend"互称，当美国人戏称某人为"Quaker"（女性则为"Quakeress"），往往是挖苦此人个性古板、木讷、无趣。

3　《宾汉》（*Ben-Hur: A Tale of the Christ*）：刘易斯·华莱士（Lewis Wallace，1827—1905）的小说。一八八○年纽约哈珀兄弟公司出版。

◎刘·华莱士

4　J. P. 霍恩出版社（J. P. Horn & Company）：费城出版社。

5　塞维尼夫人（Madame de Sévigné 即 Marie de Rabutin-Chantal, marquise de Sévigné，1626—1696）：法国闺秀作家。本名玛丽·拉比廷一尚塔尔（Marie Rabutin-Chantal）。贵族出身并嫁入豪门。一六六九年女儿出阁后，连续二十五年写信给女儿，那些书信以平易近人的白文书写，翔实叙述当时的社会消息与身边琐事。一七二五年问世后成为研究十七世纪末叶法国上流社会的参考史料。

6　《塞维尼夫人尺牍集》（*The Letters of Madame de Sévigné*）：一七二五年法文首版问世。一九二七年费城 J. P. 宏恩出版社限量印行七卷本，由纽顿作序。

7　应为一千五百五十套。

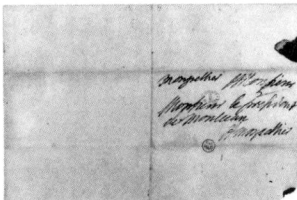

◎塞维尼夫人书信真迹

III 志愿人人有，我的不算多！

我的朋友有个年仅八岁的小儿子，有一回大人们逗趣问他长大后想当什么，他满脑子大概光想到他老子过得那般悠哉游哉，白天骑马钓鱼、晚上打牌看戏，于是脱口答道："我要当个退休的生意人。"妙哉，虽然我个人向来不喜欢运动，对牌戏更是一窍不通，但是那小子的明智抉择还是令我击节叫好。我怎么能不举双手赞成呢？我自己不也刚作出相同的选择吗？

我这辈子的志愿三番五次更改过好几回，不过时不我予，我终于必须下定决心并且择一而终了。我以前老想当神仙。

> 我欲升天当神仙
>
> 飘然罗列神仙殿
>
> 头顶戴着黄金冠——
>
> 拂尘搁在两手间。[1]

小时候我嘴里老爱朗朗诵念这首打油诗！但是我现在用不着唱了，因为再过不了多久我就得进棺材，成仙之日指日可待。我现在的志愿自然不是当神仙，虽然我的朋友们信誓旦旦对我说：我就算想当也还早得很哩。

正在读这篇文章的读者请先看看下一页的插图，那原本是威廉·布莱克的一帧版刻，现在各位看到的这一幅是经过临摹的放大图。原图收录在一部极其稀罕的小书里头，该书有两个书名：一个叫《为男男女女而写》，另一个则是《天国之门》[2]。原来那帧版

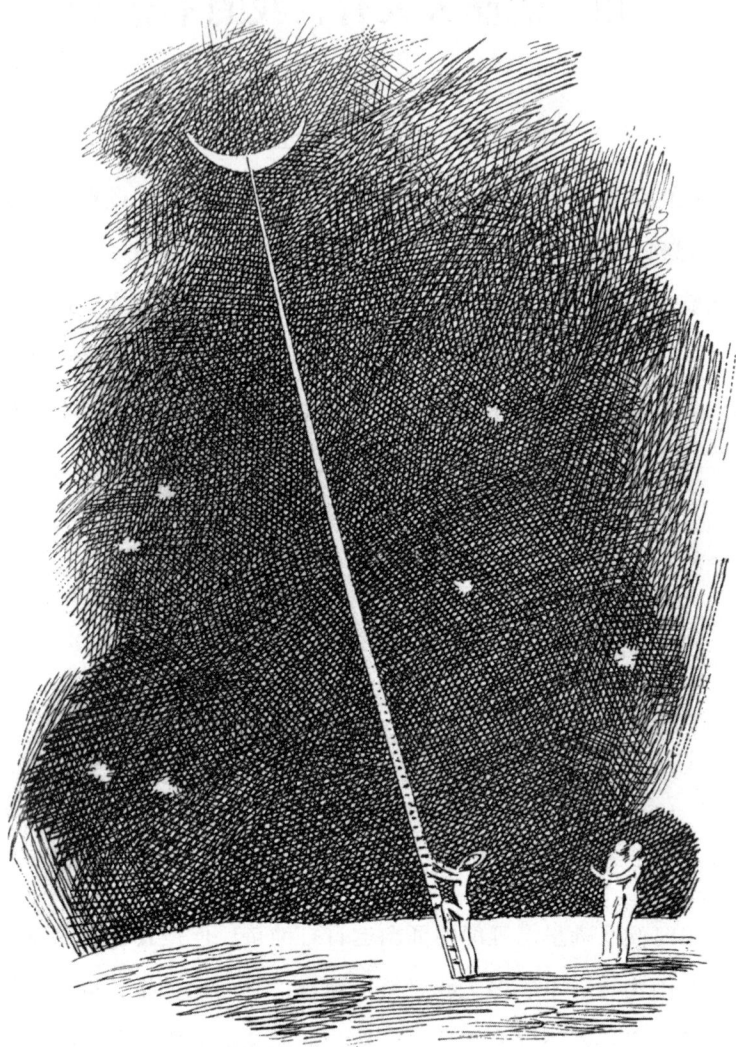

■ "我要飞上青天！"，临摹自威廉·布莱克的原画

刻小不拉叽的，尺幅只有一又八分之五英寸宽、二又八分之三英寸高。我不妨告诉各位：这幅画不是你表面上所看到、以为的意思。它并非描绘一个人踩着梯子准备登月、一步登天 [3]，实情恰恰相反。它显示一个人刚刚爬下梯子正要脚踏实地 [4]，就像咱们这群人最近干的事一样。不过这年头下台已经比从前稳当多了；万一不慎跌下来也不至于摔得鼻青脸肿。

◎ "I want! I want!"原图

俗话说："跻身高位，人人有机会。" [5] 不过许多曾待过高位的人都晓得：高处不胜寒。我自己便屡屡诫之再三；而且，早在攀上顶峰之前就趁还来得及的时候赶紧回头往下爬。将心比心，梯子下头那个小人儿或许可以视为作者寻求安稳的隐喻。

回首五十余年前起步的原点，为了打发得来不易、初来乍到的闲暇时间，我四处寻觅、希望能找点事情来作。打发闲暇可不是一件轻松勾当；从来没有人教导我们该怎么作，而大多数人也都干得不漂亮。我屡屡在报纸上读到"周休二日；每天工作六小时"的呼吁，但是却从没看过哪个收入优厚、有钱不会花或乱花的主管乖乖退下来，把位子让给更年轻（或许也更有能力）的人。他们摆出一副他们的职位无可取代的架势，因为他们"有责任为众股东鞠躬尽瘁"！你先别笑。咱们那些"企业领袖"、"产业大哥"（大名天天在咱们耳边嗡嗡作响的那些家伙），实在都活该被降级。结果却反其道而行，现已卸任的胡佛 [6] 先生居然还跑到一干银行家、生意人跟前请益（甚至国会也从中推波助澜，国家简直就快被那些人给整垮了），要求他们为国家献策以解决当前的困局（还不全是那些人捅出来的娄子）。而他们的建议居然不是让自己少干几年，反而是削减劳工的工时和工资。诚可谓：**宽以待己，严以律人** [7]。

坐而言不如起而行，我当下决定扛出人家颁给我的一大堆荣誉学位，转行当大学教授；后来，当我逐一拜访了普林斯顿大学的奥斯古德（他此刻明明正悠闲地待在佛蒙特州的伍德斯托克

[Woodstock] 避暑，却老是要我去新汉普郡 [New Hampshire] 的伍德斯托克找他）；宾州大学的谢林（目前改行务农，不晓得"目前"究竟会维持多久，但是他现在拥有一座大农庄，生产的作物多得到处拼命送都送不完）；和耶鲁大学的廷克之后，我想当教授的想法益发强烈。我不敢祈求老天爷比照他善待他们的程度关照我，可是，如果一般大学教授都能过得像他们那么悠游自在，我复何求。

前几天晚上发生了一件事，让我更坚决非成全这个心愿不可。

当时万籁寂静，我太太已经上床安歇，我正拿不定主意到底要跟着去睡还是再抽一根雪茄再说，这时，电话铃声响起。

我拿起话筒，应了一声，然后便听到一个怯生生、我不认得的声音："您不认识我，纽顿先生。"——接着没有下文。

我听那头闭不吭声，只能没好气地说："噢，要是每个我不认识的人全打电话来，那我岂不是整晚都甭睡了。"

"是的，这我明白，不过我有个问题想请教您。"

"嘻，你有话直说行不行？"

"关于约翰生博士的事儿您最在行。您知不知道他养的猫叫什么名字？有人问我这个问题，我答不出来，但是我告诉他纽顿先生一定晓得。这就是我打这通电话给您的原因。"

（大学教授想必成天都忙着应付这种蠢问题。）

"小姐，"（电话那头是个女人），"约翰生博士养的猫名叫哈吉（Hodge）。约翰生曾说：哈吉是只好猫，不过他同时也说：然而我更喜欢从前养的那只。后来，他发觉那句话似乎伤了哈吉的自尊心，他赶紧又补上一句：'但是哈吉的确是一只不折不扣的好猫。'[8]这下好了，你八成又要问我这位专家：'约翰生博士从前养的那只猫叫什么名字？'了。约翰生养的猫叫哈吉，这事儿连小学生都知道，至于另一只猫的名字——那可是只有大学教授——就是姓氏后头接着缩写头衔[9]、跻身 'φβκ'[10] 的人才晓得。"

"敢问先生可是其中之一？"

"那当然。"

"这么说，您晓得约翰生博士的另一只猫的名字？"

"正是。"

"叫什么名字来着？"

"我说小姐，那可是天大的机密呀。我只能对你透露一点点：约翰生博士的另一只猫是母的，而且'非常乖巧'。至于其他内情，由于我没有得到层峰的授权，恕难奉告。"话及于此，我撂下一句："晚安。"然后挂上电话。

我回头纳闷：到底有多少约翰生专家晓得约翰生博士养的另一只猫叫做啥？

话说回来，我也曾经一心一意想当执法人员。

> 我欲执法当讼爷
> 昂然罗列大法院
> 头上顶着假头发——
> 钞票兜进两手间。

我并不想当执业律师；我比较喜欢扮演能升堂审案判刑的角色。这个念头在我的心底兜转了好一段时日，成天垂涎法官的威风神气，自从我某日从举足轻重的法理学家埃利斯·艾姆斯·巴拉德（一位杰出的法律高手，天赋异禀，能教十二个人同时相信坏人使坏都有好理由[11]）口中听到一句话，更加深了我的信念，他说："想当好法官很简单。直接作出判决，但是不说明理由——一旦说出理由，保证会和判决互相抵触；只要作出判决就行了，其他事儿全甭管。"

于是，几个月之前，当亨利·菲尔丁·狄更斯爵士[12]（一代伟大小说家唯一仍在人间的儿子）问我有没有对簿公堂的经验，我逮到机会赶紧告诉他：我曾经"铁口直断"料中加州最高法院一桩重大案件的审判结果。当时有个工人被控管制不周，令路人跌入坑洞导致伤残。地方法院原本判决该案不成立（因调查结果显示：事发当时原告因酒醉神智不清）。原告不服提出上诉。高等法院的判决是："倘被告确实因为怠忽职守，未在坑洞加盖，而坑洞又是位于人来人往的人行道上，仍不得以原告酒醉不察作为被告疏忽大意之借口。盖不论在平坦街头或崎岖野地，醉汉与寻常人同样享有行路安全以及其他种种权利。判原告胜诉。"

纽顿覆决定谳。

亨利爵士听我一口气讲完后，直说："真有你的。"接着他问我隔天愿不愿意上"老贝利"[13]助他一臂之力，我爽快答应了。"太好了，"亨利说，"十点钟过后咱们在老贝利的公务入口碰头。真高兴你愿意来帮忙。"

◎穿着法袍的亨利·菲尔丁·狄更斯爵士，Leslie Ward（Spy）绘（1897）

隔天十点钟一到，我准时赴约，等了一会儿便有人引领我进入法庭，并安排我坐在一张又高又大的太师椅上，所有人全都目不转睛上下打量我。整个法庭挤得水泄不通。我的面前有一张桌子，底下铺着地毯，室内到处散置着熏香药草，此乃沿袭长达数世纪的古老习俗——用以降低感染"牢狱之灾"[14]的机率（莎士比亚的《亨利八世》里头那位红衣主教沃尔西手里老揣着一只橘子也是基于同样理由）。此时亨利爵士迈入法庭，即使戴上假发、多了后头那根辫子，仍然丝毫没为那个老好人增加一丁点儿慑人的气势。庭上大人随身也佩带一小束鲜花；就那么着，鲜花加上四处散置的药草，整个厅堂便充斥着甜甜香香的气味。不过，在英国的法庭里头，还有远比药草、鲜花的扑鼻香气更要紧的东西——就是那股沛莫能御、肃静威武的凛然正气。咱们这儿的法庭跟他们一比，那简直会笑掉人家大牙。我曾经亲眼目睹我国法庭内宛如马戏班子表演杂耍、国会殿堂上演全武行……也不瞧瞧人家老贝利的正经模样。

◎红衣主教沃尔西，Sir John Gilbert 绘（约作于一八八六年）。画面中可以看到沃尔西把鼻子凑向橘子嗅闻

伦敦的大街小巷是各式各样犯罪活动滋生的温床，而警察往往不管小扒窃、大强盗，先一口气逮回来，再统统一股脑丢给法官自个儿去——请包涵我的用词——"掂斤秤两"。吾友查特斯·拜隆爵士[15] 每回一踏进弓街（Bow Street）警局，想都甭想，嘴里就自动源源吐出："拘役十天"或"罚锾十先令"。亨利·狄更斯爵士眼前碰到的棘手多了。光是涉及一条四五千英镑的项链的一桩失窃案就得花掉好几个钟头进行审理。我心想：那条项链丢不丢有啥差别，反正从"劳埃德"[16] 那儿领到的保险金也够本了嘛。接着便是休庭放饭，喝杯波特酒，餐后再来一根上好雪茄，然后大家纷纷就位再度升堂。就那么继续审理了两三件鸡毛蒜皮的案子（在我看来，尽是情有可原的情节）之后，一名老头儿站上犯人席，他被控"伪造国币"的滔天大罪——其实说穿了，不过就是在自个儿家里土法炼钢、铸了几枚不能拿到外头使的六便士、一先令、半克朗硬币罢了。法庭聆讯旋即展开。

"你可知罪？"亨利爵士正色问道。

"禀报大人，小的知罪。"

"我见你似乎有点面善。你可曾到过本庭？"

"禀报大人，小的确实来过。"

"今因何罪而来？"

"小的私造伪币。"

"你今年多大岁数？"

"小的今年八十七。"

亨利爵士一听他那么说，转身吩咐一名执事："可有此人前科纪录？"执事依命呈上卷宗，亨利爵士飞快瞄了一遍，然后凑向我："乖乖不得了，你瞧瞧喂。这位老兄高龄八十有七，其中有四十个年头全蹲在牢里头。他这回犯的罪最轻也得判五年徒刑，可我实在没法儿让一个八十七岁的老头回笼再蹲五年。"说完他转向犯人道："犯下此罪，你可有悔意？"

"是的，大人。"

"倘若我这回饶了你，你可会重施故技？"

"是的，大人。"

"你别老站在那儿一个劲儿猛答'是的，大人'呀。难不成你耳背？"

"是的，大人。"

（亨利爵士提高音量：）"我说，你别老一个劲儿猛说'是的，大人'。你是聋子啊？"

"不，大人。"

"谅你年事已高，我将予你从轻发落。你出狱之后有何打算——谁能照顾你来着？"

"不，大人。"

（亨利爵士再次扯起喉咙：）"我刚问你，谁可以照顾你？"

"我的房东太太，她会照顾小的。"

"那敢情好，我们暂且就让她轻松一年。刑期确定……十二个月。"

"不，大人。"

"你别老一个劲儿猛说'不，大人'。我说十二个月就是十二个月。"

犯人被带了下去；接着，趁庭吏传唤下一名人犯的空档，亨利爵士又转头对着我说："我爹那年头，法院判刑可比现在要严苛多啦。若是换作当年，刚才那名老头难保不被活活吊死；就算再晚个几年，八成也会被发配到波塔尼湾[17]。"一闻此言，我马上表示：人家老说英国历代改革全部加在一块儿也抵不过他爹一人造成的多，照这么看来果然名不虚传。要是他能活着看到自己的儿子执法如此慈悲为怀，必然会感到十二万分骄傲。

过了几个星期，我从帕丁顿（Paddington）搭火车到普利茅斯（Plymouth）准备搭乘开回纽约的邮轮，狄更斯夫人居然亲自到火车站为我们送行，有多么教我们担待不起就甭提了。这些和蔼可亲的老人，一举手一投足依旧保有上一代（哟，上两代才对）的礼貌优雅。亨利爵士如今已从法官席上退休。我趁离开伦敦前逮住机会央请亨利爵士在我的《匹克威克外传》上头题几个字，他的题词写着：他看出我已具备出任杰出法曹的资格，能力足堪主审匹克威克的案子。

经过那次升堂会审的考验，我仿佛取得了一张资格证书。

我越想自己担任法曹的能力，就越觉得端坐在法官席上审罪问案还真像那么一回事儿；于是我联系宾州最高法院的威廉·B.林恩（William B.Linn）大法官，请他帮我安排下个档期。我告诉他我的能力和经验，若再加上他从旁辅助，我必可大展宏图。何不为我在联邦最高法庭保留一个席位，让我也能好好地拷问那些参议员、众议员；教他们统统来个罪有应得呢？当我在报上读到国会现在正为了通过所谓"平衡预算"的新税法，一味进行既愚不可及又毫无意义（罪该万死就更不消说了）的争辩——却对国家受内伤（伤得还不轻）眼看就将不治的惨状视若无睹。我一想起这事就不禁义愤填膺；我应该不遗余力报效国家，要是能效法先

烈先贤，给每个天花乱坠参议员（Senator Loudmouth）和尸位素
餐众议员（Congressman Dolittle）寄张传票："给俺乖乖来法院报
到，要审要判先甭急，脑袋先统统剁下来再说。"岂不大快人心？

　　对于当今这劳什子政府（居然还好意思自称"全民政府"咧），
我一肚子火气已全数宣泄在这篇文章里头。我压根无法置信：用一
张张选票选出一堆令咱们这些人民唾弃不齿的家伙，竟敢堂而皇之
以"全民"自居。过去这些年以来，我国公众人物的质量持续滑
落。回顾五十年前的国会殿堂，那时还有一批足以傲视任何国家
的仁人志士在里头为民喉舌。他们足堪名留青史；他们有勇有能
又有智谋（再稍稍放大范围来检验，历任先后入主"官邸"[18]的人
每况愈下的情形也相去不远）。但是话说回来，假使那些人今天都
还活着，八成连一丁点儿参选、当官的机会也没有。政府，这个
字眼原本被赋予的良善美意如今早已荡然无存。我们徒有琳琅满
目的法律条文，却独独不见具执行力的政府。说起咱们的法界人
士，其道德之沦丧、行为之败坏，更是教人咬牙切齿；而咱们的
政治人物、执法人员却又泰半全由这些货色转任。咱们国家子民
的身家性命财产简直无一受到保障。各位不妨想一想，这么一个
拥有一亿两千五百万人口、积攒了数代丰硕财富的国家，银行却
一家接一家关门！原因何在？说穿了，全是那些狗屁倒灶的勾当
所导致。这还只是一百五十年的民主毁在改革乏力、行政无能的
胡佛先生手上千百件例子之一。至于即将走马上任的罗斯福先生[19]，
鉴于此君向来勇于藐视恶法、挑战权威，他似乎有能力引导我们
走出混乱、脱序的苦日子，带领全国同胞向上稳定提升。一个全
新形态的政府正要逐步取而代之。我个人对此不置可否；没有人
晓得我们的前途在哪儿，但是，我们希望，就算没办法达到最好
的结果，至少也该小有起色。

这个国家太大了，国会里头一下子挤进那么多人，搞得一年到头都是开会。反倒是埃及还"比较有条不紊"[20] 呢，人家毕竟还有个立宪君王福阿德[21]。虽然他凡事都得奉英国最高当局[22] 的指示办理；但是议员、阁员都非常听命于他，于是他对他们的义气相挺非常感激，嘱咐那些人乖乖在家养老，等到需要的时候自然会找他们来开会。没事干的期间薪水还照样付给人家，所以那群人全没怨言。我郑重建议当局：咱们的国会只要一开会，应该立刻停发薪水。

假使罗斯福先生有幸找到够多正直之士担任左右手，辅佐他收拾这火烧眉毛的烂摊子，他或许就能带领大家脱离苦海了。可是他得放聪明点，别净在华盛顿挑他的人手。就在我写这篇文章的当儿——一九三三年七月十二日——他正享受着理所当然的拥戴。但是可千万别忘了，古时候有个罗马共和国；它覆亡后由罗马帝国取而代之；至于后者，虽然也难逃同样的命运，但是它毕竟拖了好长一段时日才覆亡。咱们的情况或许也不外乎此。历史的轨迹总是一再重复，过程皆大同小异；由此可见，吉朋所言："乃人类一连串罪行、愚昧、灾祸之印记。"[23] 诚然屡试不爽。

　　P. S.：约翰生博士去世前一年在写给思拉尔后代的一封信中如此写道："那只小白猫，莉莉（Lily），现在已经长全了，而且非常乖巧。"[24]

【译注】

1　由 Urania Locke Bailey（1821—1882）所作的童谣"我欲升天成天使"的头四句歌词。收录于在 Marinda Branson Moore（1829—1864）女士编辑的《小儿初级教本》（*The Dixie Primer, for the Little Folks*，Raleigh，N. C.: Branson，Farrar & Co.，1864 3rd edtion）第四十三课。中译略有修改，原歌词是："I want to be an angel / And with the angels stand, / A crown upon my forehead ? / A harp within my hand."

2　此处疑有笔误，按布莱克于一七九三年首次出版该书时原题《为儿童而写：天国之门》（*For the Children: The Gates of Paradise*），约于一八二〇年修订布莱克再版此书时改题为《为男男女女而写：天国之门》（*For the Sexes: The Gates of Paradise*）并增加至少两幅版刻图版。

3　拉丁文格言"sic itur ad astra"原义应为"摘星快捷"。

4　不知纽顿此解有何依据，一般都认为图中那个人正准备登梯。

5　这句西谚原文是"There is always room at the top."，原是一句砥砺人心的话，类似"有志者事竟成"。

6　赫伯特·C. 胡佛（Herbert Clark Hoover，1874—1964）：美国（共和党）政客、官员。一九二一年起担任商务部长；一九二九年获选为第三十一任总统，时值全球经济大萧条，但他在任内始终反对由政府出资援助国内失业人口，因为他无力解决美国经济萧条导致民怨四起，而于一九三三年大选被罗斯福击败下台。纽顿书写此文时，正当胡佛逊位之初。

7　原文是法文格言"La morale est toujours pour les autres."。

8　鲍斯威尔曾以约翰生对小动物十分宠爱为例说明他处处流露爱心。鲍斯威尔本人却极度讨厌猫，只要看到猫便浑身不自在，某日约翰生搂着宠猫哈吉挠骚，鲍斯威尔见状随口夸了那只猫几句，约翰生闻言回答："噫，阁下有所不知，从前养过的那几只我更疼得紧呢。"（"why yes，Sir，but I have had cats whom I liked better than this."）说完觉得不妥，仿佛察觉哈吉不以为然（as if perceiving Hodge to be out of countenance），约翰生赶紧补上一句："话说回来，它实在是一只乖猫，不折不扣的乖猫。"（"but he is a very fine cat, a very fine cat indeed."）见《约翰生传》（一七八三年段）。后人在高夫广场内雕了一尊哈吉仰望约翰生故居的雕像。

9　指"Ph.D."、"D.D."、"LL.D."、"Th.D." ……之类的学位名衔。

10　"φβκ"（φ 发音 Phi，希腊字母中排列第二十一位、β 发音 Beta，希腊字母中排列第二位、κ 发音 Kappa，希腊字母中排列第十位。合起来念作 Phi Beta Kappa）：美国历史最悠久、地位极崇高的校园文艺暨社福团体，成立于一七七六年十二月五日。

11　不明白纽顿此话因何而来。或许巴拉德担任律师期间曾为某人辩护并成功脱罪，令纽顿不以为然。

12　亨利·菲尔丁·狄更斯爵士（Sir Henry Fielding Dickens, 1849—1933）：伦敦执业律师。查理·狄更斯之六子。

13　老贝利（Old Bailey）：即伦敦"中央刑事法庭"（Central Criminal Court）。因坐落于老贝利路上而得此俗称。

14　原文作"gaol fever"，即"斑疹伤寒"（typhus）的俗称。早年由于盛行于人口稠密、卫生条件欠佳的监狱，故得此浑名。纽顿此处故意一语双关。

15 亨利·查特斯·拜隆爵士（Sir Henry Chartres Biron, 1863—1940）：英国作家。一九二〇年至一九三三年担任弓街保安总长（Chief Magistrate）。

16 "劳埃德"（Lloyd's）：指"劳埃德保险公司"（Lloyd's Insurance）。爱德华·劳埃德（Edward Lloyd, ?—1713）原本在伦敦泰晤士河畔开设咖啡店起家（确实时间不可考，目前仅能找到一六八八年二月十八日至二十一日的 *London Gazette* 上的广告），顺道兼营船货保险的业务。"劳埃德保险公司"目前已成为全球排名第二大的跨国的商务保险机构，业务遍布一百二十余国。

17 波塔尼湾（Botany Bay，或以字义译为"植物学湾"）：十八世纪英国罪犯的海外流放地。因一七七〇年库克船长在此登陆并发现若干欧洲未曾知晓的新植物品种而得名。狭义指澳大利亚东岸（今新南威尔士省雪梨市以南约八公里处）的浅水湾，即遭流放的罪犯登陆处；后来成为广义泛称澳大利亚流放地。

18 纽顿原文作大写字首的"the House"，应指"白宫"。

19 指（小）罗斯福（Franklin Delano Roosevelt, 1882—1945）：美国第三十二任总统（在位期间一九三三年至一九四五年）。

20 "They order this matter better in…"：此语法引自斯特恩《感伤的旅行》（参见第一卷III译注 57）"开场白"首句："法国人办起事儿有条不紊多了。"（"—THEY order, said I, this matter better in France.—"）

21 福阿德（Fuad）：指埃及国王福阿德一世（Fuad I, Ahmed Fuad Passha, 1868—1936）。当时埃及还处于英国统治期间。

22 当时驻埃及的英国高级行政长官（British High Commissioner，纽顿作 English High Commissioner）是后来曾担任驻华公使的 Miles Lampson。

23 语出爱德华·吉本（参见第二卷II译注 3）《罗马帝国衰亡史》（*The History of the Decline and Fall of the Roman Empire*, 1776—1788）第三章："安东尼统治期间之于历史添加血肉甚少，充其量仅留下人类一连串罪行、愚昧、灾祸之印记。"（"The reign of Antoninus is marked by the rare advantage of furnishing very few materials for history, which is indeed little more than the register of the crimes, follies, and misfortunes of mankind."）吉朋此语显然得自伏尔泰《天真汉》（*L'Ingénu. Histoire véritable tirée des manuscrits du Père Quesnel*, 1767）第十章中那句名言："En Effet, l'histoire n'est que le tableau des crimes et des malheurs."

24 英国作家玛克·塔利（Mark Tully，曾任 BBC 驻南亚特派员、写过数部关于印度的专书，台湾可见马可孛罗版《印度没有句点》）亦曾在一篇短文"还魂宠猫"（"Re-enacting Pets?!"）中指出约翰生的另一只猫名叫"莉莉"（Lilly），但此事不见鲍斯威尔著录，亦找不到其他佐证数据，此处姑且存疑。

IV 欣见卡洛琳·韦尔斯也藏书

值此炎炎酷夏，我收到卡洛琳·韦尔斯捎来一项请托（与其称之为请托，其实更像一道圣旨），她嘱咐我为她的（部分）藏品拍卖会目录写一篇简短的介绍。"亲爱的 A. 爱德华"，她信中写道，"你好歹也得为我的目录写点儿东西，写好后直接寄给米歇尔·肯纳利先生；这个麻烦全是你给我惹出来的，解铃终须系铃人。等你收到这封信的时候，我已经远渡重洋了。"

我还能怎么办呢？我又没法子"飞鸽传书"给那位女士；何况这会儿她八成正在船上晕得七荤八素，巴不得能立刻靠岸。我当然晓得她信上所说的"麻烦"指的是哪一桩——许多年前她到我的书房来参观，我特地指出某部书上的一个错误（让那部书大大地增值不少）给她看。她瞄过后大惑不解地问我："你是说，光这么一个被混账印刷工捅出来的娄子就让这本书平白多值八块钱？"

"正是如此。"我回答。

"合着，我真该把你们这勾当称作'呆子乐'。"她下了这么一个脚注。

"行啊，"我说，"你这么说虽不中亦不远矣。"

"那你还不快教我怎么玩。"她说。

和卡洛琳·韦尔斯抬杠拌嘴有趣归有趣，但是当她一旦决定要干某件事，就会挖空心思、处心积虑，那股正经劲儿往往令人以为她十分卖力；可是事实不然——她只不过是要消耗掉她多余的精力罢了。而我当时（现在依然）坚信：假使任何人有意搜集珍本，"美洲学"正是绝佳的搜求标的，因为，姑且不论民主政治如何更迭嬗变（我个人是压根不拥护那玩意儿的），我仍然主张终究得有人保存历史传统。

说到这儿，让我想起一桩往事。我有个现在住在旧金山的朋友；他是个每日经手交易金额不知凡几的股票操盘人，有一回他的号子来了一位打算做点投资的老太太。范·安特卫普（就是那位股票操盘人）行事向来非常谨慎保守，说什么都不肯随随便便就把对方有意购买的某几档高价股卖给人家。最后她说："这么说，你是建议我买政府公债啰；照你方才的意思，买公债似乎万无一失。""这个嘛，"小凡小心翼翼地说，"倒也不全然如此；我只能说：等到别的全赔光了才会轮到它。"

有鉴于此，除了我国的公债之外，我只敢相信谈论我国的书籍。（我自己倒是连一本也没有 [1]，也从没想过要买，原因是我对那玩意儿丝毫不感兴趣，英文文学才是我的最爱。）

"那你到底喜欢什么？"我问卡洛琳。

"只要是咱们美国人写的玩意儿都行。"她说。

"既然如此，"我说，"瓦尔特·惠特曼对你来说再合适不过了。此君一天到晚高唱……噢，不对！应该是高叫——四海之内皆兄弟，他肯定迟早会在这个领域占得一席之地。"

"漫画书好像比较合我的路数，"她说，"不过，你说话我信得过。我就押宝在惠特曼身上吧。"

接下来，便不断有人告诉我：卡洛琳·韦尔斯的惠特曼藏品如何又如何；又过了一两年，我听人家说她已经庋藏了一批有史以来最棒的惠特曼藏品。后来还听说：她正在编一份书目，于是我向她打听那件事情的进展情形。

"什么书目？才不是咧，"她说，"只不过是列一份清单罢了，就这么回事。果真很好玩哟。"

接着，我风闻她有意将那批惠特曼藏品脱手；然后又听说根本没那一回事儿。后来，传来消息，说她又临时变卦，正打算卖掉若干珍稀的复本和几件精品。或许这回总该玩真的了吧，我实在不晓得；反正不管怎样都很符合她的一贯作风。无论她最后怎么拿主意，大家肯定会明白她原本就是那副德性。

回头谈谈惠特曼。我坚定地相信：首版《草叶集》[2] 势必会攀升到比其他十九世纪问世的所有重要作品更高的价位——无须提醒，我并没有忘记昂贵的雪莱、济慈的书同样也出版于十九世纪。不过届时我恐怕早就已经不在人间了。倘若我无法活着亲眼目睹此事成真，谨盼望哪位有心人能朝西行、"在佩奥利转车"[3]，再搭车走一段路，造访福吉谷（此处乃"民主梦想"发祥地）的华盛顿纪念礼拜堂，等你参观完那座堪称全美最漂亮的礼拜堂之后，请循着草叶，寻觅一方不起眼的墓碑，坐下来，对长眠在此的我悄声细语："惠特曼那部书，果真被你料中了。"我一定会洗耳恭听你娓娓为我道来珍本书的最新行情。

【译注】

1　其实纽顿本人生前亦收藏不少费城史料，严格说来也可算是"美洲学"。

2　《草叶集》（*Leaves of Grass*）：瓦尔特·惠特曼的诗集。一八五五年出版，初问世版本仅收录十二首，直至惠特曼死前为止，此书陆续增补共再版九次，最后成书共收三百八十三首诗作。

3　"在佩奥利转车"（"change cars at Paoli"）：纽顿套用他自己于前一年（一九二二年）发表的另一篇文章（收录于《举世最伟大的书》，译本未收）的标题。

● "藏"书之乐。吉米·哈特洛绘（原载《鲁滨逊漂流记》）

● 应邀为大作签名的 A. 爱德华·纽顿
Jean Hercholt 绘
（原载《蝴蝶页》"签名琐谈"）

【附录 I 】

落难藏书家（又名 A. 爱德华·纽顿）书籍拍卖会

于一九二六年年十一月二十九日八点十五分起进行拍卖

安德森艺廊〔主持人：米歇尔·肯纳利〕纽约市公园大道489号

译按：一九二六年，纽顿委托安德森艺廊举办一场小型拍卖会，名称订为"落难藏书家"（又名 A. 爱德华·纽顿）书籍拍卖会（"Books of a Busted Bibliophile, alias A. Edward Newton" Sale），拍卖品数共一百九十四件。纽顿利用该场拍卖会脱手若干自藏复本以筹措更多买书钱，以下这篇文章便是刊登于该次拍卖会目录上的序文。虽然纽顿在文中暗示这是他头一回拍卖藏书，但其实他于一八九六年五月十八日曾委由班氏公司脱手一小部分藏书（参见第四卷 II 译注 14）。从此之后，纽顿未再公开脱售任何藏书（当然，购书始终不曾中辍）。直至其殁后，才由家人委交 Parke-Bernet Galleries Inc.（一九四一年四月十六日至十八日、五月十四至十六日、十月二十九日、三十日分三阶段共八天）拍卖其遗留之所有藏书。

写在开拍之前

　　早在好几年前，我就料到总有一天免不了得举办一场拍卖会：当时我心里有数，那堆书本铁定会害我倾家荡产外带欠下一屁股债，而我为了清偿债务，迫不得已只好将那些书出清，拍卖会的主题索性就订为"落难藏书家大清仓"。那会儿，我自然而然想到"由班氏公司拍卖"以取其顺口好记[1]。然而物换星移——如今"班氏"已被安德森艺廊取代，而我这回也只打算卖掉手中少数几部藏书，好让我多攒点儿经费再买去买别的书。

　　我从不敢踌躇满志妄想自己坐拥满室藏书：盖藏书乃万万含糊不得的正经事儿——而我只不过是漫无章法（甚至可说是随兴所至、糊里胡涂）积累了一堆书罢了；不过，即便如此，我依然在能力许可范围之内尽其可能地搜罗最精良的本子（所有收藏家亦皆该如是）。卖书这勾当我以前只干过两回：头一次是卖给瓦尔特·希尔，另一回则是卖给"石砖巷书店"。那两次交易都是拿旧书换旧书：都不能算是"马失前蹄"——因为，等到我发觉不对劲的时候，它们早就全成了陈年往事。

　　此回交付拍卖的书籍，除了其中极少数的例外，都是复本——但这批书并非我所有的复本。我拿了两部《约翰生博士词典》[2]出来拍卖，可是我家里头还摆着四部。我拿出一部鲍斯威尔的《约翰生传》[3]，而书架上还有另外三部。《拉塞拉斯》[4]我拿出两部，我还有五部。我打算卖掉四部"卡罗尔本"[5]，而我的手上少说也还有四五部，其中包括两部签赠本……每一本书上都贴有我的自用藏书票，以资验明正身。

　　大家都晓得，我之所以购藏某部书，无非是认为它价格便宜——但是外界有所不知，更多时候是因为我看中那部书；曾经有一位女士跑到我的办公室，她说：自从看了我的《藏书之乐》之后，不仅让她晋身爱书人之列，还害她节衣缩食、不计血本买下一堆书，这会儿她需钱孔急，问我能不能行行好接手那批书。我当时好人做到底照办了，现在轮到我央请各位也送佛送到西——从我的手中接手这批书。

我头一回上蒙特卡洛（Monte Carlo）就瞎猫碰到死耗子赢了一百元（至于怎么赢的，直到现在我依然百思不解）；就那么着，在接下来的旅程中，凡是看见哪件我想要的东西，只要价格大约在一百元左右的，我就统统买下来，一边还昧着良心对自己说：反正花掉的全是从赌桌上赚来的不义之财——结果我前前后后共付了二十来趟一百元。所以，我这回要从米歇尔·肯纳利手里拿到成交金额绝不能低于这笔数目：赚得越多，我才有越多钱可花嘛——若不是拿去孝敬小罗，就是付给瓦尔特或德雷克，反正全是投进其他一口口"纯净无瑕的英文古井"[6]里头；至于会有多少银子会长脚跑到"亲爱的梅布儿"手里就更甭提了，那小妮子教人破财的高超本领简直无人能及。

最后，众看官，您们或许会觉得这篇声明写得不痛不痒，但是对于要和这些书分手，我内心委实感到万般不舍（虽然搁在家里头的书更多）：这可不像情侣之间感情一夕生变、协议分道扬镳那么轻松平常。就拿那部可怜兮兮的《约翰生博士与女流之辈》[7]来说罢——当我今儿个一早将它从书架上抽出来，它仿佛还老神在在地对我说："谅你不至于抛弃我！你曾经三番两次对我许下海誓山盟呢。"那倒也是一点不假，可是我怎么忍心对她吐露实情：前几天我了找到比她更标致的新欢？真是情何以堪哪。

我有个预感，这批书之中万一要是有哪几部不幸沦入某位寡廉鲜耻的律师（加形容词是否太多此一举？）手里，想必将从此不见天日，沦为深宫怨妇、一生难得被宠幸几回，那么一来，我对她们可就更难交代了。

A. 爱德华·纽顿

一九二六年十月五日识于宾州戴尔斯福德"橡树丘"

【译注】

1　"落难藏书家大清仓，由班氏公司拍卖"（A Batch of Books of A Busted Bibliophile To be Bought at Bangs）原文中的每个字词皆以"B"字母起首。

2　根据"落难藏书家拍卖会"目录记载，两部约翰生《英语词典》均为一七五五年两卷本首版。

3　该本为一七九一年首版首刷。

4　列入拍卖的两部《阿比西尼亚王子拉塞拉斯正传》（参见第一卷Ⅳ译注53）分别为：一七五九年首版，以及作者致赠思拉尔—皮奥齐夫人的一七六六年第四版签赠本。

5　拍卖目录上共列出三部刘易斯·卡罗尔（Lewis Carroll，1832—1898）的书（全是签赠本）：《艾丽丝镜中奇遇记》（*Through the Looking-Glass and What Alice Found There*，London，Macmillan and Co.，1872）、据原稿景印本《艾丽丝地底漫游记》（*Alice's Adventures Under Ground*，London，Macmillan and Co.，1886。此稿为《艾丽丝梦游奇境》的前身）、作者致赠哈利·弗尼斯（Henry Furniss，1854—1925，该书插图绘制者）的《西尔维与布鲁诺》（*Sylvie and Bruno*，London，Macmillan and Co.，1889，1893）。

◎《艾丽丝地底漫游记》原稿本，稿中的绘饰与插图亦由刘易斯·卡罗尔亲笔绘制。

6　"纯净无瑕的英文古井"（"Wells of English Undefiled"）：引自约翰生《英语词典》前言（一七五五年）："吾殚思竭虑自复辟之前历代各家雅词美句中搜罗引辞用字，窃以为其在在皆属纯净无瑕之英文古井，皆下笔为文之精粹根源也。"（"I have studiously endeavoured to collect examples and authorities from the writers before the restoration，whose works I regard as the wells of English undefiled，as the pure sources of genuine diction."）约翰生在《前言》中自述，他之所以致力编纂《英语词典》乃因为："将近一世纪以来，吾国语文受多方因素干扰，已渐悖离其条顿（原文作"Tentonick"）性格而转趋高卢（原文作"Gallick"）结构与语法。"他对于母国语文渐失其纯度、愈来愈呆板反智感到忧心忡忡；至于"纯净无瑕的英文古井"（单数"well of English Undefiled"）一词的原始出处是斯宾塞在《仙后》（第四卷第二首）中礼赞乔叟的诗句："Dan Chaucer，well of English undefiled，/ On Fame's eternal beadroll worthy to be filed."如今身处数字时代的我们，面对各种速捷媒体（尤其是网络），运用语文之轻忽随便，委实要比约翰生博士当年更应该感到忧虑汗颜才对。

7　《约翰生博士与女流之辈》（*Doctor Johnson and the Fair Sex. A Study of Contrasts*）：W. H. 克雷格（William Henry Craig）著，一八九五年伦敦 Sampson Low，Marston & Co. 出版。

【附录 II】

落难藏书家其人其书

乔治·萨金特

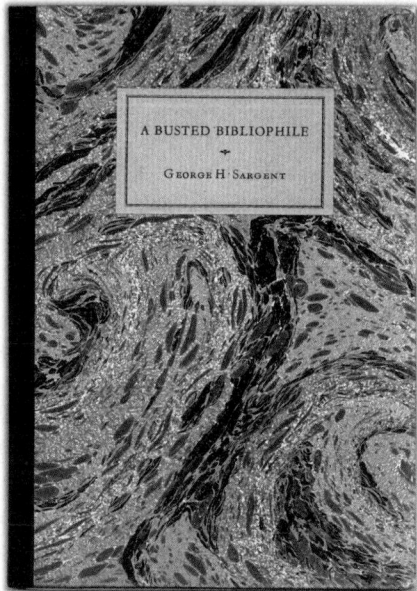

译按："落难藏书家拍卖会"之后两年（一九二八年）的三月十七日，《波士顿晚报》以全版刊登该报专栏作家乔治·H. 萨金特[1] 撰写的"书叟 A. 爱德华·纽顿"（"A. Edward Newton, the Compleat Collector"）。利特尔－布朗出版公司（Little, Brown & Co.）同年以"充珂罗版"限量印行六百部单行本，标题改为《落难藏书家其人其书》（*Busted Bibliophile and His Books*, *being A Most Delectable History of the Diverting Adventures of that Renowned Book-Collector*, *A. Edward Newton*），萨金特并在书末补充一份纽顿相关书目[2]。据韦伯氏（Winslow L. Webber）编撰的《与书籍相关的书籍》（*Books About Books*, Boston. Hale, Cushman & Flint, 1937）所载："此书甫问世时，于芝加哥联合车站售价四块半，而如今在书商目录上的订价为二十五元。"我现在用来翻译的本子，是前一阵子以美金四十五元向"橡树丘书店"购买（我先后买过两本，后一本是冲着藏书票和夹在里头的一份向塞斯勒书店预约的订购单折页，折页上有一则萨金特的简短介绍，其中译内容一并列于此篇译文之后）。

落难藏书家其人其书

—谨识—

此书标题乃得自若干年前，纽顿先生为其藏书拍卖
会之命名，他借该场拍卖会脱手其部分重复藏书。
他所谓的"落难"并非如字面上那般严重，不论如
何，他毕竟旋即重振旗鼓，不久之后还以破天荒高
价买下一部莎士比亚第一对开本。

开场白

我向站在门口的

印地安人朗读这篇文章

他是全家唯一肯听我讲话的人

读罢全文，我俩不禁同时羞红了脸

—A. E. N.—

费城北十九街 501 号，乃卡特电器制造公司（即电器业界名气响叮当的"卡
特公司"）坐落之所在。此公司制造多项产品，包括：由已亡故多年的卡特本人
亲自研发的 I-T-E 断路器（天晓得那是啥玩意），此外，他还发明了按钮开关。据
娴熟该领域的人士向我透露：这是一家成绩斐然、享誉海内外的公司。话说回
来，这家公司里头也有一位成绩斐然、享誉海内外的董事长。

不过我接下来要叙述的内容与电器设备丝毫不相干，因为我对电器设备的知
识比卡特公司那位董事长更少得可怜——当他于一八九五年挤掉县长，到那家公
司当财务经理的时候，曾坦白对外招认：自己原本压根对电器一窍不通，后来更
是满头雾水。这篇文章要向大家介绍的是一位写作者，因为不管是在拍卖场、俱

■ A. 爱德华·纽顿半身像
比特丽斯·福克斯·格里菲斯作，纽约古汉公司
翻制

乐部、抑或私人书房；或者美国、英国的其他任何角落，每当藏书家们一碰面，大家口耳相传中的 A. 爱德华·纽顿都是以爬格子的作家——而不是财经界董事长之流——的身份出现。

然而，要用寥寥数语道尽这位多面向的爱书人显非易事。他居住在距离费城市区有一段车程的戴尔斯福德"橡树丘"（隶属伯温[Berwyn] 邮区）。当你驾车前往该地，会看见一处参天林树蔽荫下的错落屋宅，那便是纽顿一家人和他的宝贝珍藏之所在，一尊木雕印地安人毕恭毕敬地捧着雪茄（不晓得是否也是用木头雕成的）立在门口迎宾，或许正可恰如其分彰显戴尔斯福德主人众多的独特品味之一。穿过迷宫似的一间间厅堂，纽顿先生的公子斯威夫特和我在一间雅室（他们现在称它做"旧会客室"["The Old Drawing Room"]）前驻足。"这间厅堂乃由家父亲自规划设计，"斯威夫特说，"他差点就成为伟大的建筑师，而不是像现在这样当个大商人；他原本还有机会成为伟大的银行家；不过他现在俨然已是一位伟大的藏书家、伟大的作家、伟大的父亲和丈夫。"就算有人原先抱持怀疑的态度，听了纽家公子以十分坚定的口吻道出这一席话，也会不由得由衷信服。

至于"旧藏书室"（"The Old Library"）如今则成了纽顿先生的书斋，但是他坚持称它为游憩室（play-room）。房内果真摆满了他的玩具——多年以来，纽顿先生便在这间放置各种版本书目、参考书籍、图书目录的房间里头从事写作，至今依然。当我最近一回拜访纽顿先生的时候，他正在里头审读他的下一本书《搜书之道》的校样（他当时信誓旦旦声称那是他的封笔之作）。那本书要等到今年秋天才会出版，但大纸版[3] 早已被预订一空。《藏书之乐》（该书不仅令纽顿先生声名大噪，也——所有书商都会异口同声如是宣称——比过去所有谈论该主题的书造就

■（上）旧会客室（二十年前所摄）
■（下）旧藏书室，今称"游憩室"。

出更多藏书人口）、《洋相百出话藏书》和《举世最伟大的书》都是在这个房间里头写出来的；同样也是在这儿，他（在脑中）剪贴拼凑出那部杰出的剧本《戏说约翰生》[4]；而这间房间亦是此位不吝为朋友两肋插刀的大忙人，用以度过无数愉快的夜晚、埋首于来者不拒的文字劳务的场所。当卡洛琳·韦尔斯打算拍卖她手上的藏书，向他开口讨一篇序文好让她刊登在拍卖目录上——纽顿先生恭敬不如从命；约翰·C. 埃克尔决定将多年研究匹克威克的成果付梓，请他代拟书名——纽顿先生经过深思熟虑之后献出一道高明的书名：《首版分册本匹克威克外传：存本普查、彻底校点、雠比对照、次评审批》[5]。威廉·M.艾尔金斯先生（纽顿先生始终认为他手上那批哥尔斯密藏品乃全世界首屈一指）打算出版坦普尔·斯科特[6]的精湛哥尔斯密研究论文[7]，特地央请纽顿先生赐序，还问：是否能在他不在国内的时候代为监督该书进度？当然当然，他一概送佛送到西、越忙越开心。纽顿先生曾声称：他发现"婚后还能找乐子"的妙方——揽一大堆无关紧要的差事让

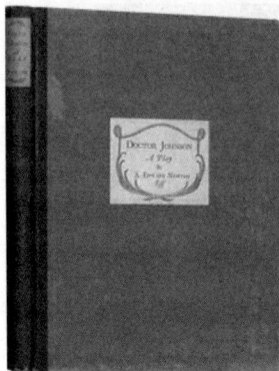

◎ 美国首版《戏说约翰生》书名页

自己忙得不可开交。我不禁思及华兹华斯的诗句："出自善意与爱心之若有若无、无以名状、不足挂怀行径——乃一名好人生命中最好的部分。"[8]

宽敞的新藏书间就紧接在"食堂"另一头——此即"橡树丘"菁华之所在。某人曾将纽顿先生致力的藏书行为归为"生意人的消遣"[9]。这般见解简直是本末倒置。纽顿先生搜集珍本乃时时刻刻莫不战战兢兢、严肃面对，我们反倒不难想见：董事长职务才是他用以当作消遣的活动。他曾在一篇简短的自传文章（收录于《人名、事物释疑》[10]）中以第三人称自况曰："除了藏书之外，此君尚有一项无伤大雅的缺陷——始终视工作为娱乐。"他自己也不明白当初怎么会开始藏书。他自小便喜爱书籍，一度在塞勒斯·H.K.库尔蒂斯领一份颇为优渥的薪水——周薪三元。当他后来在费城老字号波特－科特斯书店工作期间，碰到一名掮客连哄带骗、极力向他推销二十年期的寿险，还说好事在后头：等到他四十岁时会有一千元入袋。但是纽顿先生依然不为所动，甚至反唇相讥："等我到了四十岁，一千元于我何用哉？"事后证明他的判断果然是对的。

一八九三年，纽顿先生一度认真地考虑以出版为业，现在还留存着一本亨利·汉比·海依的著作，题为《镀金及杂诗》[11]，上头标示着"费城：A.爱德华·纽顿社"[12]的印行标示。他后来仔细巡视卡特公司的图书室，说出一句远近驰名的感言："县太爷真是办事不牢。"（"a sheriff is a rotten business manager."）接着他便开始不断购置书籍并计划积聚一批藏书，可是不到三年光景，他便发现自己起头的脚步

全踩错了，于是办了一场拍卖会出清手中的许多书籍——其中几本的成交金额恐怕他现在会巴不得想照原价买回来。由此看来，他看待书籍的角度并非从一而终。

藏书家百样千款，互异各殊。有些人将购置珍本当成投机生意，买进时只着眼于后手能卖出什么好价钱，这种人和其他专挑热门货来居奇抢利的人没啥两样；另外还有一种藏书家，买书的时候就打定主意将来死后要一股脑全数捐给某公家机构；有人只要见到他自己喜欢的作家的东西便不管青红皂白一律照单全收，和他个人喜好无涉的便连碰也不碰；有的人买书只顾自己高兴，全然不管别人是否喜欢；更有些人买书只是为了向别人炫耀，对自己的藏书内容根本一无所悉；还有一种藏书家买书乃着重研究功能，详知自己的每一本藏书内容、深谙自己和其他人何以喜欢那些书的道理。凡以上种种性质的书籍（尤其是最后一种），均可在纽顿的藏书之中看到。倒不是说他丝毫不以商业眼光经营藏书，也不是他压根从没想过要卖掉那些书，而是当他买书的时候总会小心谨慎，免得身后留下一大堆长物教后代子孙伤透脑筋。很少藏书家能像纽顿先生一样，对自己的藏书

■ "橡树丘"实景

了如指掌；亦难以找出一二人能比他更能善用其藏书。综观种种因素，我敢大声称纽顿先生为"书叟"[13]。

纽顿先生曾在他为朋友们刊印的某册圣诞小书（一九二六年那一回[14]）中，约略描述自己的藏书室。那些描述完全不足以传达实际情况之万一，因为他在文章中只不过蜻蜓点水似地透露一丁点儿浮光掠影，仅仅提及由他一手擘划的橡树丘里头的寥寥几件宝贝。要是换成我来写他的藏书，保证更洋洋洒洒也更有看头。不过我们还是姑且先听听藏书家自己是怎么说的吧（尽管行文风格活像"贝德克尔"[15]）：

■ 塞缪尔·约翰生博士肖像，乔舒亚·雷诺茨爵士绘

我的藏书沿墙排架，与寻常书房并无二致，至于东西两面皆凿户开窗以饱收镇日充足光线。余之至珍重宝——乔舒亚·雷诺茨爵士手绘之约翰生博士肖像——高悬于左侧。此画乃博士仙逝前二年受阿什伯恩（Ashbourne）之泰勒博士委制。诚然十足精美画像，艾米·洛威尔尝言：此画灵活神韵实非他作所能比拟，其笔触道尽博士何以能深得友朋爱戴。余所庋藏之约翰生相关藏品——已历时四十年矣——则于画像之下分两侧置架。

左墙[16]泰半架面用以储放余最钟爱之作家：狄更斯、兰姆与哥尔斯密等人之作品；而史蒂文森、布莱克、彩色图版书籍与运动书籍则盘踞一角。另一端专置诗集、余之"珍本"、量少然极精的手稿、以及各版圣经；当室特设展示柜一口于沙发背后，其中陈置忒精致之装帧本。右手边则为我的"套书"与小说，自笛福至哈代依序罗列，尤以十八世纪著作为其大宗也。

余藏书向来未经任何周详规划，然而置于架上却能丝毫不感突兀；能齐聚此批书籍于一室，诚为极端忙碌生涯之中一大乐事。

不管有没有系统，纽顿先生的确拥有一批藏书与一批堪用、足供展示、也值得保存的书籍。那些书的价值若干？花费几何？这种问题可千万不要当着纽顿先生的面提起。有一回，已故的亨利·E. 亨廷顿和我站在摆满他花费数百万元购置而来的珍本、手稿的图书馆内，他这么对我说："大家老爱问我究竟花了多少钱购置这些书，说起这事就教我冒一肚子气。花多花少又有什么干系？既然我压根没打算要卖掉，这些书的价值已非金钱单位所能衡量。"纽顿先生要是听到人家询问相同问题，他或许会回答得比较和气些，但是他同样也会堆满一脸痛苦、哀戚的表情，因为纽顿先生———如约翰·T. 温特里奇——内心坚信：既然有号子、赌桌可供投机炒作碰运气，大家千万别把歪脑筋动到书本上头。

当纽顿先生在他深爱的伦敦穿街走巷、巡逛旧书店的时候，突然灵机一动，决定动笔写下自己在当地访书的种种因缘逸事。既然那些书那么吸引他的兴趣，关于那些书的由来点点滴滴——如何、何时购得、书价若干、书贩众生相等等——何以不能也打动其他人？于是，一回国后他便写成一篇题为"海外得书记"的文章，接着又写出"海内得书记"，他当初原本打算将那两篇文章合印成一本题为《藏书之乐》的小书，用以分赠亲朋好友，就在他于一九一四年七月末将稿子送到印刷厂的当儿——套用他的话说：——"欧洲就风云变色了，而我们亦惶惶不可终日。于是我从印刷厂把稿子抽回来，搁置一旁。"但是，后来他又觉得世界必须持续运转（其实其他人也都有相同的想法），即使欧洲正在打仗，喜欢书籍的人却依旧存在。他身旁的朋友也频频鼓励他把文章投到《大西洋月刊》发表。大家有志一同地指名那份刊物，必然事出有因，大抵是因为他的朋友们全是那本杂志的忠实读者，而且也认为那些文章合该刊登在《大西洋月刊》上头。纽顿先生拗不过众人起哄怂恿，只好硬着头皮在信封上写了"《大西洋月刊》贵编辑敬启"（他当时连编辑的名字都不晓得）将稿子寄去，并且"想当然地"预先附上邮票方便对方退稿。不料埃勒里·塞奇威克读过文章之后，回了一封信通知纽顿先生：《大西洋月刊》欣然采用他的大作（并且"想当然尔地"没收了那几枚邮票），一张支票亦随后寄达（面额之高，登时把弥尔顿当年写《失乐园》的稿酬比了下去）。那篇文章一经披露，纽顿先生马上收到许多兴高采烈的读者来信，其中不乏好几位还因此和他成了朋友，双方却自始至终未曾谋面。

当时是一九一五年春，直到一九一七年秋天，他才又投了另一篇——"荒唐哲学家"——到《大西洋月刊》。那篇文章亦获得录用刊载，打那会儿起，那本杂志接二连三登了好几篇他的文章。虽然纽顿先生写文章从来都不是为了赚取稿费，不过那几笔稿费对一名不停买书的人来说倒是不无小补。后来，那些文章集结成单行本《藏书之乐》（称之为《纽顿的逸趣大全》亦不为过）隆重出版。

■ "书叟"的漫画造型，Wyncie King 绘

《藏书之乐》甫问世即一炮而红，此事实在值得大书特书。首版印量三千本——对于一部主题冷僻、出自名不见经传作者的处女作来说实在不可谓不多。该书一上市没多久便被"一扫而光"，出版社打铁趁热赶紧推出印量更大的第二版。然后第三版、第四版、甚至第五版亦接连付梓应市，前后算一算，那部谈书的书总共印行了两万五千本。哈佛大学更是成打成打地买去给修"印本书"那堂功课的学生们研读——后来的成果便是那桩捞啥子（哈佛书呆子诸多该死的勾当之一）——正经八百死读书果然要命。一本有作者亲笔落款、附带一幅额外插图的首版《藏书之乐》于一九二六年以五十二块半 [17] 成交。但是，手里拥有首版的人暂且稍安勿躁！

可不是每一本都能卖到那个价码。我曾经在某家伦敦书店发行的目录上看到一个本子仅仅标价十先令六便士。我那时未能买到或许是因为当我的订单寄达英国的时候，那本书早就被别人捷足先登了（搞不好早在那封信还在纽约尚未过咸水之前哩）。话说回来，大家实在不宜将《藏书之乐》当成"二手"书来看待。

曾经有整整三代藏书家奉托马斯·弗罗格纳尔·迪布丁（曾游遍英国、欧陆各富豪私家图书馆[18]、百折不挠的《书痴》[19]作者）的博学著作为无上瑰宝。从前，迪布丁的书堪称关于书籍的书籍之中最杰出的著作，将近一个世纪以来，它们也始终立于独尊地位不曾动摇。不过，纽顿先生的书既出——套句江湖黑话——"应声撂倒迪布丁"。倒不是因为纽顿先生写的都是现代新书（因为他也谈了一大堆古老得不得了的书），而是他的笔调更生趣盎然、更有人情味儿。迪布丁只不过将上了年纪的古籍善本一一罗列排比，而纽顿先生则为它们个个注入饱满生气。纽顿先生的亲密挚友，克里斯托弗·莫利，曾来信向我解释纽顿先生的书如此广受欢迎的原因（我已将该篇信文收录在前一阵子出版的纽顿著作目录[20]之中）——纽顿先生的文章面世碰巧逢上天时地利人和。对莫利先生与其他众多好友而言，A. 爱德华·纽顿的地位不啻"哈里发"[21]，莫利在信中如此写道：

> 想必你还记得他曾写过一则绝妙轶事，提及约翰·伯恩斯某日带领一名美国人、一名加拿大人到下议院附近的河边茶叙。"
>
> "两位请看，此乃泰晤士河是也。"
>
> 访客顺着他手指的方向看了一眼。加拿大人开口道："伯恩斯先生，敢问您可曾见过圣劳伦斯河？"从美国中西部来的客人一听也不甘示弱："您看过咱们密西西比河么？"
>
> "是的，"伯恩斯回答，"我全瞧过。圣劳伦斯河仅是一泓溪水，而密西西比河则只不过是一滩泥水罢了；而两位眼前这一道，可是源远流长的历史呀。"
>
> 著书为文谈论古籍珍本的作家所在多有——其中亦不乏机智讨喜者。然而咱们哈里发的笔下，阁下，白纸黑字在在俱是鲜活的品性。

纽顿先生笔下的每一本书，字里行间莫不掺杂他个人的个性品格。其随处涌现的如珠妙语、不时娓娓道出的生命哲理，拨动每个美国人的心弦——大抵只有像"大比尔·汤普森"[22]之流才有能耐完全不为所动。纽顿先生深爱伦敦，然而伦敦之所以如此深深吸引他，非关乔治国王、爱德华国王，亦无涉维多利亚女王；而是高夫广场（约翰生博士生前蛰居之所在）、吉尔伯特与沙利文、乃至狄更斯、萨克雷，或甚至溯及更久远前、仅在"老维克"当中粗浅接触的莎士比亚。但是当他回头数落国人粗鲁无礼、不懂得善用余暇时光、一味盲目追求愈大愈好愈快愈好；挑剔城乡景观的紊乱无章、缺乏整顿、与国会殿堂的荒腔走板（要不是这些事情全都结结实实地影响国家的未来，否则咱们大可尽情捧腹笑个痛快），他完完全全受到福吉谷[23]及其精神的感召。"他在别处总是频频质疑民主制度的运作弊端，但是对于此地则全然虔敬。"

任何人只消读读《举世最伟大的书》的头一章[24]，必然都可以感受到作者悲天悯人的博爱情操。我个人坚信：他必然是一名圣公会（Episcopal Church）教徒。要是有机会让纽顿先生带你走访福吉谷，途中路经"大谷浸信会教堂"（Great Valley Baptist Church），他会提起一则关于他的远房表亲，一名人穷志不穷、老家在弗吉尼亚的老太太的故事：话说她牵着小孩走在里士满（Richmond）的路上，途经一幢木造小屋，"姥姥，姥姥，"小孩问，"那是什么教堂？"老妇答道："那个不是教堂（church），那是一间礼拜堂（chapel）哪。"两人继续往前走。过了没一会儿，小孩又开口道："姥姥，教堂和礼拜堂有什么不同？"

"礼拜堂是给浸礼宗教徒（Baptists）做礼拜的地方。"

小孩还是不明白，他想了又想，最后问道："姥姥，参加浸礼宗的是坏人吗？"

"不是的，乖孩子。"老妇答道，"不过那是社会的大不幸啊。"

纽顿先生曾经说："我曾经向一位我认识人品最高洁的基督徒绅士讲这则故事。他是个浸礼宗教徒，但我相信他正打算皈依圣公会。"

相对于看待宗教事务的宽容态度，纽顿先生却自始至终对政治乱相不假辞色，甚至毫不迟疑地将《独立宣言》说成"由某名小头锐面的政客东拼西凑成的文件，当他信笔写下'所有人皆生而自由、平等乃天经地义之不悖真理'[25]时，他和咱们一样，心知肚明那根本全是一派胡言"。只要碰到看不顺眼的事，他便用大白话将自己的看法直截了当表达出来。每当他要当头棒喝当前的政经局势，总能信手拈来妙字佳句。

正是由于强烈的个人性格灌注于这些内容，方能屡屡唤起读者反躬自省。尽管纽顿先生文章的主要探讨对象是"书籍"，但不难想像，那并非他唯一念兹在兹的主题，不论他所讨论的主题为何，他的立论总以某部书为出发点。我们就举纽顿先生藏书三部曲[26]的最后一部《举世最伟大的书》为例，虽然他在文中谦虚地引用赫胥黎的句子加以佐证，他的文章依然堪称有史以来对圣经最崇高的礼赞。由于纽顿先生本人钻研约翰生甚深，书中自然也少不了谈论约翰生博士的文章[27]。他以笔为剑，评议当前国际债权之处置失当；针砭政坛人士的伪善嘴脸；抨击咱们"恶法亦法"的姑息谬论。接着他笔锋一转，侃侃谈起甫出版时受到父祖辈宠爱有加、如今却被众藏家弃之如敝屣的种种彩色图版古籍。他那两篇分别纪念伟大的藏书家——哈里·埃尔金斯·威德纳与贝弗利·丘——的绝妙美文，必将在文学史上永久留传。无论他论及什么主题，无不揉和了A.爱德华·纽顿鲜明的个人色彩——即"思想尽汇笔尖"也。

有一位狄斯累里先生曾经著书探讨写作的"灾祸"与"争议"。纽顿先生则全心全意阐述其"乐"。凡生而为人，大抵皆有其各自的"灾祸"与"争议"，身为作家的人往往不喜欢别人提醒他们那些烦心的事；而从来不摇笔杆爬格子的人，也没太多兴趣关心作家们有哪些困扰。狄斯累里先生的大作至今仍可得见，我发觉其中论点不无道理且值得作为处世的参考。然而纽顿先生开门见山就告诉大家：一旦写作失去乐趣，他便会立刻封笔。

在纽顿先生第二部著作《洋相百出话藏书》内有一篇文章题为"走上写作这条路"，文中叙述他的第一本书问世后的民众反应。其中最糟糕的便是读者们蜂拥来信，写来的人全是手中有书想脱手、或家里有几本"里头的f都印得像f"的旧书，他们纷纷要求这位显然对书本拥有无穷知识的写作新秀为他们的书本估价。每回纽顿先生只要一有新文章在杂志上发表，这种情形就日益严重，为了毕其功于一役，他不得已干脆准备一份事先印好的信，详告那些人：估书价的工作甭再找上门，他既非书商亦无意为书商拉生意，更没兴趣下海从事收购旧书的勾当。这些令他不堪其扰的信件，纽顿先生每天都得收到好几封。许多来信甚至根本连回邮邮资都不附上，其下场就统统只能石沉大海。假使各位冀望能收到纽顿先生的正式回函，那么你在"兜售祖传百年古书"之余，千万不要吝惜那区区几毛钱的回邮邮资。

还有许多人不厌其烦地致函作者夸赞他的文笔、甚至直接鼓励他应该再接再厉。此外，五花八门的各种社团也纷纷邀请他去演讲并频频探询他的"价码"。甚至还有几所大学院校认定此君作为颇值得获颁"博士"学位——不过我丑话先说在前头，你最好不要头一回见面就直呼他纽顿博士，否则到时场面闹僵可就糟了。纷至沓来的各种学位早已令他应接不暇，每当这位哈里发被人家以"博士"相称，就算他按捺性子没当场发飙，给对方一双白眼总是免不了的。

不过最振奋人心的事情还在后头：这位董事长不仅荣登人尽皆知的一线作家、挣得"书叟"美称，更带动许多人（其中不乏工商巨子）投入一波藏书热潮。他鼓舞了年轻的大学生，在他们身上种下藏书的种子，我敢大胆预言，未来一旦开花结果必可令藏书大业势不可挡。既然他老早就开宗明义声称藏书乃最令人欣喜的消遣或职业，这些锦上添花自然多多益善。

历史上鼎鼎大名的藏书家——让·格罗里埃——曾以一方"四海之内皆兄弟"[28]图章铭文，说明他的每一部书本皆为他与他的朋友所共享。那句格言倒不是暗示他老兄家里开图书馆，专门无条件出借书本给大家（要是果真那样，他岂不损失惨重？）可是，纽顿先生慷慨披露自己的藏书和他脑袋里头关于书籍的宝贵知识，其用心正是为了嘉惠朋友。就在前几天，我收到某位朋友的来信，他问我是否能够帮忙找一本第二版的安东尼·特罗洛普《旺代省》[29]（我曾经写过一篇文章讨论那部小说），因为迈克尔·萨德勒要在他即将出版的《特罗洛普著作书目》[30]里头刊登一帧书影。我手边不巧也没有那本书，但是我马上想到 A.爱德华·纽顿，凡是安东尼·特罗洛普写的书他每一本都有。于是我建议朋友去找纽顿先生帮忙。结果，我的朋友果然顺利拍到他要的照片。顺道一提：那本书的第二版比首版更为罕见，萨德勒先生先前在英国上穷碧落下黄泉，找得人仰马翻连

■ A. 爱德华·纽顿本尊

一本也找不着。这虽然只是一桩小得不能再小的事，却足以说明"橡树丘"的收藏多么博大精深，而其主人励行藏书之"乐"又是何等仔细彻底。

任何作家要是能爬到纽顿先生这种地位，免不了有一大堆出版社找上门求序，这也是颇令写作者乐在其中的劳务之一。他所写的第一篇序文献给了小克·莫利的《费城巡访纪行》[31]（该书漂亮地形容那座城市为"由比德尔[32]与德雷克塞尔[33]两大氏族的血脉汇流而成、出奇广大的一座小城"）。那篇序文可说是纽顿先生对莫利迁离费城、移居纽约的临别赠言，即便现在还无法堂堂进入"纯文学"的殿堂，但它的确是一篇感人肺腑、赚人热泪的珠玉佳作。其他由纽顿先生作序的书还有：《鲁滨逊漂流记刊行始末》[34]——一部饱富哲理的怀古之作而非仅版本论著，据纽顿先生自承：命可以不要，这种书的序文绝不能不写。要是有人愿意试着给威拉德·吉布斯的《论多相物质的平衡》[35] 写点儿说明应该也不错，此人的"相律"（Phase Rule）完全找不到意义相当的文学词汇，合着只能用数学公式加以演绎。纽顿先生甚至还成为唯一一位受邀为托马斯·J. 怀斯的九卷本《阿什利藏书楼藏品目录》作序的美国人，此事也让他得以与理查德·科尔[36]、戴维·尼科尔·史密斯（David Nicol Smith）、R. W. 查普曼、E. V. 卢卡斯[37]、埃德蒙·戈斯[38] 爵士、约翰·德林克沃特、奥古斯丁·比雷尔与 A. W. 波拉德等文坛名家同列一堂。

　　纽顿先生身体力行藏书之"乐"之余，还有一桩值得大书特书的快事——他于每年圣诞节前夕照例会为朋友们准备一件小礼物。此乃他自一九〇七年起便养成的怡人习惯，其中某些出版品现在皆非常罕见且寥若晨星（若换成他钟爱的约翰生博士，则会说：宛如狗嘴里头的象牙[39]）。如果有人能够每年好好地保存下来，必然是一套绝顶风光傲人的收藏品，要是现在谁还想回头再去一件一件搜罗，那就只能等着品尝徒劳无功的滋味了，就算真能找到其中一两件，恐怕也会让他的荷包成了大窟窿。那些出版品涵盖的议题可谓包罗万象，去年圣诞节出品的是《不打不相识》[40]，内容讲述一件争端（纽顿先生某次乐而忘"问"，得罪了画家戈登·罗斯）后来如何成了一桩美事的过程。

　　我原本可以写一篇访谈，询问纽顿先生为什么要藏书、该如何藏书……但是我办不到，一来篇幅有限，再者，我再怎么努力，也够不上他自己写的一半好，何况，我如果画蛇添足写出来，势必会剥夺读者自行从他的著作中发掘答案的乐趣。对了，我差点忘了提一件事——纽顿先生曾经表示：伴随他的第一本书出版而排山倒海涌现的一大堆问题，他完全答不出来，所以他归纳出一个结论：这个世界上的问题太多但答案太少。而他完全不加思索就能答复的问题，倒是有一个（通常都是不藏书的人问的）："买古书是一项好投资吗？"他立刻会回答："是的。"然后再告诉你他的信念（根据一项老得不能再老得经济法则——供消需长自然而然带动价格上扬），而且还会现身说法，申明倘不趁现在买还待何时云云。他曾在他的某部书中叙述一桩陈年旧事——当时（哟，那竟然已经是上个世纪的事儿喽）他向伦敦有名的书商哈特买了一部章节标成"第壹章"、绿色蝴蝶页、连一个"版记"都不缺的《耶诞颂歌》，他当时付了三十先令还觉得心疼，那本书现在约值二十几尼。哈特还打算顺道卖他一部哈代的《孤注一掷》，开价大约是两英镑出头。纽顿先生如是说："当时我觉得似乎该等到它的价格升到四十英镑再买比较好，如果是那个数字，我一定二话不说立刻付钱。"

纽顿先生写文章的时候并不喜欢议论别人写的书。一旦文章中必须提及某本书而他手边又正好没有的话，他也会先去买来一部再回头继续写那篇文章。用这种方式写文章免不了就得破费伤财，连带害他上回到欧洲旅行时只好一路缩衣节食——他启程前才刚花了六万两千五百元向加布里尔·韦尔斯买了一部上好的卡里斯福特（Carysfort）伯爵藏本莎士比亚第一对开本（因为他正好写到"第一对开本乃所有完善藏书室的基石"那么一句话[41]），后来他就再也没买过任何一部第一对开本了[42]。但是当他写到旧目录和新价格的时候，他特地指出该部善本于一七九二年只卖三十二英镑，又似乎对范·安特卫普的本子（现在摆在哈佛大学图书馆的威德纳特藏室里头）卖不到两万元颇有微词。或许是因为他对于第一对开本的感情也和他早年对《孤注一掷》一样复杂纠葛吧。

正因为纽顿先生对自己的藏书这么下工夫去了解，他写起谈书文章来才会如此精湛可读；他下笔也不至于无的放矢；而他对书籍的广泛品味亦统统反映在他的文章里头。只要大家读通他的书，就不会因为咱们自己没福气买到"卡里斯福特伯爵藏本第一对开本"（即使它们出现在市场上），就大咧咧地说藏书只是有钱人才玩的把戏。如今出版业蓬勃发展，藏书界也兴起一波购藏"现代首版书"——此词涵盖一八七一年哈代的《孤注一掷》以降，乃至厄普顿·辛克莱未完成的《波士顿》[43]之间所有作品——的风潮。其实，纽顿个人并不赶流行拼命购买新秀作家的首版书，因为他没有把握那些书具备不可磨灭的好品质——好比说，像鲍斯威尔的《约翰生传》那般深沉功力。

他说："但我对于那些一看到新书就不分清红皂白一概低估其价值的收藏家也不怀什么敬意。当初沃顿夫人的《伊坦·弗洛美》[44]或小克·莫利的《帕尔纳索斯上路》刚出版时，如果我们一时失察没买，现在就该赶紧把它们买回来，而且现在买的话，为了弥补咱们的疏忽蹉跎，每一本得花十五元。"他一再强调：

所有收藏书本的人应该要潜心研究文学；而且，他也不断建议大家要和某些优良书商建立交情，这两项作法他自己皆力行不懈，并从中获益甚丰。

当我下笔写这篇介绍的时候，一直有一股强大的诱惑力驱使自己尽量在 A. 爱德华·纽顿这个人身上着墨，而不要理会他的作家、藏书家或董事长身份。我个人始终非常幸运，有缘结识许许多多杰出的藏书家与董事长，可是当我发现有人居然能够集三种身份于一身，我下笔反倒觉得分身乏术了。和书界中人打交道，能碰上一位藏书的作者兼董事长，夫复何求？纽顿先生喜欢人的程度比爱书更胜一筹，而且他还有一个能耐，能够做到人如其文，简直——按照莫利先生的说法——摇身一变成了某位虚构小说里头的讨喜人物："他可说是现实世界的匹克威克……对咱们这位哈里发来说，比起称呼他为高明的散文家或伟大的藏书家，这个形容更形贴切。他不但为人非常真诚且有一副菩萨心肠，更是一位性情中人。"

作为一名爱书人，我实在很难从毕生记忆当中找出另一件事能比与 A. 爱德华·纽顿在"橡树丘"消磨一个下午更令我欣喜、更教我难以忘怀。举目张望"满墙开架"，低眉细看哈代《远离狂嚣》亲笔手稿（那位伟大作家唯一存藏于民间的珍宝）；才一转眼，《金银岛》地图赫然近在咫尺（史蒂文森便是根据此图写成那部迷人故事的草稿）；几近无瑕的《匹克威克》善本忽焉捧至面前（套用毕生钻研狄更斯的约翰·C.埃克尔证言：纽顿藏本乃存世最佳善本无疑）。你随手便能随意展读一套名著；观览你梦寐以求的某部古籍；你手上捧着那些书、嘴里还能悠闲地品评书籍背后的种种轶事——作者掌故、庋藏源流——直到一本本书全都纷纷生动起来，不再任其冷置、成为一方方坟冢，而是鲜活物事，充满灵气个性。当你浏览过那批绝佳约翰生藏品走到书房角落，可以抽出弥尔顿的《科玛斯》或是那部几成孤本的《幕间剧瑟尔西忒斯》[45] 或首版大纸本《格列佛》[46]、极其佳善的《钓客清话》、或查尔斯·兰姆的醉人美文"梦中儿"手稿，最后来到一口玻璃柜前，里头摆着某部美不胜收、光彩夺目的布莱克杰作。眼见这般光景，你两手一摊宣告投降，顶多只能学桑普森教士长吁一声："叹——为——观——止！"[47]

【附录 II a】
致 集藏 A. 爱德华·纽顿的诸位同好
TO THE
FRIENDS AND COLLECTORS OF
A. EDWARD NEWTON

自从拙文——"书叟 A. 爱德华·纽顿"——承《波士顿晚报》文学版披露以来，许多读友纷纷来信敦促我务必将它以书籍形态印行。现在，此篇文章即将出版单行本，开本大小一如由本人撰写的艾米·洛威尔研究论著[48]。

鉴于鄙作《A. 爱德华·纽顿著作书目》甫上市旋即售罄断版——殆因书前那篇克里斯托弗·莫利的绝妙序文，本书将特别于书末附录一份简目，列出纽顿先生本人所著以及关于他的出版品标题。

此书开本为十开（宽 $5^1/_2$ 英寸高 $4^1/_2$ 英寸），内文共六十四页，以十级 Goudy Garamond 字体印制于高级模造纸上，并用色纸覆板精装，题签则另贴于封面之上。

书名页将特以朱、墨两色套印，书中并附九幅插图[49]，其中包括一帧查尔斯·弗朗西斯·格里菲恩夫人[50]新近完成的"落难藏书家"半身塑像（由戈勒姆公司 [Gorham Company] 翻制）的照片；还有纽顿先生在书房的留影，以及著名的"橡树丘"实景。

本书将委由费城爱德华·斯特恩公司以充珂罗版精心印制，发行部数限定为六百部，售价则为每部四元五角。各大书局均可受理预约，敬请及早订购，以免向隅。

【译注】

1　乔治·H. 萨金特（George Henry Sargent，1867—1931）：美国记者、作家。一九一三年起为《波士顿晚报》（*Boston Evening Transcript*）撰写专栏"书中人语"（"Bibliographer"）陆续推介藏书界的人、事，令该报的书籍版面耳目一新，也奠定萨金特文名，亦对二十世纪初美国藏书活动发展有推波助澜的功效。萨金特本人十分崇拜纽顿，亦搜集大量纽顿相关文物；萨金特殁后，其大量藏书由其妻 Carrie F. Sargent 委托哈特曼（Charles Frederick Heartman，1883—1953）在新泽西州梅塔钦（Metuchen）拍卖，其中第二场（一九三一年十二月十九日）专拍纽顿相关藏品，目录为《纽顿相关精湛藏品》（*The Library of the Late George H. Sargent. Part II. The Eminent A. Edward Newton Collection*，Metuchen: Heartman，1931，限量印行二百九十九部）。根据现有可查数据显示，萨金特于一九二〇年代在《出版人周刊》（*Publisher's Weekly*）撰写的许多文章，促成了美国大学院校有系统地鼓励学生藏书。他在文章中提问："如何催生下一代藏书家？"他自己的解答是："大学书店责无旁贷。"

2　此书以萨金特于一九二七年发表的《纽顿著作书目》（参见译注 20）为基础扩编。

3　首版《搜书之道》除了一般的八开市售版之外，另印行长八开、附作者签名、比市售版多两幅图版的编号限定本（九百九十部）。

4　《戏说约翰生》（*Doctor Johnson: A Play with Words*）：纽顿唯一的剧作。一九二三年波士顿大西洋月刊社出版、一九二四年伦敦 J. M. Dent & Sons Ltd. 出版。约翰生毕生亦只创作一部剧作《艾琳》（*Irene*），依照纽顿崇拜约翰生的程度，我猜，如果他多活几年，八成也会写出（唯一）一部小说来。

5　《首版分册本匹克威克外传：存本普查、彻底校点、雠比对照、次评审批》（*Prime Pickwick Papers in Parts: a Census，Complete Collation，Comparison and Comment*）：埃克尔编纂的版本论著，一九二八年伦敦 Charles J. Sawyer 书店限量印行四百四十部 / 纽约 Edgar H. Wells & Co 限量印行四百部。这个极其漂亮的书名可真折煞了译者。盖原书名前段各字皆以"P"而后半段则全以"C"为头韵，由于前段多为定语难以更动，唯有将后段词首勉强以"ㄘ"或"彳"头韵瓜代。

6　坦普尔·斯科特（Temple Scott，1864—1939）：英裔纽约书商、版本专家。

7　《奥立佛·哥尔斯密编年著作目录》（*Oliver Goldsmith，Bibliographically and Biographically Considered; Based on the Collection of Material in the Library of W. M. Elkins，esq.*）：坦普尔·斯科特编纂，一九二八年纽约 The Bowling Green Press 限量印行一千部。

8　"That best portion of a good man's life,?His little，nameless，unremembered acts of kindness and of love."：语出华兹华斯诗作"一七九八年七月十三日旅中重游威河沿岸，作于廷特恩修道院遗址前数英里处"（"Lines Composed a Few Miles above Tintern Abbey，on Revisiting the Banks of Wye During A Tour July 13，1798"）。廷特恩修道院建立于一一三一年，为英国第二所西多会（Cistercian）修道院；该修道院后来被亨利八世铲平（他为了排除罗马天主教，一口气毁掉英国境内数十座修道院）。华兹华斯旧地重游却似乎忘了当年亨利八世假宗教之名进行的各种倒行逆施，不仅丝毫不"出自善意与爱心"亦与"一名好人生命中最好的部分"扯不上边。

9　指 Robert Barnes 发表于一九二七年八月号（第 15 卷第 9 号）《全国商业》（*Nation's Business*）上的文章"玩古书，生意人的消遣"（"Rare Books，A Busy Man's Pastime"）。

10 《人名、事物释疑》(*Who's Who and What's What*)：一九一三年费城卡特公司出版的业务小册之一。共三十二页，概述公司沿革、简历及专业名词解说，由纽顿撰写。

11 《镀金及杂诗》(*Created Gold and Other Poems*)：亨利·汉比·海依（参见第二卷 I 译注 29）的诗作选集。一八九三年纽顿私家印行一百部。

12 其实纽顿涉足出版的时间应早于一八八七年。以 "A. 爱德华·纽顿社"（"A. Edward Newton & Co."）挂名出版的书籍，在萨金特编的《纽顿著作简目》中仅著录一部（即此处提及的海氏诗集）；塞斯勒书店整理的书目（*Check List of the Works of Mr. Newton*, Philadelphia: C. Sesseler, 1934, 塞斯勒趁纽顿新书《赛马日》上市时编制的八页小册）列出七种；约翰·T. 温特里奇（参见第四卷 I 译注 16）在 "一八八七年至一八九三年 A. 爱德华·纽顿社刊行物"

◎纽顿于一九三三年印行一份两页打字稿 "出版宏愿"（"A. Edward Newton's Efforts as a Publisher"）叙述他对出版的热情与期盼，并介绍数部 "A. 爱德华·纽顿社" 出版品

（"The Imprints of A. Edward Newton & Co., 1887—1893", 《珂罗封革新版》一九三六年春季号）中则列出：《诗人之故居》（参见第一卷绪论译注 12）、《霍桑佳句消片刻》(*Half Hour with Hawthorne; Descriptions and Quotations*, 1887?)、Edwin R. Champlin 的《恋人讴歌》(*Lovers' Lyrics, and Other Songs*, 1888)、Susan Marr Spalding 的《冬日玫瑰》(*Winter Roses*, 1888)、Frederick Barnard 的《狄更斯笔下人物点描》(*A Series of Character Sketches from Charles Dickens*, 1888)、《萨克雷笔下人物点描》(*A Series of Character Sketches from William Makepeace Thackeray*, 1888)、《爱书人锦囊》(*Book Lover's Portfolio*, 1891?)、《诗人锦囊》(*Poet's Portfolio*, 1891?)、《诗咏淑女》(*Lines to A Lady*, 1891?)、《闲读乔治·艾略特》(*Moments with George Eliot*, 1893)、亨利·汉比·海依的《镀金及杂诗》等十二种。温特里奇甚至在文中断言：实际数量恐怕远远不止于此。

13 "书叟"（"The Compleat Collector"）：谐拟艾萨克·沃顿名著《钓客清话》用语（参见第一卷绪论译注 18）。

14 即《我的书斋》(*My Library*)。一九二六年纽顿私家印行的十二页小册子。该文后来刊登在一九二七年伦敦的《书客杂志》（第十五卷第 1 号）。中译全文见《逛书架》（边城出版社，2004）第 184—188 页。

15 "贝德克尔"（Baedeker）：莱比锡出版商卡尔·贝德克尔（Karl Baedeker 1801—1859）于一八二七年率先出版欧洲各国旅游指南。卡尔·贝德克尔殁后其家族继续其出版事业。"贝德克尔旅游指南"（Baedeker Guides）内容丰富翔实，目前仍是出版地图、旅游指南出版的权威品牌。

◎ 卡尔·贝德克尔

16 此处疑为 "右墙"（right wall）之笔误，盖上段已说明左墙摆放约翰生藏品。

17 即 "落难藏书家拍卖会" 中成交的纽顿自藏本。纽顿除了在特别制作的书匣上签名之外，还在扉页上写下："我祈盼，不论何人购得此书，都能读得开心，一如我写得高兴——除此之外，言尽于此。A. 爱德华·纽顿识于一六二六年九月二十日。" 并附贴一幅彩色图版 "约翰生博士赫布里群岛行脚图"。

18 迪布丁于一八一八年曾在斯宾塞伯爵的授命及资助下，亲赴欧陆（德、法两国）考察公、私藏书机构并顺道在当地搜罗善本。他将期间经历写成图文并茂的《法、德访书访古觅奇之

旅》(*Bibliographical，Antiquarian and Picturesque Tour in France and Germany*) 三卷。不幸的是，一八二一年首版 (London: Payne and Foss，Longman，Hurst and Co.) 问世后，即便被外界诟病内容频频出现讹误。迪布丁遂于一八二九年再版 (London: Robert Jennings，and John Major) 并试图修订其中若干内容，但是仍然未尽周全。

19 即迪布丁名著《书痴书狂——此疑难杂症之久年症状及其疗方》(*Bibliomania; or Book-Madness; A Bibliographical Romance*)。一八〇九年，伦敦 W. Savage 首版。

20 《A. 爱德华·纽顿著作书目》(*The Writings of A. Edward Newton: A Bibliography*)：乔治·萨金特编纂。一九二七年费城罗森巴赫书店编号限量印行作者签名本一百一十部，书前附莫利导言。

21 "哈里发"("Caliph")：穆斯林对统治者的尊称，意指"穆罕默德传人"、"真主的代言人"。克里斯多弗·莫利曾致赠纽顿一部《第八罪》并在半书名页背面亲笔写下一段题词（参见第 257 页图版），抬头即称呼纽顿"哈里发"。该题赠落款十分有趣，纽顿后来还将它复印在他的《版本学与伪版本学》(*Bibliography and Pseudo-Bibliography*，1936) 前当成扉画。我照录如下以飨众有心读友：

To A. E. N. with my love (April 1927)

Dear Caliph - I suddenly realize，seeing this pamphlet again，why it is that the author has no copy of his own primary indiscretion. He has no copy because he gave it to you. But unless there were testimony to that effect it might be supposed that you has obtained the pamphlet by sinister means. And so dear Caliph I rededicate to you this copy of a sheaf of peccadillos which，when they were innocently committed，never dreamed of reaching a haven (or heaven) of editions and bindings such as Oak Knoll. Yours very affectionate Kit Morley.

22 "大比尔·汤普森"(Big Bill Thompson)，即威廉·霍尔·汤普森 (William Hale Thompson，1868—1944)：美国（共和党）政客，前后担任过三任芝加哥市市长（任期一九一五至一九二三、一九二七至一九三一）。汤普森行事风格强势乖张、招惹争议，引发褒贬不一的评价。

23 福吉谷 (Valley Forge)：美国建国重要历史纪念地。乔治·华盛顿率领军队于独立战争期间与英国军队在此地进行多次战役。

24 指"一场闹剧"（译本未收）。

◎ "大比尔·汤普森"

25 语出托马斯·杰斐逊起草的《独立宣言》("Declaration of Independence") 起首句："We hold these truth to be self-evident，that all men are created equal，thatthey are endowed by their Creator with certain unalienable Right，thatamong these are Life，Liberty and the pursuit of Happiness."。

26 指截至此文发表为止已出版的《藏书之乐》、《洋相百出话藏书》、《举世最伟大的书》三部著作。

27 指"高夫广场幽魂未散"（译本未收）。

28 原文应为"格罗里埃与友人共有"("Io. Grolierii et amicorum" 萨金特此处作 "Io. Grolier et amicorum")。

29 《旺代省》(*La Vendee*)：安东尼·特罗洛普（根据 Madame de la Rochejaquelein 的日记与回忆录）撰写的历史演义小说。一八五〇年出版。

30 《特洛罗普著作书目》(*Trollope-A Bibliography-An Analysis Of The History And Structure Of The Works Of Anthony Trollope，And A General Survey Of The Effect Of Original Publishing Conditions*

On A Book's Subsequent Rarity)：迈克尔·萨德勒（参见第四卷 II 译注 40）编撰，一九二八年格拉斯哥 Robert MacLehose、伦敦 Constable 出版，限量印行五百部。

31 《费城巡访纪行》（*Travels in Philadelphia*）：莫利的散文著作。一九二〇年费城 David McKay Co. 出版（插图由 Herbert Pullinger 与 Frank H. Taylor 绘制），纽顿作序。

32 比德尔：参见第一卷 II 译注 74。

33 德雷克塞尔（Drexel）：费城显赫金融家族。代表人物 Anthony J. Drexel（1826—1893）曾经提拔过摩根，对于建立美国金融制度居功厥伟。其后代与比德尔家族通婚，迪士尼电影《快乐的百万富翁》（*The Happiest Millionaire*，1967）便是以 Anthony J. Drexel Biddle（1876—1948）的事迹为蓝本。

34 《一七一九年至一七三一年间鲁滨逊漂流记刊行始末》（*Robinson Crusoe and Its Printing 1719—1731*）：Henry Clinton Hutchins 编著的版本论著。一九二五年纽约哥伦比亚大学出版社出版。

35 《论多相物质的平衡》（*On the Equilibrium of Heterogeneous Substances*）：美国学者威拉德·吉布斯（Willard Gibbs，1839—1903）的物理学论著。

36 理查德·科尔（Richard Curle，1883—1968）：英国学者、旅行家、藏书家。与康拉德有私谊。

37 E. V. 卢卡斯（Edward Verrall Lucas，1868—1938）：英国评论家、作家。

38 埃德蒙·戈斯（Edmund Gosse，1849—1928）：英国诗人、评论家。

39 此处前、后原文为"本地禽鸟的口喙长齿"(the dental apparatus of domestic foles)、"母鸡牙"(hen 's teeth)。非常抱歉，为了耙顺行文，我再度更动了原文的用语。

40 《不打不相识》（*A Reprimand and What Came of It*）：纽顿于一九二七年出版的贺岁小册，内容讲述他的运动书籍专用藏书票的来历。参见述及同一件事的第四卷"好事说在前头"内容。该款藏书票图案见第四卷卷首。

◎埃德蒙·戈斯爵士肖像，John S.Sargent 绘于一八八六年，现藏伦敦肖像艺廊

41 此段文字出现在《藏书之乐》中的"旧目与新价"（译本第一卷 III）一文内。

42 但是纽顿后来收藏许多"第二对开本"与"第三对开本"甚至"第四对开本"和几部"四开首版""八开首版"，族繁不在此赘列。

43 《波士顿》（*Boston*）：美国作家厄普顿·辛克莱（Upton Beall Sinclair，1878—1968）的小说。

一九二八年出版。辛克莱曾从事新闻工作，其作品通篇充斥浓烈的社会意识，主旨多为控诉工业文明对人性的剥削。其他作品包括《丛林》（*The Jungle*，1906）、《煤炭王》（*King Coal*，1917）、《铜臭味》（*The Brass Check*，1919）、《石油》（*Oil*，1927）、《龙牙》（*Dragon's Teeth*，1942）等。不难理解萨金特为何举此书为"现代首版书"（Modern first editions）的断代下限，盖该书问世于这篇文章发表前不久。

44 《伊坦·弗洛美》（*Ethan Frome*）：美国作家沃顿夫人（Edith Wharton，1862—1937）的小说作品。一九一一年出版。沃顿的写作风格深受挚友亨利·詹姆斯的影响，擅于描写纽约中产阶级。其他作品包括《欢乐之家》（*The House of Mirth*，1905）、《纯真年代》（*The Age of Innocence*，1920）、《乍见月光》（*Glimpses of the Moon*，1922）、《哈德逊河汇流》（*Hudson River Bracketed*，1929）、《普天之下》（*The World Over*，1936）等。

45 《幕间剧瑟尔西忒斯》（*Enterlude called Thersytes*）：法国作家 Joannes Ravisius Textor（1480—1524）著作。John Heywood（1497?—1580?）英译本书名页上的标题为《幕间新剧瑟尔西忒斯》（*A New Enterlude Called Thersytes*）。约一五五〇年伦敦 John Tysdale 出版。

46 《格列佛游记》（*Gulliver's Travels*）：原题《寰宇偏远列国游记》（*Travels into Several Remote Nations of the World*），英国作家乔纳森·斯威夫特（Jonathan Swift，1667—1745）以笔名 Lemuel Gulliver 发表的幻想小说。萨金特此处所指的版本是更为罕见的伦敦分册版（年代不详，大英博物馆著录为一七五〇年？），萨金特曾经在"书中人语"专栏撰文详述此书的发现经过。

47 桑普森教士（Dominie Sampson）是瓦尔特·司各特爵士剧作《盖伊·曼纳林》（*Guy Mannering*；*or, the Astrologer*，1815）中的人物。桑普森是故事主人翁 Harry Bertram 的导师，乃一介粗鄙不文、一贫如洗而又器小眼狭的乡下老学究，隔三差五大呼小叫："叹为观止。"（"Prodigious!"）

◎ 一七二六年首版《格列佛游记》

48 《艾米·洛威尔面面观》（*Amy Lowell: A Mosaic*）：乔治·萨金特的著作。一九二六年纽约 William Edwin Rudge 限量印行四百五十部。Typography by Bruce Rogers

49 原书九幅插图其中的三幅已分别移往译本其他处使用。

50 查尔斯·弗朗西斯·格里菲斯（Charles Francis Griffith）夫人，即雕塑家比特丽斯·福克斯·格里菲斯（Beatrice Fox Griffith，1890—?）。

【附录III】
英伦来鸿
弗雷德里克·理查逊

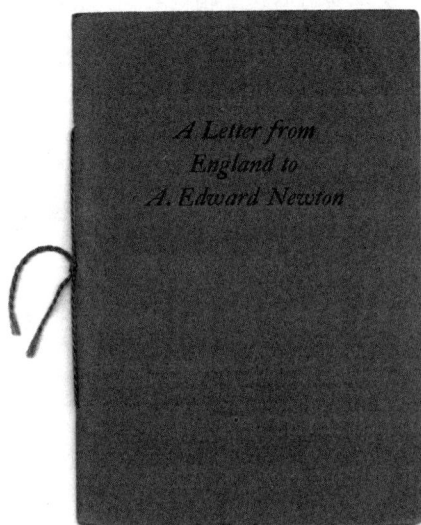

译按：纽顿于一九四〇年九月辞世，同年十月，其遗族遵循纽顿生前的年末惯例，接手编印一本小册子（由长子 E. 斯威夫特·纽顿 [E. Swift Newton，1894-?] 主持编纂）寄赠众亲友。此小册的内容主体为纽顿临终前两个星期收到的一封英国来信，执笔人为纽顿的英国朋友弗雷德里克·理查逊（Frederick Richardson）。这本小册子的印制与装帧形式完全仿照纽顿生前印制的蓝色纸面圣诞小书。

九月二十九日星期日，A.爱德华·纽顿于沉睡中安详地与世长辞。

他的逝去一如其生涯——皆充满戏剧性。

考量人已去，我们（即他的家人）冒昧地自作主张，打算邀请众人与我们同享一则发人深省——至少，对我们而言——的小故事。

在他去世前几天，他收到一封英国友人弗雷德里克·理查逊的来信。信件寄达时，他因病重不克亲自展读，连叫人念给他听的力气都没有。九月二十五日星期三那天夜里，他高烧不退，大家都打心底害怕他将就此长眠、弃我们而去。

翌日清晨，他的热度才降回常温，九点钟的时候，他嘱人送上一瓶香槟，要大家围在床边，他想同所有人一道举杯祝福。

我看他那天气色颇佳，便打电话通知克里斯托弗·莫利，他闻讯立刻从纽约赶来，陪父亲聊了一个钟头。好心的小克，他当时见先君身体状况不错，便拿出那封信念给父亲听。

由于一时找不到更恰当的说法，我们姑且称之为信。但是由于信文内容相当优美感人，我们家人非常希望能加以披露，与大家分享：

一九四〇年九月四日

寄自：北凯德伯里·伍尔斯顿·索默塞特·皮特曼园（Somerset Woolston North Cadbury Pitman's Orchard）

敬爱的纽顿大师：

在下本应于一收到您热情剀切的来信，趁下一班轮船起锚前便即刻回信，盖当时尚有余裕动笔为之。无奈，那封文情并茂的宝贵信函此刻仍兀自搁置于案头犹待回复。我目睹阁下秀逸的字迹，宛如乔克托印地安人[1]屏息凝视壁画上的玄秘线条，不同的是，字里行间于我尽是真挚友谊，通篇洋溢希望、勇气与快乐的回忆点滴……以及——噫！缕缕不绝的怅然心痛。于是我再度取出您的大作，在您的陪伴下，让自己沉缅其中半个钟头，直至屡屡捧腹甚而潸然泪下。我们曾携手同游德比（Derby）、共偿阿斯科特（Ascot）、一道于晚间大啖"热狗"，屡屡在您的向导之下，在伦敦市内游走闲逛的情景更不在话下。

阁下或许认为您今生从此与伦敦无缘……然而伦敦与您缘分尚未断绝，正如与您的冥友塞缪尔·约翰生、查尔斯·兰姆、加里克、老奥[2]，以及其他芸芸诸君亦与伦敦仍紧紧相系一般。

曾几何时，世间一切文明仿佛已遭恶寇[3]庞大、丑怪的黑影笼罩。但吾国古圣先贤声声呼唤洪亮如钟，其声划破阴霾，宛如举世久违之欧里庇得斯[4]万钧笔力郑重落纸。英伦呼声如许支持、激励、鞭策我们，其间容或惊声四起，亦不乏雷动欢声。

1.

凯德蒙[5]与库思伯特[6]、比德[7]与圣邓斯坦[8]、
阿尔弗雷德[9]亦曾踩过千古依然之荒烟蔓草与泥泞湿地，
胸臆怀抱壮志，身体谱构宏图
尽述吾岛风流；发扬璀灿光华。

先烈荜路褴褛，召唤英灵前仆后继，

殷殷呼吁："拽紧手中之缰，向前奋勇争先！"

吾辈岂能兀自扮哑装聋辜负前人期盼？

2.

"朕即狮心！"理查振臂高喊：

"深入敌营溃击匪军，一马当先驱退强弩！"[10]

"进逼加莱（Calais）险阻重重！"亨利大声疾呼：

"加紧脚步，令敌军闻风丧胆溃散四逃！"[11]

"吾已希盼良久！"马尔伯勒狂啸：

"英伦再由丘吉尔领导。"[12]

"横扫西班牙大军！"弗朗西斯爵士发出怒吼：

"填弹连发，小伙子们！开始炮轰敌舰！"[13]

"再次冲锋登上大桥，"纳尔逊昭告兵众：

其声历历，闻之如此熟悉——

"出奇不意攻占清剿！善用妙术奇招！

轻轻予以一击，历代海军之轻巧出击！"[14]

3.

英伦呼声！声声迭荡响彻云霄：

弥尔顿号音充塞四宇穹苍，

莎翁吟唱宛若魔音曼妙昂扬，

其上尚有法师梅林[15]仙指幻化登场；

梦想家与行动者，无论自发抑或出自神吁，

跨上风云浪头指引吾辈大众持续向前挺进。

* * *

英伦呼声！英伦呼声！

汝历经重重艰苦考验，未来亦将国隆运昌。

英伦千秋万岁，而千秋万岁必长佑英伦！

不才如上，虽则我明白阁下偏爱散文犹胜诗词，姑以拙诗乙首瓜代令您苦盼良久的回函。

敝人向阁下及尊夫人双双致以最崇敬之问候。

我期盼贵体于今夏已大有起色。

颂祺，

弗雷德里克·理查逊诚挚敬笔

致：

A. 爱德华·纽顿先生

宾夕法尼亚州费城山明水秀庄（The Bellevue-Stratford）

　　老友小克告辞之后，父亲长达四十五年的事业伙伴威廉·M. 斯科特先生前来探视。他看到父亲的病情又渐趋严重，明白自己来得不是时候。当他转身正准备走出房间，A.E.N. 从背后叫住他："小威，先别忙着走，我有话跟你说。"接着，父亲援引约翰生当年临终前在病榻上向伯克说的那句话——父亲对着斯科特先生说："若无法再同你们愉悦相处，吾必痛不欲生。"[16]

　　这句话便是先父的遗言。

E. 斯威夫特·纽顿

【译注】

1 乔克托（Choctaw）：北美印地安部族，分布在现今密西西比州中、南部、亚拉巴马州西南部
与俄克拉何马州东南部。此部族于十九世纪三十年代被强制迁往印地安保留区。

2 老奥（Old Noll）：奥立佛·克伦威尔（参见第三卷 I 译注 40）的绰号。盖 Oliver 的简称为
"Ol" 或（较亲昵的）"Ollie"、"Olly"、"Noll"、"Nolly"。

3 原文作"弗兰肯斯坦"（Frankenstein），即玛丽·雪莱笔下创造科学怪人的丧心病狂博士。此
处应指希特勒。

4 欧里庇得斯（Euripides，前 480—前 406）：希腊悲剧作家。

5 凯德蒙：参见第三卷 I 译注 20。

6 圣库思伯特（St. Cuthbert，635—687）：盎格鲁—撒克逊时代隐修士。

7 圣比德：参见第三卷 I 译注 21。

8 圣邓斯坦（St. Dunstan，925?—988?）：盎格鲁—撒克逊时代修士。

9 阿尔弗雷德大王（King Alfred，849—887）：九世纪盎格鲁—撒克逊君主。他将摩西十诫与耶
稣教义引入英国，奠定文明基石。

10 此段乃指自封"狮心王理查"（Richard Coeur de Lion）的英王理查一世（Richard I，在位期
间一一八九年至一一九九年，与法国进行百年战争。

11 此段乃指英王亨利五世（Henry V，1387—1422）与法国的最后交战。加莱港（Calais）沦入
法军手后，英国在法国境内领土悉数丧失。

12 此段乃指马尔伯勒公爵一世约翰·丘吉尔（John Churchill，1st Duke of Marlborough，1650—
1722）于一七○一年至一七一三年率兵大战西班牙。

13 此段指曾率兵大败西班牙无敌舰队的弗朗西斯·德雷克（参见第二卷 II 译注 32）。

14 此段乃指一八○五年英国海军将领霍雷肖·纳尔逊（Horatio Nelson，1758—1805）率领英国
舰队于特拉法尔加（Trafalgar）一役大破法国、西班牙联合舰队，奠定近代英国海上霸权。

15 梅林（Merlin）：英国上古时期塞尔特巫术传说中的人物。具体形象主要来自十二世纪
Geoffrey 的著作；最脍炙人口的梅林传奇应属十五世纪由托马斯·马洛礼爵士（Sir Thomas
Malory，1405—1471）改写的"石中剑"故事（Le Morte d'Arthur，Caxton，1458），将梅林
巫术与亚瑟王传奇附会。梅林传说深刻影响了后世大部分西方奇幻作品，包括《魔戒》、《哈
利·波特》甚至《星际大战》等系列故事。

16 在鲍斯威尔笔下所形容的约翰生临终场景，有一幕描写友人的温暖关怀。根据兰登（参见
第四卷 IV 译注 16）的证言，鲍斯威尔提及某日伯克（Edmund Burke，1729—1797）与四五
位友人前来探病。伯克对约翰生说："一行人前来叨扰只怕令先生受罪了。"约翰生听完马上
回道："伯君此言谬矣，倘非各位令吾如此开心，吾必痛苦不堪矣。"（"No，Sir，it is not so；
and I must be in a wretched state，indeed，when your company would not be a delight to me."）伯
克闻言大受感动（见《约翰生传》一七八四年段）。纽顿的遗言（斯威夫特·纽顿此处所写）
则是："I must be miserable indeed if I can no longer find pleasure in your company."

【附录 IV】
A．爱德华·纽顿纪念文集

阿切博尔德·麦克利什 / 乔恩西·B．廷克 / 克里斯托弗·莫利

威廉·M．斯科特 / A.S.W．罗森巴赫

查尔斯·G．奥斯古德 / 加布里埃尔·韦尔斯

译按：一九四〇年九月，纽顿因癌症病逝于自宅"橡树丘"。众亲好友无不哀戚万分。除了家人为他编印的小册（见附录二）之外，纽顿生前好友亦集稿编成一册，此纪念文集之印制与装帧形式亦比照纽顿生前印制的圣诞小书，于一九四〇年十二月由美国国会图书馆善本书室发行，限量印行一千册。

　　长达三十三载，每逢圣诞佳节，宾州戴尔斯福德 A．爱德华·纽顿先生照例会寄赠一册应景小书给朋友们——这些小册俨然成为同好之间见证爱书情谊的绝佳例证。如今纽顿先生已溘然谢世，很难想像还有其他人能够越俎代庖，代他继续寄发圣诞小册。但鉴于长久以来，他堪称全美最有名望、亦最具影响力的藏书家，对于毕生推广阅读不遗余力且身体力行之爱书人士，国会图书馆自然有义务予以表彰，由敝单位在斯人殁后的头一个圣诞节印行此纪念小册或许十分恰当。此小册内容由纽顿先生的六位亲密好友分别执笔，并将援例用以寄赠给过去数十年来持续接获纽顿小册的所有友人。

阿切博尔德·麦克利什[1]

■A．爱德华·纽顿（1863—1940）Photo by Arnold Genthe，N. Y.

永怀 A. E. N.

　　言及令尊大人令我颇感振奋……性虽桀骜却不轻蔑，言虽尖刻亦无怨怼；即便桀骜、尖刻，乃受之同侪相激；仍分秒严守节操，深明何时该见不平而发其言，出口亦谨慎择言：凡遇位卑之人皆以平等相待；每每能甘于纡尊降贵，以其谦冲令他人备感荣宠，聆些许美言夸赞即谦逊恭让毫不引以自满。

——摘自《终成眷属》第一幕第二景 [2]

乔恩西·B. 廷克

　　倘若吾人生命之短长乃依照发挥热忱、想像力、与励行良善的程度来评量的话，全天下最长寿也最快乐的人则非爱迪·纽顿莫属。

　　趁着一趟稀松平常的散步，沿着费城的切斯特纳特街（Chestnut Street），从大街（Broad Street）走到联邦大楼之间，短短不过几条街的距离，他已一派轻松、有系统地对我叙述完一段令人兴奋不已、我前所未闻的英文文学史，如此提纲挈领、精准扼要，却不是出自某位显赫学者（那类人士我认识的并不算少）之口。或许 A.E.N 当时自己并未察觉自己在言谈中已不经意漏了馅，因为我知道他明明正准备前往某家著名的善本书店，花几千元购置某部精刊佳椠。不管如何，循着他的娓娓叙说，活灵活现的景象一幕接一幕浮现在我的脑海中：兀自沉睡在马厩荫蔽角落饱受虫蛀蚁蚀的凯德蒙[3]、一面垂钓一面梵呗不止的伊利群僧[4]、满头卷发的赫里克捧读祈祷书口中念念有词宛若酿酒工孜孜埋首勤奋工作，接着，蒲伯槁萎的小脚套着相形巨大的长筒丝袜、哈兹利特手执一盏冰冷红茶[5]、堂·马尔克斯的血脉悄悄凝结[6]……我已不复记忆当时纽顿用哪些字眼串起那些伟大的历史事件，但是我当场顿悟：眼前这位穿着方格纹西装的小胖子正是一位如假包换的伟大导师。

克里斯托弗·莫利

伟哉生意人——A. 爱德华·纽顿

> 二十余年以来，我俩
>
> 共负一轭。倘使我们
>
> 犁得还算直，必然是
>
> 因为我们同心协力。

　　上面这段话写于一九二一年，是纽顿先生在他的大作《洋相百出话藏书》中的献词。拜职场因缘之赐，我得以万分荣幸蒙邀在此略述数语。

　　一般人所认识的纽顿先生是一位收藏首版善本书的行家、也是一名写过好几部书且风靡广大读者的写作者。然而，远在他跨入创作领域之前好几年，纽顿先生即以其独特多彩、隽永睿智的广告文章在商界享有盛名，这些文章都是为了电器与制造业而作，而他本人堪称该业界的龙头老大。

　　且让纽顿先生借由我从那些文章撷取而来的片段来自况。纽顿先生如是论及他经营生意以及他的消遣之由来：

　　　　此人之所以获致成功，丝毫非因其能力过人，而是他尽量避免让自己在天赋异禀、训练有素的专业人士跟前碍手碍脚。纽顿先生的法宝便是极尽所能延揽高手，让他们担负重责大任，并充分授权，盖责任与权力必须相辅相成方能开花结果。

　　　　纽顿先生屡屡高谈阔论安培、伏特，偶尔放胆夸言涡流、磁滞，但是他对于电器术语的熟悉程度依然无法教大众信服。此君烟不离口，从不运动，对汽车向来不怀好感，看到螺丝起子就头疼；一见活动扳手就害怕。

　　　　能让他自工作中抽出心思唯有一个办法——在他的面前摆上一本古书，他便马上滔滔不绝指出那本书的各项特点，并向你透露它何以能那么值钱，或换成另一个本子又该值多少钱。撇开藏书这个无伤大雅的毛病不谈，他唯一晓得的娱乐就是做生意。

——摘自一九一三年《人名、事物释疑》

他论及广告之重要性：

> 得自高堂膝前的教诲，吾人趁周日履行即可；
>
> 至于在老头膝前，我们则被谆谆告以；
>
> 早早入睡，早早起床，
>
> 卖命工作，勤登广告。

——摘自一九一〇年《产品保固》[7]

论及提升业界标准：

> 我们仅有一个野心，即倾力制造臻近完美的产品，未达目标绝不懈怠。

——出处同上

> 我们的中心信念是——精益求精，夙夜匪懈。

——摘自一九一六年《正规安装程序》（*Typical Installations*）[8]

论及领导统驭的代价：

> 树立风范绝非易事，身居领导亦非偶然。

——摘自一九二三年《最新产品保固》（*Protection up to Date*）

纽顿先生抨击同业削价竞争：

> **请记取以下这则教训**：某酒商有一回运了一批雪利酒给马尔伯勒公爵（Duke of Marlborough），他特别附上一纸说明，指出那些酒能令公爵大人的痛

风大有起色。几天后，公爵的参事回了一封信给那名酒商——"阁下大鉴：马尔伯勒公爵对您的雪利酒不甚满意，他觉得继续享用痛风还比较快活些。"

——摘自一九二三年《最新产品保固》

他活灵活现地形容某位"说大话"的同业竞争对手——

膨风、吹牛、厚脸皮。

——摘自《随录》（*From Memory*），约一九〇六年

论及跃居高位后之心满意足：

创业之初，我们便打主意在上流地段（Quality Street）购宅家居。彼时该路段并不像现今这般车水马龙，事实上，当初此路还尽是一片辽阔的平野。但大小诸事接踵而至，等到一一处理妥当，我们终于在上流地段定居，尽管我们的财力不敌同住这条街上的左邻右舍，但是落户在此仍能享受到其他住在城内次级地段的朋友所不能体会的乐趣。

——摘自一九二三年《最新产品保固》

*

在纽顿先生所写过的书之中，《藏书之乐》与《搜书之道》这两部的书名之用意可谓昭然若揭。纽顿先生的处世态度一路走来始终如一，不只体现在他的爱书兴趣上，还推及到生活层面、更扩及他所主导经营的生意。纽顿先生不管从事任何活动，都身体力行一个"乐"字。至于他与工作同僚之间的关系，他总是时时设想周到、事事无微不至；在我们为期良久、不曾间断的合作过程之中，他在在都是——

> 最亲密的朋友、最和蔼的人、
>
> 时时神采奕奕、无忧无虑且举止谦和有礼。[9]

工作与藏书在纽顿先生的心目中皆能成"道",他如此尽情投入于斯,无入而不自得,令全体同仁均受到他的热情感染,连带觉得自己负责的每项工作亦各有盎然生气、值得全心全力奋身投入。

当我们如今之所以能够看到有效率的生产厂房和井然有序的组织,无一不是因他的主导而发端、茁壮,以下这段节录文庶几可资盖棺论定此一伟哉生意人——A.爱德华·纽顿:

> 在圣保罗大教堂——克里斯托弗·雷恩[10]爵士的不朽杰作、他本人的灵枢亦安奉在此教堂地窖内——的大门上有这么一句铭记:"你是否苦苦找出他的圣迹?从你自己身上去寻觅方可得。"仅让我们以谦卑之心、毕生奉行、期能达致此目标。
>
> ——摘自一八九八年《偶得》(*Realizations*)

威廉·M.斯科特

"纽顿年代"

　　十九世纪初叶，世上出现了一位能言善道、忒爱撰文谈论书籍的文士。托马斯·弗罗格纳尔·迪布丁正是当年受到众多藏书家顶礼膜拜的守护神。他的追随者大半多为英国的贵族与上流人士。当名闻遐迩的《书痴》于一八一一年甫面世便旋即在书籍世界引发广泛回响，而该书亦从此被历代爱书人奉为经典。那个时代因而姑可名之曰"迪布丁年代"。

　　时至一九一八年，在文艺的天空里，又出现了一颗比一个世纪前迪布丁的书更璀璨的明星，令所有爱书人更加欣喜若狂，那便是阿尔弗雷德·爱德华·纽顿的大作——《藏书之乐》，此书的读者的数量亦远远超过有史以来任何一部关于藏书的作品。更难能可贵的是：纽顿的诉求对象乃是一般阅读大众，而非特定的一小撮人。他的出现适逢我国藏书风气臻至巅峰的关键时机。罗伯特·霍当时过世才短短几年，于他身后举办的藏书拍卖会带动其他藏书家纷纷起身效尤，情形一如迪布丁当年津津乐道且频频形诸笔墨的著名的罗克思堡藏书拍卖会。

　　爱迪·纽顿与数位当代巨擘相知相惜，尤其是"两位亨利"——亨利·E. 亨廷顿与亨利·C. 福尔杰，此二位前辈对大众的德泽如今嘉惠了无数学子与研究者。纽顿交往的其他朋友还包括哈里·埃尔金斯·威德纳、贝弗利·丘、温斯顿·H. 哈根、克拉伦斯·S. 比门特、R. B. 亚当、艾米·洛威尔、威廉·哈里斯·阿诺德、弗兰克·B. 比米斯、赫歇尔·V. 琼斯……当然，也不可漏掉威廉·M. 艾尔金斯、莱辛·J. 罗森沃德[11] 和弗兰克·J. 霍根[12] 等人。

　　爱迪·纽顿的文章诚为同类著作的典范。他对于推动藏书事业所作的贡献，比起国内任何作家都更宏伟卓著，这般称许如今已是老生常谈，但是此乃铁铮铮的事实。于是乎，吾人大可将过去这四分之一世纪称为"纽顿年代"。

　　爱迪·纽顿过世前不久曾写了一封信给我（他在信中仍一如往常，昵称我为"小罗"）：

　　　　距今大约不到一百年之前，当我下定决心总有一天要累积一批藏书，我的头一部书便是向你买来的：小牛皮全装四卷本《哈兹利特辑注蒙田》[13]，我记得售价好像是四十元。这下好了，我已经没法子再四处买书。顾念咱们老交情的份上，要是我还不趁一息尚存将你的替身找来，再从你手中买最后一部书，我就算死了也不会暝目——如此一来，我才能够自始至终都与你长相左右。

他所谓的"最后一部书"指的是罗伯特·蒙哥马利·伯德最有名的一部小说，一八三七年出版于费城的首版《绿林汉尼克》[14]。

在这段"大约不到一百年"的时间里，他拥有如许多好东西得以庋藏、宠爱、珍惜。没有任何目录能够尽述他的宝藏。正因他以充满睿智巧思、亦庄亦谐之生花妙笔一一描述他所珍爱的书籍，才令他的书房中每一部书都栩栩有了生命；也让爱迪·纽顿的著作在这个世界上显得如此独树一帜。

A.S.W. 罗森巴赫

我初识小纽于一九〇七年。当时"社团"[15]成员为了观赏大学生演出马洛的《浮士德》[16]，联袂造访普林斯顿。邓肯·斯佩斯[17]带领大队人马参观校园，一行人逛着逛着就逛到我的宿舍来了。小纽不随其他人继续前往下一站，反而径自找了张椅子一屁股坐下来，他开口道："我一找到有人能和我聊约翰生，其他事情都可以摆到一旁凉快去。"在我们两人交往初期，他曾经在某次来信中写道："我对人比对地点来得更有兴趣；要是哪个地点能够吸引我，必然是因为有某人在那儿。而此人倒不一定非得还活着不可。老实说，恐怕我对于作古的人还更感兴趣哩。"

他最后一次和我道别是在九月十八日约翰生冥诞当天。从许多方面来说，约翰生扣联了这段友谊的开端与结束（若勉强视之为结束的话）。小纽大量承袭约翰生的满腔人道精神，并借此结交无数朋友，而他的言谈举止、字里行间更是源源流露无遗。进而散播给难以胜数的心灵且将从此深植其中永不逸散。

我此刻以过去式下笔为文赞颂小纽德懿，乍看之下仿佛一则虚构的故事，然而这些事迹乃千真万确的真实过往（aorist）。他的过世对于他生前的功业来说绝非损碍、无足挂齿、毫不相干；一如死亡之于默库提奥[18]、菲尔丁或约翰生本尊，其凭借的正是此般生生不息的淋漓元气与孜孜不倦的勇敢进取。他的思想、智慧和品格，大大地激发、鼓舞了其他后生晚辈前仆后继且愈挫愈勇。每位与他熟识的人想必都能从各自的回忆中随手拈来好几个善例，足以证明我所言不虚。

他曾在一封早期的来信中如此写道："我对大学教授百分之百死心塌地。这种'万般皆下品，惟有教授高'的观念可说是我的一大弱点。"对于这种弱点，咱们这些当教授的人合该心怀感激。我们太了解学院内如何充斥着令我们习而不察、终至自身亦难以避免的种种弊病——脑筋打结、情感枯竭、目光如豆、苍白贫血……于此，小纽可谓一帖解药，而这帖良方不仅功强、效久且保证药到病除。每当我在"橡树丘"度过几天几夜快活似神仙的日子（那些天南地北的闲聊时光似乎永远嫌不够长）之后返回学店，总觉得自己又蓄饱了充沛的动能、眼界拓宽了不少，而且对于自己的职业也萌生了崭新的信念。倒不是我们曾经聊过那些主题，我们聊的内容有深度多了。但我现在还是很高兴能有机会在这儿记上一笔：小纽对于我的教学、写作和研究工作都有相当程度的裨益。

在不胜枚举的天赋背后，他其实仍保有一颗非常温柔的心（并非多愁善感，而是极易有所感触、受到感动）。他这一点也颇有约翰生之风——关于朋友的事情总是摆第一优先。我记得，他曾经眼泛泪光、语带哽咽地对我说：他有一回照例于圣诞节前夕致电问候某位担任神职的友人，那位朋友以为小纽当时人不在国内，一开口就说他差点儿以为是圣诞天使下凡尘，后来弄清原来是小纽本人打来的电话后才松了一口气，因为那位朋友"老是和天使不对盘"。

某天夜里，只有我一个人闲坐在"橡树丘"陪他。我们两人都专注（但也没太专注）在各自的书本上，没有人开口说话。过了一阵子，他放下手中的书本转头对我说："我说查尔斯啊，没有比现在这一刻更幸福的了——两个老朋友坐着一块儿看书。除非某人有事开口，否则两人都闭不吭声。尽管从头到尾没说半句话，心灵交流却始终持续不曾间断。"

查尔斯·G.奥斯古德

A. 爱德华·纽顿是文学资产收藏领域中最受人爱戴的一位奇人。其过人魅力（无论是作为个人或身为爱书人）乃源自丰富的人文关怀，以及对于他所搜集且频频挂在嘴边、形诸笔墨的各家著作的深刻了解。

他的发展脉络自成一格。在动手针对某位作家的作品展开收集之前，他总会先从各个不同角度遍读博览一番。他因而深刻熟悉狄更斯、哈代、兰姆、特罗洛普、约翰生、雪莱与济慈等名家，当然，对威廉·布莱克更是彻头彻尾的了若指掌。

他喜欢运用高明的建议与他人亲近，他总是毫不保留地倾囊相授。然而并非仅仅如马克·吐温所言那般："当好人固然高尚，但是教导别人如何当好人则更为高尚，也比较不费劲。"[19]（我记得当我最后一次拜访他的时候，我随口引用了那句话。他听了大为惊喜，甚至当场要我拿笔写下来。）他总是在奉劝别人之前自己即已遵行不悖。他的一切行止皆以正心、诚意为出发点。他个人流露的人道关怀、努力促进文化的理想，吾辈大众必将时时感念。

此君以其崇高人格与个人魅力，以身作则感动他的追随者，徒然笔墨无以言传——此位体现生命之乐的王者也。

加布里埃尔·韦尔斯

　　我相信，纽顿先生必然会以这本小书为豪。他本人生前便是一位完美主义者，他所珍藏的书籍、他所交往的朋友尽是一时俊彦。既然如此，还有什么会比一部由他的好朋友们合写的书对他来得更完美呢？

　　纽顿先生将永远与成群老友长相左右。莎士比亚、斯宾塞、济慈与约翰生等人皆如是依然健在人间，而此位饱览、熟读那些著作且进而钟爱之、阐述之的人，亦将秉其一贯追求完美的信念与诸大师同列不朽。

　　纽顿先生乃一位大方、慈详和蔼、通情达理之人。他深知徒有万卷藏书却不善加利用仍一无是处，于是他不仅善用他的善本，更致力于嘉惠众位好友甚至广被整个文学界。这本献给纽顿先生的小书便是友谊与感恩的珍贵铭记。国会图书馆很荣幸能够出版这本纪念文集以志一代伟大文学人士。

小阿瑟·A.霍顿[20]

【译注】

1　阿切博尔德·麦克利什（Archibald MacLeish，1892—1982）：美国律师、诗人、作家。一九三九年至一九四四年间担任美国国会图书馆（Library of Congress）第九任馆长，任内颇多建树。

2　此段文字出自莎士比亚的喜剧《终成眷属》（*All's Well that Ends Well*，1601—02）第一幕第二景中法王对罗西昂伯爵勃特拉姆说的台词。

3　"凯德蒙"（Caedmon）：此处指"凯德蒙手稿"（Caedmon manuscript）。参见第三卷 I 译注20。

4　伊利（Ely，原文误为 Eli）：剑桥郊区小镇。当地有十二世纪留存至今的教堂古迹。此处指克努特一世（King Canute, the Great，994?—1035）听闻伊利修道院传出的梵呗之后诗兴大发谱出的"伊利群僧之歌"（"Song of the Monks of Ely"）。

5　据史料记载，哈兹利特（参见第五卷 I 译注15）嗜饮浓茶，用以刺激文思。

6　美国记者、诗人、剧作家、报人、幽默散文家堂·马尔克斯（Don Marquis，1878—1937，全名 Donald Robert Perry Marquis）。年轻时从事过许多不同行业，包括铁路工、养鸡场工人、裁缝车推销员、教师等。后来因投稿地方报纸《胡桃邮快报》（*Walnut Mail and Express*）崭露头角。一度修习美术，打算从事报社美编，后来仍立志写作，赴《华盛顿时报》（*Washington Times*）担任编辑多年。马尔克斯最后服务的单位是《纽约太阳报》（*New York Sun*），他在该报主持专栏"日晷"（"The Sun Dial"）长达十一年，写下许多脍炙人口的评论亦创作出无数佳句，例如："Hell is full of fillers, Dogs are full of fleas, And I'm full of motion As the grip is full of sneeze- Here's a column of them; You can read 'em if you please; Maybe some are caviar, Maybe some are cheese." 马尔克斯因全心全力投入笔耕，于去世前两年因过度劳累导致中风，后来虽一度稍有起色，但他又不顾健康仍勉强继续写作终至再度严重中风，由两位姐姐照料（他的妻子于他第二次中风期间服用大量药物，比他早一年弃世）。此处所指典故出自克里斯托弗·摩利于一八三八年一月在《星期六文学评论》上发表的一篇纪念悼文"鲜矣堂·马尔克斯"（O Rare Don Marquis）其中一段："我曾自他的某位姊姊口中得知：长年卧病期间，他偶尔会自顾笑逐颜开。他无法告诉旁人他到底为什么笑；因为凝固的血块如今已栓塞了他原本文思泉涌的脑子——然而我更喜欢领受那些无可名状、不能言传、只能意会的交流……"（"I remember one of his sisters telling me that sometimes, during his long illness, he was heard laughing to himself. He was not able to communicate the matter of his mirth: the many richnesses of that fine brain had been sealed by some blood-clot: but I like to think of that secret and unsharable communion. Gravity and levity were so mixed in Don's mind that it puzzled even himself, and certainly may have seemed shocking to many well-drilled citizens."）

7　《产品保固手册》（*Protection, A Brief Story of the Protection Afforded the Electric Motor and Motor-Driven Tools by the I-T-E Circuit Breaker*）：卡特公司对外宣传制品的手册，部分广告内容由纽顿执笔撰写。一九一〇年费城卡特公司出版。

8　《正规安装程序手册》（*Typical I-T-E Circuit Break Installations*）：卡特公司提供给客户的操作手册，部分内容由纽顿执笔撰写。一九一六年费城卡特公司出版。

9　"The dearest friend to me, the kindest man, / The best condition'd and unwearied spirit / In doing

courtesies.": 引自莎士比亚创作《威尼斯商人》(*The Merchant of Venice*)第三幕第二景中巴萨尼奥(Bassanio)向鲍西娅(Portia)说的台词。

10　克里斯托弗·雷恩(Christopher Wren, 1632—1723): 英国建筑师。一六五七年担任伦敦格雷沙姆学院天文学教授; 一六六一年转任牛津大学天文学教授。一六六六年伦敦大火后, 他受命规划全城重建大业; 一六六九年设计、兴建圣保罗教堂(St. Paul Cathedral)及其他许多伦敦城内的重要公共建筑物。一六七三年受封爵士; 一六八七年担任下议院议员。死后荣葬圣保罗教堂。

11　莱辛·J.罗森沃德(Lessing J. Rosenwald, 1891—1979): 美国藏书家。

12　弗兰克·J.霍根(Frank J. Hogan, 1877—1944): 美国律师、藏书家。

13　《哈兹利特辑注蒙田》(*Hazlitt's Montaigne*): 即一九〇二年伦敦英译本《蒙田散文集》(*Essays of Montaigne*), 由 Charles Cotton 翻译、威廉·卡鲁·哈兹利特辑注。

14　《绿林汉尼克》(*Nick of the Woods, or The Jibbenainosay: A Tale of Kentucky*): 罗伯特·蒙哥马利·伯德(Robert Montgomery Bird, 1803—1854)的历史演义小说。一八三七年费城出版, 两卷本。据纽顿藏品拍卖会目录上的说明, 此书为纽顿"生前购置的最后一部书"。

15　指由亨利·汉比·海依带头的无名社团(参见第三卷题献文)。

◎首版《浮士德博士悲惨的一生》书名页图

16　《浮士德博士悲惨的一生》(*The Tragicall History of Dr. Faustus*): 英国剧作家马洛(Christopher Marlowe, 1564—1593)的剧作。约于一五八八年首演。

17　J.邓肯·斯佩斯(J. Duncan Spaeth): 普林斯顿大学英文文学教授。

18　默库提奥(Mercutio): 莎士比亚《罗密欧与朱丽叶》剧中人物, 罗密欧的好友, 第三幕第一景即死于械斗, 但他临终前的诅咒成为全剧挥之不去的阴影。

19　"To be good is noble, and to show others to be good is nobler, and no truble.": 语出马克·吐温《赤道漫游记》(*Following the Equator, A Journey Around the World*, 1897)书前的题词。

20　小阿瑟·A.霍顿(Arthur Amory Houghton, Jr, 1906—1990): 美国收藏家。

【附录 V】

A. E. N.

E. 斯威夫特·纽顿

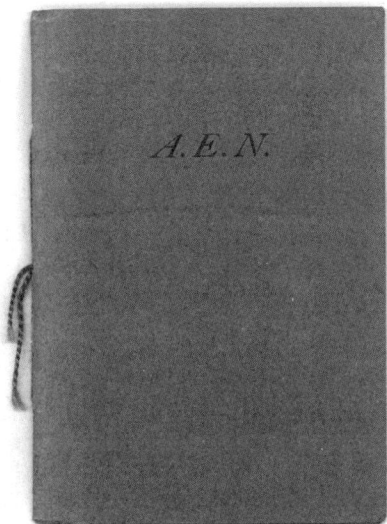

译按：一九五四年，纽顿的长子 E. 斯威夫特·纽顿将父亲生前自藏的一批纪念品捐给费城公共图书馆（Free Library of Philadelphia）。内容物多为纽顿自己的作品（包括自著的书籍与历年以来私家印行的小册子）和友人所作而纽顿作序的书籍，以及一小部分友人相赠的著作（当初并未随纽顿藏书于一九四一年付诸拍卖）。捐赠仪式于一九五四年十一月八日在图书馆内举行，典礼中除了公开展示该批藏品，馆方并邀请捐赠人莅临现场发表演说，追忆其父 A. 爱德华·纽顿生平。这篇文章便是 E. 斯威夫特·纽顿当时的演说稿。他原本将讲稿投到《大西洋月刊》，但因故未能如愿刊登。后来由费城公共图书馆印成小册子，印制与装帧形式仿照纽顿生前自印的蓝色纸面圣诞小册。

前言

在费城公共图书馆工作的无数乐趣之一，不外乎能够频频接触许许多多关心文学、热爱书籍的人士。当梅布尔·扎恩告诉我，斯威夫特·纽顿决定将他父亲生前自存的纪念品捐给馆方的时候，我的第二个反应——头一个反应当然是立刻打电话给纽顿先生，确定他没变卦——就是窃喜：我们又要添一笔珍贵的馆藏了。

当埃默森·格林纳威[1]和我两人应捐赠人之邀前往位于安塞尔马（Anselma）的宅邸检视那批藏品，我真是又惊又喜，因为我们发觉：捐赠人不仅对书籍怀抱满腔热情，更对父亲依然保有无尽的爱戴；他的父亲生前不但是一名写作好手，也是一位多彩多姿的人。该批纪念品的珍贵性固然不在话下，但纽顿君慨然相赠尤其义薄云天，于是我们当场力邀他出席馆方届时举办的捐赠仪式（一旦编目妥当，亦会在现场展示所有藏品）。那场典礼十分圆满成功。A.爱德华·纽顿生前的许多位老友和大批仰慕者均到场致意。斯威夫特·纽顿本人更是独树一帜。当时他父亲的某位老友对我说："这孩子完全继承了他老子的所有优点。"不过我认为斯威夫特保有他自己顽皮的一面。

我们大力争取出版他当时的演说内容（以下各位将可以读到，其主旨完全围绕着他父亲本人的生平事迹，反而不是针对他父亲的写作成就）。斯威夫特原本属意将它发表在《大西洋月刊》上自属合情合理，盖其先父生前多数文章皆交由该刊物登载。不管如何，幸运之神仍然十分眷顾我们。由于《大西洋月刊》尚有许多传记文章待登，该刊编辑估计积稿还得花上好几个月才消化得了，于是公共图书馆得此荣幸率先刊行斯威夫特谈论爱迪·纽顿的怡人演说稿。我们一致同意，印制形式宜仿照故人生前辑印、受到众人怀念不已的珍贵圣诞小书。我们亦何其幸运，取得一帧诉尽演说者对父亲孺慕深情敬慕的照片，刊登于书前扉页。

以此批捐赠作为基础，本馆希望来日能够建立更为完整的A.爱德华·纽顿藏品[2]，以资缅怀一代多才文学泰斗。现在第一批重要藏品已入藏本馆。馆方及我个人亦因而结识一位风趣、迷人的良友，日后待这段友谊持续滋长，旁及他可爱的千金们 [3]，届时必可再度借由她们鼎力玉成，大幅扩充本馆馆藏。

C. 巴顿·布鲁斯特（C. Barton Brewster）

■ E.S.N. 与 A.S.N.

A. E. N.

布鲁斯特先生、格林纳威先生、在场的各位图书馆界的先进；也容我在此一并向先父的朋友们致意：

对于方才有幸能聆听爱迪·沃尔夫[4]讲述罗森巴赫博士那场演讲的人，希望接下来的时间我能让各位的脑袋暂时获得休息。

刚刚的确是一场极为出色、高明的演讲，而我所要谈论的，不管就主题抑或是内容的深度、广度，都完全无法相提并论。

毕竟，我还牢牢记得 A. E. N. 从前老挂在嘴上的一句话："没人比得过小罗。"

我先向今晚到场参加典礼却不曾与先父谋面的部分人士，简短地描述他的外表：我父亲的外貌综合了温斯顿·丘吉尔[5]的长相和匹克威克先生的身材。除了上述这两项特征之外，我不妨再补充一项：他忒爱穿，也忒会穿方格子西装。同样的服装，穿在他的身上硬是比别人来得有味道。

虽然他和我两人的个性天差地别，但我们仍是极为亲密的朋友。我们从来不曾在任何事情上互相较劲，但是我还是必须承认，我一直妄想能学到他那么懂得穿方格子西装的本事。

要是我今晚也穿上那套行头到这儿来，这会儿讲起先父生平事迹或许会比较得心应手些。

A. E. N. 诞生于一八六四年[6]。

他出身自一个富裕之家[7]，或者直接说：市场街以南。

他出生在第二十街和云杉街交叉口的西北角，一家药房的楼上，那家药房现在还在原址营业。

我觉得现代人似乎不像当年那么在意籍贯、出身。

他曾经在宾州唐宁镇（Downingtown）附近的一所寄宿学校接受过极为粗浅的教育，而在十三岁那一年，他返回费城老家。先父当时究竟在什么情况下毅然决然放弃学业，老实说我并不清楚。

　　先父的家中成员包括他的母亲、两位姨妈——卡洛尔阿姨和蒂尔阿姨、两个妹妹——埃米莉和萨拉[8]、还有一个舅舅——斯威夫特先生[9]，虽然先父每次提到他的时候，总是称呼他"小姑舅"（maiden-aunt uncle），但他是父亲小时候最喜欢的人。

　　他的头一份工作是在邻近的一家杂货铺里打杂。不消说，他在那儿没待太长时间，不过 A. E. N. 还是从那儿学回一道好本领，那就是怎样用最少量的纸张和绳子捆扎包裹。我还记得他曾经在我们面前表演过好几回，我始终对他那套绝活赞叹不已。

　　再往前推几个月，当他还待在学校的时候，他写下生平第一篇作文，题目是"当我的大船驶入港"[10]。

　　　　当我的大船驶入港，我要带着我的妻子和孩子远渡重洋到处旅行。我首先要去英国，接着到法国，然后再去瑞士和意大利。等到这几个地方都游历过了之后，我要去埃及和圣域，再穿越印度到中国和日本。然后到加利福尼亚，再把美国境内其他所有有趣的地方都走一趟。等我回到故乡，我便要开始勤奋工作。我还不清楚自己到底会做哪一行，但是我想大概是和印刷或文具相关的行业。等到我年纪渐渐变老，我想要先赚一大笔钱，就决定以二十万元为目标好了，然后再退休。

　　　　　　　　　　　　　　　爱迪·纽顿，一八七八年十月七日作

　　读了这篇作文，不难想见先父当年在杂货店工作肯定不太愉快。

　　他后来果真云游四海，如果我没记错的话，他还曾经三番两次煞有介事地进行环球之旅，但是每回都殊途同归，在座若有人读过他的《胡涂旅行家》[11]，想必会同意我的说法。每趟旅行往往刚出发没多久，他就会低声下气地说："我说，女儿呀，"——他总是这么称呼家母——"你觉不觉得……要是咱们能稍微缩短一下原订行程，现在马上掉头去伦敦是不是比较好呢？"

　　想必家母三不五时便得忍受一次"他的伦敦"。

这并非故作姿态，而是事实俱在。他去世于一九四〇年，说真的，我鲜少听说过有人活到那般岁数还能够像他一样，不只在单一领域有所建树，却又那么逍遥自在，或，我不妨这么形容：那么游戏人间。

个性鲜明，是的；为人直率，没错；主见极强，也对；不过，他却（几乎）从来不摆架子，除了，如果严格算起来的话，穿方格子西装那码事。

回顾过往种种，先父所跨出的每一步，都是向上向前，原先在杂货铺里头的打杂小厮，如今已摇身一变成了办公室小弟，他在塞勒斯·H.K.库尔蒂斯先生挂名的出版公司里头找到了一个固定的差事。他的主要工作便是抄写明信片、信封上的收信人姓名地址，外加一个额外任务：守着当今大名鼎鼎的津巴利斯特太太[12]，当年那个小丫头老喜欢跑到公司找她爸爸玩耍，我父亲负责看住她，以免她到处捣蛋闯祸。

他的姐姐，萨拉·托马斯·纽顿曾告诉我：父亲当时利用晚上念商业学校，没过多久，由于学到了一丁点儿簿记的皮毛，他在布朗兄弟公司谋得一个记账助手的职位，那家卓越的金融公司，直到现在都还在营业。

父亲在那儿服务的期间也很短暂，有三个非常合理的原因：首先，他天生对数字没有半点慧根；再者，就像他生前常说的：帮别人数钞票实在一点都不好玩；第三个原因，他遇到了生命中的头一位贵人——接下来的岁月他还陆陆续续碰到好几位。此人便是和父亲上同一所教会的斯波尔丁太太[13]，父亲日益被她的仪表、举止吸引，她当时建议父亲改行，甚至还帮父亲谋得一个工作。

先父当年可说是一位行为优雅的模范青年，他的头发修剪得干净利落、一表人才、英姿焕发，再加上一对蓝眼珠，而且，信不信由你，因为他的长相实在太嫩了，以至于当他一九〇〇年当上卡特电器制造公司董事长那会儿，曾有一名送电报的邮差说什么也不肯把一封指名寄给董事长的电报交到他的手里。甚至，当他有一回陪他的岳父到费城大街上的美景饭店（Bellevue Hotel）的酒吧，人家还不准他点酒喝哩。

废话我就不多扯了。经由斯波尔丁太太的穿针引线，父亲结识了当时在兼卖文具与书籍、光鲜的波特—科茨书店里掌管文具部的亨利·D.内尔（Henry D.

Nell1）先生。

　　事隔约莫七十年再回头审视，如今我们便可以清楚地看出，A.E.N. 之所以能够与斯波尔丁太太建立坚实的友谊，进而开拓事业，正是透过每周规律地上教堂。我个人不禁从中得到一个结论：要是每个安息日大家都能像先父那样规规矩矩地按时上教堂，或许我们这辈子也都能碰到好几位贵人呢！

　　父亲在文具部门非常卖力地工作，期间认识了两位受过良好教育的年轻人——掌管书籍店部门的威尔·斯图尔特（Well Stewart）和瓦尔特·门格斯（Walter Mungers），他们也和内尔先生一样，全都是文质彬彬的绅士，父亲受到他们的影响，开始对书籍萌生兴趣。

　　他是否就是在那段期间失去对于拿破仑的兴致，我并不清楚，但是他凭着无比的热情，毅然决然地摒弃之前持续若干年对拿破仑的倾心崇拜。到此为止我已经举了四位让改变先父生命目标的贵人，然而，我还要举出另一位赐予 A.E.N. 机会的人——住在纽约莱辛顿大道 1027 号的希尔家的某位千金小姐。当时希尔一家人到费城拜访先父的卡洛尔姨妈，他们对这名头发修剪得爽利整齐的蓝眼珠年轻人颇生好感，当场答应无条件借贷一笔钱供他自行创业。

　　于是，父亲便着手找人合伙经营时髦玩意的生意，当时，他的公司由约翰·斯蒂芬（John Steffan）担任会记兼总务，父亲则负责各项商品的开发与营销。他们的主要商品是销售到纽约、费城各高级百货行、供哈伊勒公司[14]使用的精致包装盒和用来装高级内衣的漂亮盒子，还有供书斋使用的各种皮革制品。希尔家当时到底借了多少资金给父亲，很不幸，我从来不知道。

　　先父亦曾涉足出版。好比说：以"费城 A.E. 纽顿出版社"的名义出版了《恋人锦囊》[15]、波特一科茨书店特地委印的《海苔集》（Sea Mosses），后来他将该书以"胡桃街 1012 号 A.E. 纽顿社"的名义印行更完整的版本。翻检先父的琅环籍册，我留意到里头有两部《海苔集》，一部以沃特曼[16]纸印制，另一部则印在某种类似丝质的纸张上。我注意到他还在其中一册上头写道："此乃我年少时代在波特一科茨书店的一次成功出击，尔后当我自行创业便从此一帆风顺。"

　　以爱德华·斯威夫特这么一个突发奇想的假名所作的《诗人之故居》亦由

"A. 爱德华·纽顿社"出版于一八八七年。

我在看到 A.E.N. 一册《诗人之故居》之中如此写道："此乃再刷本，首版原本附插图，如许多帧劳 [17] 的照片。此书大概是我的首部文字作品。它的胶膜封面均已蒙尘，上头的图画乃出自朱利尤斯·外尔（Julius Weyl）手笔，我当初以二十元购入。此版书中版刻画由约翰·斯隆 [18] 绘制。我原本早已完全忘了还有这部书的存在。上头的版权注明一八八七年。"

我很高兴在此宣布，这几件藏品均包含在此批纽顿收藏品之中，从今天起将交由这所图书馆永久典藏。

能够顺利完成这笔捐赠，我必须特别表扬梅布尔·扎恩——即先父口中的"亲爱的梅布尔"。几个月前福至心灵，建议我将这批纽顿藏品捐给这所伟大图书馆的人就是她。

姑且不论斯蒂芬先生英年早逝，给予父亲沉重打击；也不管父亲因而不得不从此一肩扛起他最厌恶的记账工作，他的生意依然不断欣欣向荣、蒸蒸日上。而且，倘若我没记错的话，他那间小工厂当时还雇用了三十六名女作业员，由一位十分和气、长得很漂亮又很有气质的蓝眼珠小姐负责管理，那位小姐的芳名我现在已经不记得了，不过我知道她后来嫁给亨利·内尔先生的独子。

那会儿父亲也到了该成家的年纪，于是他于一八九〇年迎娶卡尔·埃德尔海姆 [19] 膝下三千金之中的芭贝特 [20] 为妻。

我的外祖父是一位博学的绅士，同时也是一位收藏家。举凡书画、翰墨、珠宝首饰、织毯版刻……几乎可说是无所不收。如今回想起来，先父关于这方面的想法、品味似乎正是得自他的真传。

他们很快地便成为极为亲密的知己，两人常常一块儿待在外祖父位于西洛根广场（West Logan Square）二〇二号的书斋，一待就是好几个钟头。

刚刚提到的第二位内尔先生还在博格纳－恩格尔（Bergner and Engle）公司当记账员的时候，我的外祖父便曾透过他的关系，表示有意投资卡特电器制造公司，博格纳先生先前亦曾投资该公司一笔小钱。不过后来该公司的发展并不顺利。在内尔先生——大家都还记得吧，就是那位把 A.E.N. 精品公司的"得力左右手"娶回家当老婆的人——和博格纳先生与我的外祖父三人的劝说之下，先父结束了自己的生意，转而投效电器业，那时是一八九五年。

如同所有的新兴产业，电器这一行也经历过各式各样的变动，包括人事的更迭，这主要是由于原主事者卡特先生的个人因素。若干年过后，先父和威廉·M. 斯科特先生合力买下公司所有的股份，并于一九〇〇被聘为当董事长。过了好几年之后，先父特别将第二部著作献给那位挚友兼同僚，书前这么写着：

> 二十余年以来，我俩共负一轭。倘若我们犁得还算直，必然是因为我们同心协力。

大家都说，他们是当年最杰出的一对事业伙伴，而且我非常清楚，他们两人从来不会在背后说对方坏话。先父于一九三二年退休。虽然他在电器业界的成就无人不知无人不晓，但是我自始至终都明白 A.E.N. 心里头真正的兴趣与喜好之所在。

早在经营精品生意的时候，他就盘算好要尽快累积财富，然后早早退休搬到英国牛津，和他心爱的英国文学一块儿颐养天年。

于是他斥资——以他的财力和当时的标准而言——买下极大量韦尔斯巴赫公司[21]的股票，在座各位或许有些人还记得，那家公司正是当年以煤气灯照亮每条街的大功臣。韦尔斯巴赫的股价迅速窜升，先父的获利目标锁定在十万元，当然，这个数目在当时是一大笔钱。我相信，当股价爬升到八万六的时候，那家公司出事了。有道是：希望越高，失望越大，这么一来，父亲不但无法如愿提早退休，还不得不回到原点，一切从头开始。

家父其实始终不怎么热衷生意相关的事务。他从未像我一样乐在其中，除了斯科特先生之外，另一位生意上的朋友也证实过这件事，那位生意上的朋友名叫路易斯·科姆斯托克（Louis Comstock），他是纽约的电器承包商，此人的文化水平奇高，而他的太太——迷人的科姆斯托克夫人在这方面亦不遑多让。A.E.N. 生前并不是八面玲珑的人，更谈不上长袖善舞。他自年轻起就必须镇日埋首工作，以致无暇养成什么消遣活动的习惯；虽然他对棒球略感兴趣；却对打牌完全一窍不通，他还曾经因为我过度沉迷桥牌而大为不悦，不过他还是像所有尽职的父亲一般，他非常小心地控制自己的情绪，避免大发雷霆。

我记得约莫在他去世前十年，他曾经自伦敦写了一封信给我，他在信中坦承他这辈子一直有个很大的遗憾，就是没能好好地学会打牌。我不禁揣想：若是他晚年能够和他的同伴们坐下来打打桥牌，或许他的日子可以过得更惬意些亦未可知——像埃利斯·艾姆斯·巴拉德，他年老的时候有好几年被病痛折磨得苦不堪言，但是直到过世前几个月，他的身旁还是围绕着许多朋友，不时陪他玩牌解闷。

第一次世界大战爆发前夕的那个星期天，橡树丘里照例高朋满座：不少大学教授、医生、律师，和相形之下寥寥可数的几位音乐家，一屋子有趣的人聊着有意思的话题。

一九一四年八月的那个星期天，我记得很清楚，当天橡树丘一如往常，来了六到二十位宾客。最近往来的弗雷德里克·比奇洛（Frederick S. Bigelow）也在场——他当年在《星期六晚间邮报》襄助乔治·赫拉斯·洛里默[22]甚力。他中途离席接了一通电话，等他回到书房，先叫大家聚拢，他缓缓说道："各位朋友，开战了。"[23]而向来以其临危不乱的英式作风令人钦羡不已、随时随地保持稳重、绝不轻易流露自己情绪的父亲，一闻此言竟然泪流满面，他对在场的人说："朋友们，我所深爱的英国，特罗洛普的英国从此万劫不复了。"说得好，说得真好！

不过，当然，现在在座的各位嘉宾，一定最想知道 A.E.N. 如何摇身一变成为一位文坛人士。我刚刚原本想用"最不起眼的文坛角色"，但是这个字眼对他并不公允。遍布各地、无数经由他的文章，进而景仰其品格、分享其见解的所有读者，肯定都无法苟同我用如此低下的形容词。

我临时想起我的表舅妈亲身碰过的一桩事。有一回她在日本参加一场晚宴，当时坐在她身边的一位日本绅士操一口漂亮流利的英语对她说："我一直渴望能够赴贵国费城一游。"我的表舅妈是地道纽约人，一闻此言自然感到十分不是滋味，便问他："为什么是费城呢？"那位男士这么回答她："因为，倘若有缘的话，或许我能够与那位名叫 A. 爱德华·纽顿的先生在费城谋得一面之雅。"诸如此类的轶事虽然不是多得不胜枚举，但是由于 A.E.N. 频频将私人事务写进文章里头，正因为太私人了，不论各位相不相信，据先父自己的说法，他因此成天魂不守舍，要是他哪天没收到十封从全美各地、世界各国看过他某一本书的读者、大受感动之余忍不住立刻动笔写来的信，便表示他的文笔还有待改进。

诸如此类的信件——他老是称呼那些来信为"情书"——直到现在都还自各地源源不绝地寄来。几个星期前，我太太——我总叫她"天使"，她的确名副其实——到辛辛那提出席一场女童军大会[24]，当时她的身边坐着一位远道从得梅因[25]来的陌生女士。会开到一半，那位女士转头对我太太说："您该不会那么凑巧和 A. 爱德华·纽顿家族有亲戚关系吧？"此事的结果是："天使"回家后寄了两本先父写的书给那位女士。没过多久，她就收到对方的回信："我一坐定，马上翻'英国乡间觅屋记'[26]，赶紧找出描写英国浴缸的造型简直抄袭自坟墓那段句子。好多年前我去加拿大旅行，随身带了一本《大西洋月刊》，路上就是读到这篇文章。我们当时往盖恩斯堡（Gainsboro）途中投宿在温尼伯（Winnipeg），下榻在我们夫妻俩都很喜欢的加里堡饭店（Fort Garry Hotel），那里的浴缸大得简直能在里头游泳，于是我们对这么幽默的说法笑得前俯后仰……去年我们又到睽违二十余载的盖瑞堡饭店住了一宿，再度想起这篇文章，因为那本《大西洋月刊》早就不晓得被我丢到哪儿去了，如今重读仿佛就像见到阔别良久的老朋友一样……难道作者有通天本领，能够在挖苦自己之余，还能教读者看了与他同乐而又丝毫不觉得他无的放矢？……在所有我读过的书籍之中，我认为让我受益最多的莫过于《藏书之乐》与《搜书之道》这两本书。诚然，搜集任何东西皆可成道，但是搜罗珍本首版书果然是大异其趣之道。"

听我讲到这儿，相信各位不难发现，虽然 A.E.N. 仙逝至今已将近十五个年头，而《藏书之乐》亦遥遥于第一次世界大战终战纪念日当天[27]出版，但我以上列举几位人士的个人意见，都是先父依然留在许许多多读者心中的印象，因为我刚刚念的那封信，书写日期是一九五三年十一月二十四日。

当然，我把上述这些妙事全部告诉玛丽·科尔顿（Mary Colton）小姐，这篇讲稿便是仰仗她亲自出马——因为她与先父相识多年——屡次不厌其烦地帮我拟妥的。就在刚刚一分钟之前，她临时提醒我："不是老有稀奇古怪的人到公司找你爹吗？"这才又让我想起接下来这桩轶事。

我前头向各位报告过，先父生前不擅交际，并不是一个长袖善舞的人。他向来不喜欢见陌生人，除非他事先晓得那人跟他有相同的兴趣——即十八世纪文艺作品。

有一天，他的秘书走进他的办公室向他报告："纽顿先生，外头有一位绅士想见您。"父亲摆出苦瓜脸，抬头没好气地说："请他进来吧。"

过了一会儿，一名身高约六英尺一英寸、全身西装革履、表情腼腆的男子走了进来——我此刻似乎听到父亲劈头就说——"喏，这位先生有何贵干？"男子笔直站着，开口道："纽顿先生，我听说您前天晚上在纽约市的安德森艺廊买到一本尤金·菲尔德的首版诗集。"先父一听便回答——我耳中又仿佛清楚听到——："没错，敢问这位先生提起这事……？""呃……"那位绅士说，"我想央求您把那本书让给我。我知道您当时付了一百五十元，我愿意出双倍价钱向您买。"父亲听完他的话，说："这位先生，我的书只要一放进书架就绝不再转手卖人，不过，请包涵我这么问：敢情您对那部书也有兴趣？"那位长得一表人才、腼腆的男子这下子更加面红耳赤，他说："那本书里头，有一首'威利尿床时'[28]……"他原本正想继续往下说，但是父亲打断他："我晓得，我就是冲着那首诗才买的。"谁知那位绅士这时悠悠地吐出一句话："我就是威利。"我猜想，老先生的态度当场被那句话软化了些，但是那位腼腆的陌生客终究未能如愿买到那本书。

我真希望能够知道当初究竟是哪件事驱使父亲，让他在一九○七年的圣诞节寄送给朋友那么特别、那么不寻常、那么别出心裁的东西。反正，他当时就是那么做了，而那份大礼便是"瓦尔特·惠特曼月历"。

那份以惠特曼手稿复制的卡片，正面印的是：

勇往直前，吾亲爱之美利坚同胞，鞭策你的骏马奋力疾驰直至——疯癫！金钱！政治！——皆敞开所有的门扉隔膜任她畅行无阻——牵动、席卷

一切——你终将失速狂奔、欲罢不能。火速枕戈待旦，地不论东西南北，人
无分男女老幼。你以双手创建的无非是一个充斥丧心病狂人民的国家。[29]

　　这段话从写下来距今少说也已经有七十年之久了。这枚纸片是当年赫拉斯·特
劳伯无意间在惠特曼书房的地板上发现的，他捡起来后先飞快念了一遍，而惠特
曼等他念完之后，下了一个结论："说得稍微太过火了点——不过话说回来！"

　　当然这段话的确说得太过火了点——不过话说回来！其中却点出许多事实，
不管我们愿不愿意承认。

　　在卡片的背面，则印着先父自己写下的几段感言。

　　这张卡片是因应一九〇七年的股灾所作，如此毫不隐讳其中的挑衅成分，我
接下来引述纽顿在最后两段所写的话："倘若依照正常状态，现在应该是大家相
互庆贺'圣诞快乐'和'恭贺新禧'的时节；但是偏偏碰上这个节骨眼，不管高
呼什么都不妥当？拜身居政治界、工业界、金融界要津的所谓'大哥们'之赐，
快乐的圣诞节眼见就此泡汤，而愉快的春节似乎也没了着落。

　　"大伙儿打起精神，全体举杯高呼：'敬人丁兴旺，饭桶见底一杯！'"

　　那份惠特曼贺卡寄出之后，博得各界佳评如潮，进而促使先父从此年复一年
就各项主题写出一篇接一篇感言，权充圣诞卡寄送给亲朋好友。那些印刷品全由
他私人印行，通常都以蓝纸封面装订成册。我相信，我若断言它们今天全成了稀
世珍本，应该一点也不为过，而且我敢确定，惠特曼贺卡目前必然存世无几。我
很高兴告诉大家，这批捐赠品中就有那么一件。

　　我先前说过，第一次世界大战带给先父一记沉重的打击，不晓得各位相不相
信，我记得当时居然还流行过一种说法，认为那场仗只消几个月就会落幕，因为
没有足够资金能继续维持下去！一九一四年的圣诞节前夕，正是 A.E.N. 处于挖
空心思撙节开销的关节眼，他决定要中止每年例行的小册印制。

　　就在这个时候，家姐——卡洛琳·纽顿[30] 小姐灵机一动，怂恿父亲干脆从以
前圣诞小册刊登过的文章里头随便挑一篇寄给《大西洋月刊》发表了事，我还
记得她当时的说法："爸爸，反正你顶多只须花两毛钱买邮票嘛。"结果，埃勒

里·塞奇威克不但以一百五十元稿费买下那篇文章，同时立刻来信向父亲邀稿，事情发展至此——生米已煮成熟饭矣。白纸印上铅字，父亲从此晋身作家之列，而且后来的历史亦可证明，他终将成为一位成功的作家。

从大西洋月刊社和利特尔—布朗出版社于一九三七年十二月一日寄达的最后一张版税支票上得知，父亲的书又卖出了七万四千零六十七部[31]。或许，最令他感到开心的一次出版，应该要算是《藏书之乐》终能以九毛九的平价版印行问世[32]。当年荣任英国国会议员、和先父相知相惜长达二十年的约翰·伯恩斯先生一听到这个消息，如是打趣："纽顿真有两把刷子，我也买一本平价本共襄盛举吧。"我有一回无意间找到当年蓝登书屋[33]寄给父亲的一封信，上头提及现代文库版《藏书之乐》："敝社很高兴能向您报告：短短两年期间，我们已售出约莫六千部之谱。此数目显然比其他任何一部现代文库版都高出甚多，我们将此视为敝社的杰出纪录，同仁们亦异口同声断言：国内任何一部相同主题书籍，皆难望纽顿先生名著之项背。"我在此想进一步指出：《藏书之乐》、《约翰生博士》[34]、《搜书之道》、《举世最伟大的书》、以及《糊涂旅行家》皆已有点字版问世。

由于先父在文坛表现不恶，若干知名学府因而决定颁赠荣誉学位给他，其中最令他感到高兴的，是一九三二年他受邀成为"φβκ"的荣誉成员。

◎定价美金九角九分的"现代文库"版《藏书之乐》

我一直刻意不提及A.E.N.在藏书事业上的功迹。其实，他以嗜好着眼、致力藏书的成果殊甚雄伟；他全心全意献身于书，其珍爱、护惜书籍之深，只有腋拥幼子于怀抱的慈母差堪比拟；他不遗余力以珠玑妙语、隽永妙文阐释发扬其"藏书之乐"，启发了无数心灵。这些俱为在在有目共赌、丝毫毋庸赘言。

随便举个例子来说：我记得《藏书之乐》问世后不久，曾经有一位拘谨、腼腆的英国小伙子走进伦敦某家书店，他一进门便告诉店员他想买一些书。店家立即拿出几部好书，年轻人一一看过之后，说："不不不，我要买首版、简装、书口未裁的本子。"店家一听就明白了："想必阁下是读了纽顿先生的《藏书之乐》

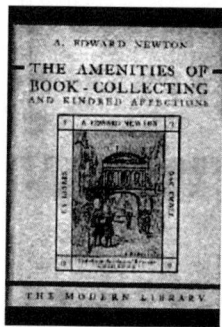

罢？"年轻人回答："正是，那确实是一部令人为之神往的好书，读过那部伟大的著作之后，我立志成为一名藏书家。"当他走出那家书店之前，已经买下总价超过五千英镑的珍本书，此人不是别人，正是维克多·罗思柴尔德[35]。

俗话说：人怕出名猪怕肥，A.E.N.———如其他人登峰造极的人一般——亦遭到一些非议，主要是由于他对自己的藏书着墨太多。我始终认为这种说法失之偏颇，因为先父不管就先天具备的性格、抑或后天养成的喜好，皆为英文文艺相关物事，当他动笔写作，自然以其兴趣所在为中心加以发挥——正如画家一贯描绘自己心仪、熟悉的风景，不同的只是，先父的兴趣所在即围绕着他的藏书。

这个世界上，为数众多的藏书家形形色色自不在话下，但是其中能够像先父那般推己及人，阐述一己兴趣诉诸广泛大众，我相信少之又少。

他写过一篇文章，题为"纯属个人"，作为《洋相百出话藏书》一书的序文，我曾经朗诵此文不下百遍——通常是席间话题提及 A.E.N. 的时候向造访寒舍的来宾们宣读。现在，若得各位嘉宾不弃，我想对在座各位再朗读一次。因为，我相信，这篇文章充分传达了先父知命乐天的人生观。

* * *

（译按：E.S.N. 以下朗读《纯属个人》全文，此处不重复刊登，请读者径自参见译本第二卷。）

后记

过程中的一切都令我感到无比愉悦。

借由崭新的生命体验，我得以结识极有意思的人，特别是布鲁斯特与格林纳威两位先生。

自从梅布尔·扎恩向我提出建议的那一刻起，随之而来的崭新体验与难能可贵的缘分就令我沉缅不已，直至现在犹欲罢不能。

我相信朋友们都知道我对于人的兴趣，远远胜过对书籍的兴趣！

当晚典礼流程安排极好，我非常高兴能获邀出席并对大家发表浅薄的言论。

更令人雀跃的是，许多到场聆听的人会后特地走来当面对我说："一定要把这篇演讲稿交给《大西洋月刊》刊登。"

至于我个人，自然不敢如此斗胆抬举自己区区的绵薄之力——我亦盼望大家切勿溢美。

但该项美意依然令我思绪澎湃汹涌，不禁窃想：万一真得谬爱刊载岂不大好，原因有二：

其一，光是里头提及的瓦尔特·惠特曼之先知卓见，即足供茶余饭后助兴谈资。

其二，《大西洋月刊》正是当年将先父推向文坛的一大功臣。

不过，等各位看过以下这封泰德·威克[36]的来信，便可明白显然事与愿违。

马萨诸塞州波士顿阿灵顿街 8 号

编辑部

§ 大西洋月刊社用笺 §

一九五四年十二月十三日

亲爱的斯威夫特君：

此篇讲稿不仅随处可见真情流露，亦十分贴切地描绘了 A. E. N. 种种好品德。我虽不忍割爱，但客观情况恐怕无法尽如人意。我于最近一趟英国差旅期间约稿了多忆旧文章，大半稿件至今依然堆栈在我的办公室内，其中若干文稿犹待来春合适时机方能一一安排面世。迫于此一外在因素，使我不得不抱憾将贵稿退回。我希望我当时能在现场聆听您的演说。并希望我无须奉还您的稿子。

衷心祈祝一切安康

泰德敬上

连同附件 致

E. 斯威夫特·纽顿先生

宾夕法尼亚州安塞尔马·克罗伊登篷（Croydon Hutch）

一收到此函，我马上回了一封信给泰德，建议他尽快辞去《大西洋月刊》的编辑职务，立即转赴伦敦担任我国驻英大使。

一切过程对我皆属难能可贵的经验，我很高兴自己随性怀念父亲的浅陋杂文能获费城公共图书馆不弃，并以先父惯用的蓝纸装帧印行。

E. S. N.

【译注】

1 埃默森·格林纳威（Emerson Greenway）：当时费城公共图书馆的馆长。

2 目前在费城公共图书馆登录有案的纽顿藏品共六十二件。从内容上推敲，应该就是当年 E. 斯威夫特·纽顿捐给馆方那批东西，数量上并没有增加。

3 指 E. 斯威夫特·纽顿与第一任妻子 Ethel C. Jennings 所生的四名女儿：奥德丽（Audrey S., 1921—?）、芭贝特（Babette J., 1922—?，小名"芭比"）、约瑟芬（Josephine, 1923—?）、卡洛琳（Carol P., 1926—?），即纽顿在《藏书之道》书首题献的对象（参见第四卷题献页）。

4 爱迪·沃尔夫（Eddie Wolf 即 Edwin Wolf 2nd, 1911—1991）：美国图书馆学者。一九五三年（一说一九五五年）至一九八四年主持 the Library Company of Philadelphia（一七三一年创立，专门典藏美国历史文物的机构），期间对馆藏与版本学界颇多建树、贡献。

5 温斯顿·丘吉尔（Winston Leonard Spencer Churchill, 1874—1965）：英国政治家。一九四〇年至一九四五年、一九五一年至一九五五年两度担任英国首相。

6 部分资料上所注明的年代是一八六三年（另有一八六五年的说法），此处以家人的说法为准。

7 斯威夫特·纽顿此处使用 "the right side of the track"，这自然是俗话 "the wrong side of the track"（贫民区）的反义。盖市场街（Market）以南直至云杉街（Spruce）这个区域向来是费城的精华地段，现今宾州大学即坐落在此。

8 A. 爱德华·纽顿的妹妹分别是：埃米莉·玛蒂尔达（Emily Matilda Newton, 1870—?）与萨拉·托马斯（Sarah Thomas Newton, 1872—?）。

9 "斯威夫特"为 A. 爱德华·纽顿母亲（Maria Louisa Swift）的娘家姓氏。纽顿显然十分喜欢这位舅舅，他不仅以此为笔名，后来更为自己儿子命名斯威夫特。

10 在《糊涂旅行家》最后一篇"游千篇一律之乡"（"In Standardland"）的开头，纽顿亦曾引录这篇少年时代的作文"当我的大船驶入港"（"When My Ship Comes In"，俚语"大船驶入港"意即"发了（财）"）。纽顿所谓"千篇一律之乡"乃指美国。

11 《糊涂旅行家》（*A Tourist in Spite of Himself*）：A. 爱德华·纽顿的游记作品，共收录九篇文章，记述纽顿夫妇在世界各地（北欧、巴黎、伦敦、埃及、罗马、耶路撒冷等地）旅游的见闻、趣事。一九三〇年九月波士顿利特尔—布朗出版公司出版，书中精彩插图由 Gluyas Williams 绘制，上市时定价美金三块半。此书是纽顿的另一本畅销书，问世不到半年即已印行第六刷。此书非常逗趣，尤其纽顿描写夫妇俩之间的互动更令人发噱。我曾接获若干读者反映《查令十字路 84 号》"全书净写些有的没的琐碎事儿"、"通篇提及一大堆大家根本连听都没听过（也不见得想读）的古书"、"实在一点儿意思也没有"；那么，不喜欢谈论古籍旧书等"枯燥物事"的人赶紧放下手上这本《藏书之爱》（只怕已经来不及了），改读没有上述那些"弊病"的《糊涂旅行家》。

12 津巴利斯特太太（Mrs. Zimbalist 即 Mary Louise Curtis, 1876—1970）：斯威夫特·纽顿发表演说当年的费城名流闻人，塞勒斯·H. K. 库尔蒂斯的独生女。一八九六年嫁给荷兰裔作家爱德华·博克（Edward William Bok, 1863—1930），博克为知名编辑作家，曾创办《布鲁克林杂志》（*Brooklyn Magazine*，Cosmopolitan 的前身）并使《仕女家居月报》成为全美女性杂志的第一品牌，曾以自传《爱德华·博克美国化历程》（*Americanization of Edward Bok*, 1920）一书赢得普立策奖；Mary Louise Curtis 推动音乐教育不遗余力，一九一七年赞助 Settlement Music School（该校因而将校本部取名 The Mary Louise Curtis Branch），一九二四年以娘家姓氏（亦为纪念父亲）在费城另行创办"库尔蒂斯音乐学院"（Curtis Institute of Music）；一九四三年改嫁俄裔小提琴家 Efrem Zimbalist（1889—1985），成为津巴利斯特太太。

13　苏珊·马尔·斯波尔丁（Susan Marr Spaulding, 1841—1908）：美国诗人。

14　哈伊勒公司（Huyler's）：由纽约人约翰·S.哈伊勒（John S. Huyler）在费城创立的甜食公司，生产精致的薄荷火星糖（Mars candy）、冰激淋等零食。

15　《恋人锦囊》（*Lover's Portfolio*）：此处疑将《恋人讴歌》（*Lover's Lyrics*）或《爱书人锦囊》（*Book Lover's Portfolio*）混为一谈。参见附录二译注 12。

◎位于费城 Juniper and Chestnut Streets 的哈伊勒糖果店，J Riegel, Jr. 绘于一九一四年

16　沃特曼（Whatman）：英国历史悠久的造纸世家。（老）詹姆斯·沃特曼（James Whatman, 1702—1759）原是哈里斯（Harris）造纸坊

◎老詹姆斯·沃特曼

的学徒，一七三九年哈里斯殁后接掌纸坊，后来一跃成为英国首屈一指的造纸匠。老沃特曼殁后传交其子詹姆斯·沃特曼（1741—1798）继承。一七九四年（小）沃特曼退休，将纸坊卖给霍林沃斯兄弟（Thomas and Finch Hollingworth），原本在纸坊工作的师傅 William Balston 则继续留任，后来并成为合伙人。虽然纸坊对外名称改为 Hollingworth & Balston，但产制的纸张水印仍维持老字号"土耳其纸坊 J. 沃特曼"（J. Whatman, Turkey Mill）直至一八五九年。霍林沃斯与 Balston 后来分道扬镳，但"沃特曼"已成为某种高级纸张的代称。目前仍有英国公司生产"沃特曼纸"，其中最主要的用途，包括高级水彩图画纸，以及供工业场所或医疗实验室使用的滤纸、试纸等。

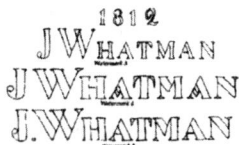
◎沃特曼纸上的水印

17　威廉·赫尔曼·劳（William Herman Rau, 1855—1920）：美国摄影家（费城人）。十九世纪九十年代先后担任费城铁路局（Pennsylvania Railroad）和利哈伊谷铁路局（Lehigh Valley Railroad）的专属摄影师，留下许多美国早期铁道的摄影作品。除铁道外，他的摄影题材包含风景、船舶、市容建筑物等，其作品现今典藏于国会图书馆、史密森学会（附属之国立美国艺术博物馆）、纽约现代艺术博物馆、马里兰州立资料馆、宾州大学档案馆、盖蒂博物馆（Getty Museum）与乔治·伊斯曼照相博物馆（George Eastman House）等单位。

18　约翰·斯隆（John Sloan, 1871—1951）：美国画家。

19　卡尔·埃德尔海姆（Carl Edelheim, 1844—1899）：原籍德国，后来移民美国，在费城经营糕饼甜食公司。费城美术俱乐部（Art Club of Philadelphia）会员。一八六六年与 Caroline Fleischmann 结婚，育有三个女儿，分别是芭贝特（参见下则译注）、安娜·约翰娜（Anna Johanna Edelheim, 1872—1960）与路易丝·奥古斯特（Louis August Edelheim）。

20　芭贝特·埃德尔海姆（Babette Edelheim, 1867—1941）：卡尔·埃德尔海姆的长女。一八九〇年与纽顿结婚。

◎约翰·斯隆自画像，绘于一九二四年

21　韦尔斯巴赫公司（Welsbach Company）：美国煤气灯具制造公司。一九一五年费城斥资二百万美元在全市装设奥地利人 Carl Auer von Welsbach 于一八八六年发明的煤气灯。

22　乔治·赫拉斯·洛里默（George Horace Lorimer, 1869—1937）：美国作家、编辑。一八九九

年起担任《星期六晚间邮报》主编直至身故。

23 指一九一四年八月一日德国向俄国宣战，开启欧战序幕。

24 应指一九五三年在俄亥俄州辛辛那提市举办的第三十二届全国女童军大会（Girl Scouts Convention）。

25 得梅因（Des Moines）：美国爱荷华州首府。

26 "英国乡间觅屋记"（"House Hunting in the Country in England"）：收录在纽顿《糊涂旅行家》中。

27 第一次世界大战终战纪念日（Armistice Day of the First World War）为一九一八年十一月十一日。

28 "威利尿床时"（"When Willie Wet the Bed"）：尤金·菲尔德一八九五年的童诗，诗题应为"小威利"（"Little Willie"），"威利尿床时"是该诗各段的尾句。该诗收录于 Robert Conrow 编的 *Field Days: The Life，Times，& Reputation of Eugene Field*（New York: Charles Scribner's Sons，1974）。

29 我似乎把惠特曼这则短文译得"过火了点"。或许我的潜意识里不无借机"针砭"台湾现况的意思。

30 卡洛琳·纽顿（Caroline E. Newton，1891—1975）：美国心理学家，纽顿的长女，后来因缘际会亦成为收藏家。卡洛琳·纽顿曾赴维也纳研究弗洛伊德；她于一九二九年在柏林初识托马斯·曼，此后与托马斯·曼一直有书信往来；当曼氏因政治问题被迫离开德国后，卡洛琳·纽顿先将他接到罗得岛自宅暂住，后来更鼎力协助曼家在美国定居（一九三八年）。托马斯·曼后来执教于普林斯顿大学，曼殁后，卡洛琳·纽顿曾于一九六四年与一九七〇年两度在普林斯顿大学筹办追思会。普林斯顿大学于一九七一年出版《托马斯·曼致卡洛琳·纽顿书札》（*The Letters of Thomas Mann to Caroline Newton*）。卡洛琳·纽顿生前珍藏的托马斯·曼藏品（包括信函、手稿、照片）最后捐给普林斯顿大学。顺道一提，卡洛琳与斯威夫特后来皆卒葬于他们父亲生前最尊崇的圣地，福吉谷。

31 应单指《蝴蝶页》的最后一版而言。

32 《藏书之乐》首版上市时定价为四美元。后来经梅布尔·扎恩提议印行普及版，即"现代文库"（The Modern Library）版（New York: Random House，1935），内容依据原 Little and Brown 版第九刷的本子复印。于一九三五年十二月上市，定价九角九分。出版商当时除了函谢扎恩之外并送了一本给她，题上："感激梅布尔·扎恩率先提供点子，将此书列入现代文库。贝内特·塞尔夫谨谢。一九三五年十一月三日。"（"For Mabel Zahn who first gave me the idea of adding this book to the Modern Library. Gratefully Bennett Cerf. November 13，1935."）纽顿另加上落款："现代文库此鬼点子也硬是要得。A. 爱德华·纽顿识。"（"And a damn good idea it was，too，for the Modern Library."）

33 即出版现代文库版《藏书之乐》的出版商。

34 指《戏说约翰生博士》（参见附录二译注 4）。

35 维克多·罗思柴尔德（Victor Rothschild，1941—1990）：英国收藏家。

36 泰德·威克（Ted Week）于一九三二年至一九七一年间担任《大西洋月刊》编辑。

Book-Collecting
is a great
game as I have
tried to tell the
world

A. Edward Newton

人名索引

(数字代表该人出现卷次－章目；A 代表
附录；数字 0 指每卷正文前的献词、前
言、致谢等)

书名索引